企业社会责任教程

易开刚 ● 主编

QIYE SHEHUI ZEREN
JIAOCHENG

浙江工商大学出版社
ZHEJIANG GONGSHANG UNIVERSITY PRESS

图书在版编目(CIP)数据

企业社会责任教程 / 易开刚主编. —杭州：浙江工
商大学出版社，2014.3(2020.1重印)
ISBN 978-7-5178-0440-6

Ⅰ.①企… Ⅱ.①易… Ⅲ.①企业责任－社会责任－
高等学校－教材 Ⅳ.①F270

中国版本图书馆 CIP 数据核字(2014)第 042351 号

企业社会责任教程

易开刚 主编

责任编辑	郑　建
封面设计	王妤驰
责任印制	包建辉
出版发行	浙江工商大学出版社
	(杭州市教工路 198 号　邮政编码 310012)
	(E-mail:zjgsupress@163.com)
	(网址:http://www.zjgsupress.com)
	电话:0571－88904980,88831806(传真)
排　　版	杭州朝曦图文设计有限公司
印　　刷	虎彩印艺股份有限公司
开　　本	787mm×1092mm　1/16
印　　张	12.75
字　　数	287 千
版 印 次	2014 年 3 月第 1 版　2020 年 1 月第 2 次印刷
书　　号	ISBN 978-7-5178-0440-6
定　　价	36.00 元

前　　言

　　企业社会责任（Corporate Social Responsibility，CSR）的概念最早于 1924 年由英国学者欧利文·谢尔顿提出，发展至今已有近百年的时间。随着全球社会经济一体化发展进程的不断加深，企业面临的市场竞争环境进一步开放，国界与地域对企业的保护作用正逐渐被削弱，企业置身于全方位的国际市场竞争中。企业只有高度关注国际市场变化，积极响应国际标准制定并遵循国际竞争规则，才能在残酷的竞争中获得生存与发展的机会。源于发达国家的企业社会责任运动的压力、相关企业社会责任国际标准的制定以及国内公众对企业承担社会责任的呼声逐渐增强，在客观上要求我国企业必须重视并践行企业社会责任。企业作为社会的经济主体，其首要职责就是向社会提供各种合格的服务与产品，为股东创造最大的价值，这是企业的生存之本。此外，企业作为社会公民，在其发展的同时还应兼顾社会的可持续发展，为社会作出应有的贡献，即企业应同时对直接或间接的利益相关主体，包括股东、消费者、员工、社区、环境、各级政府及其他利益相关团体承担多元化的社会责任。

1. 企业社会责任缺失与商科教育之责

　　在现代社会中，随着我国市场机制的不断完善和法制体系的逐步健全，越来越多的中国企业和企业家开始意识到经济效益最大化不应是企业追求的唯一目标，企业应履行更广泛的社会责任，以创造更大的社会效益并塑造积极正面的企业形象，因为社会效益和企业形象的优劣同样会决定一个企业的生死存亡。改革开放 30 多年来，我国社会经济发展取得了巨大成就。企业界在推动我国经济与社会发展的进程中书写了可歌可泣的篇章，如在 2008 年的"5·12"汶川地震和 2010 年的"4·14"玉树地震发生后的抗震救灾活动中，诸多企业的捐赠行为彰显了其责任与爱心。但与此同时，也不乏有社会责任缺失的企业不良行为在我国社会经济发展过程中扯后腿，如"三聚氰胺""地沟油""瘦肉精"等事件的曝光，在很大程度上暴露了我国企业社会责任缺失问题的严重性。企业社会责任缺失事件严重损害了广大消费者的利益，引起了大众、媒体、政府和国际社会对中国企业社会责任的高度关注。有鉴于此，增强企业履行社会责任的意识，并彻底有效地将这种意识转化为企业具体可操作的普遍行为，是我们全社会需要共同努力的目标，这不仅仅是企业的责任，还是政府、社会各类组织及相关机构的责任。

　　如果我们静下心来反思这一系列企业社会责任缺失事件背后的问题，不难发现，问题的根源在于"人"，因为"人"是所有规则、制度、道德底线的把守者。在教育普及的现代社会，几乎人人都有接受教育的机会，人已经不是纯自然生长的结果，而是接受教育后的产物，是学校的"产出品"。如今，受过高等教育、具有专业知识与专业技能的高校毕业生是社会经济发展的生力军，因此，在推动企业社会责任践行的过程中，我们的高校教育机构需要承担有关企业社会责任的宣传和教育工作,这是不容推卸的责任。尤其是对于以培养高级经济管理人才为使命的商科院校来说,如何培养商科人才的社会责任意识,遵循社会责任规则,对他们自身的发展和整个社会的发展都有着极其重要的意义。事实证明,我国商科教育以培养在工商企业界发展的商业人才为目标,就迫切要求商科教育在其人才培养过程中补上企业社会责任教育这一课,因为与企业有着千丝万缕关系的商科毕业生的良心将来必将是企业的良心,他们的社会责任意识也将会是企业的社会责任意识。商科引领着社会的发展与道德进步,培养有高尚的道德情操、重责任且能为社会做出贡献的专业商务人才是商科教育的责任,也是其服务于社会应尽的义务。

成人与成才并行、做人与做事俱佳的具有较强社会责任感的高素质商科人才是企业可持续发展的需要,更是构建和谐社会的需要。以在高校开设企业社会责任课程的形式对商科学生进行社会责任教育,将有助于学生从认知上重视社会责任,督促其关注现实社会中的企业社会责任履行状况,有助于其在毕业后进入社会从事相关企业管理工作时能真正地实现以"企业人"的社会责任价值观来指导自己所在企业对社会责任的有效承担,这是我们全社会所期望看到的,也是中国商科教育需要重点关注的。为此,中国商科教育急需为其学生补上企业社会责任这一课。

2. 企业社会责任教程的章节内容安排

基于对当今社会企业社会责任缺失现象的刨根式思考,以及对我国商科教育人才培养职责的深刻反思,身为一名高校商科教师,深切体会到商科教育对学生的社会责任教育之重要。为此,在收集、整理诸多有关企业社会责任的文献资料,多次参加以"企业社会责任"为主题的研讨会基础上,结合本人多年的本科生、硕士研究生、MBA 教学及各类企业社会责任培训教学经验,我们编写了这本企业社会责任教材。这本教材紧扣时代需求,具有较强的创新性、系统性、科学性、实践性等特点,系统地阐述了企业社会责任各方面的主要内容,并全面回答了企业社会责任管理实践所面临的基本和关键性问题。通过本书的阅读,读者将对企业社会责任管理有一个全方位的了解和把握。

本书共有十章内容,现分述如下:

第一章,企业社会责任概论。本章主要围绕"什么是企业社会责任"这一问题,介绍了企业社会责任思想的起源与演变过程,并对企业社会责任的概念内涵、边界及影响因素的相关研究进行了系统梳理。

第二章,企业社会责任的理论基础。本章主要围绕"企业社会责任的相关理论来源是什么"这一问题,介绍了企业社会责任的几个主要基础性理论,包括利益相关者理论、企业伦理理论、社会资本理论和企业公民理论,在介绍各相关理论的内涵及主要研究内容基础上,分析了企业社会责任与这些相关基础理论之间的关系。

第三章,企业社会责任的国外实践与特点。本章立足于国外企业社会责任的发展,重点介绍了极具代表性的美国、欧洲及日本企业社会责任的实践及其特点,并对目前世界上比较主要的三大类社会责任标准与规范作了详细介绍。

第四章,企业社会责任的国内实践与特点。本章立足于国内企业社会责任的发展历程,重点介绍了国有企业、民营企业及跨国公司的企业社会责任在国内的发展现状、存在的问题,并给出了相应的建议与对策。

第五章,企业社会责任与企业可持续发展。本章在介绍企业可持续发展观的产生背景、内涵与影响因素的基础上,分析探讨了企业社会责任与企业可持续发展之间的作用机理,并从六个方面出发,详细介绍了基于企业社会责任的新型发展观。最后是对企业可持续发展过程中可能存在的社会责任问题与误区进行了正确识别,并提出了相应问题的解决措施与方法。

第六章,企业社会责任与企业竞争力。本章在介绍企业社会责任与企业竞争力关系的基础上,重点介绍了企业责任竞争力理论的相关内容,包括企业责任竞争力的概念、构成要素与形成过程,以及提升企业责任竞争力的途径与对策选择等。

第七章,企业社会责任的主要维度。本章主要从利益相关者的角度分析了企业社会责任的七大维度,包括股东维度、消费者维度、员工维度、环境维度、社区维度、供应链维度和政府维度,并在对各个维度提出的相关背景及重要概念进行介绍的基础上,详细阐述了企业对这些利益相关主体应该承担的具体责任内容。

第八章,企业社会责任管理体系。本章主要围绕企业社会责任管理体系的构建过程,对企业社会责任的战略制定、实施运营、危机应对及其评估改进等相关内容进行了详细阐述。

第九章,企业社会责任的推进机制。本章主要从政府规制、企业自律、媒体监督和公众自觉的角度,重点介绍了企业社会责任推进机制的表现形式、核心内容及其提升路径。

第十章,企业社会责任报告与披露。本章主要围绕企业社会责任报告这一在目前国际上比较通用的、用于披露企业社会责任履行情况的重要载体,在介绍企业社会责任报告的概念、原则、构成要素、报告编制要求与编制过程等内容的基础上,对目前国际和国内企业社会责任报告的应用现状与发展趋势进行了综合分析。

3. 企业社会责任教程的教学要求及方法

企业社会责任无论是在理论上,还是在管理实践中,都还属于新生事物,为了更好地满足广大企业经营者、高校商科教学和研究人员的需要,我们尝试编写了这本教程。在商科教学中,我们建议在结合商科教育对实践性要求的基础上,可在企业社会责任教学过程中,有效结合这本教程的相关章节内容制定具有自身特色的教学要求与教学方法。现就本书的教学要求与方法建议如下:1.本书第一章,可采用教师启发式教学方法;2.本书第二章、第三章、第四章、第五章和第七章,可针对每章的主体内容采用专题式教学;3.本书第六章,可要求学生在对特色案例进行小组讨论分析的基础上,采用研讨式的教学方法;4.本书第八章,在教学条件允许的情况下,可要求学生实地调研一家企业的社会责任管理体系的构建情况,在此基础上可采用启发式和研讨式的教学方法;5.本书第九章,可根据企业社会责任推进机制的多方面内容安排学生小组讨论,采用研讨式教学;6.本书第十章,可通过收集、分析典型的企业社会责任报告,采用案例式教学与研讨式教学相结合的教学方式。

笔者在编著过程中参阅、借鉴和引用了有关企业社会责任的文献成果,基本上都进行了注释,如有疏漏,敬请谅解!在此对这些教材和材料的编著者表示感谢!在写作过程中,浙江工商大学杭州商学院助教厉飞芹、王晓萍,2011级研究生孙旭璟、孙漪、王婷,2012级研究生刘培、范琳琳、熊子鉴等在资料收集、内容整理、文字校对等方面付出了辛勤劳动,在此表示诚挚的谢意!

由于时间和水平所限,本书中的错误和不妥之处在所难免,望读者指正!

易开刚

2013 年 12 月于浙江工商大学

目　　录

第一章
企业社会责任概论

———理解企业社会责任的内涵与边界是企业承担社会责任的第一步!

——编者语

▶ 本章学习目的

通过本章的学习,了解企业社会责任思想的起源与演变过程;把握企业社会责任的基本概念和核心内涵;正确界定企业社会责任的层次与边界;掌握企业社会责任的影响因素,厘清企业承担社会责任的动力因素与制约因素。

▶ 本章学习重点

企业社会责任的概念;企业社会责任的边界;企业社会责任的影响因素。

"企业社会责任"(CSR,Corporate Social Responsibility)一词源于美国,于 20 世纪初在学术界形成企业社会责任思想。发展至今,企业社会责任已形成包含概念内涵、理论基础、实践动因、内容层次等要素在内的日益完善的理论体系。在这套理论体系中,企业社会责任的内涵与边界始终是深化企业社会责任研究的基础,也是企业真正树立社会责任理念、切实承担社会责任的前提。在企业社会责任概念的研究上,学术界各抒己见、莫衷一是,始终未能形成较为一致的、系统的观点,这在一定程度上容易导致企业与公众陷入企业社会责任的理解误区。尤其是在我国市场经济体制尚未完善的具体情境下,企业社会责任观在指导企业实践过程中容易陷入困境。基于以上两点认识,本章将对企业社会责任内涵与边界的相关研究进行系统的梳理与总结,来全面解答"什么是企业社会责任"这个最基本也是最关键的问题。

第一节　企业社会责任思想的起源与演变

一、企业社会责任思想的起源

企业社会责任的思想发端久远,孕育于西方传统的商人社会责任观,其起源可以追溯到2000 多年前的古希腊时代。当时,占统治地位的商业伦理强调社区精神,而具有趋利秉性的商人一直处于被压制状态,商人的牟利行为被严加排斥。[1] 这种抑商的社会文化氛围体现在众多思想家的著作当中,例如哲学家柏拉图(Plato)指出:一个人无论是从事以钱易钱或是以物易钱的交易,都应当合法地给予或接受货真价实的物品……掺假将被所有人视为与说谎和欺骗同类。任何人如在市场商品中掺假,又说谎欺骗,那他就是漠视人类、亵渎神灵。[2] 古罗马思想家西塞罗(Cicero)也从"依循自然"的伦理原理出发,指出:商人不应该以追逐自己的私利为目的,而是要通过自己的努力服务于人类社会。[3] 可见,在古希腊罗马时代,社区精神迫使商人开展社会性服务活动以改善低下的社会地位,并由此获得开展商业活动的许可。

进入中世纪以后,商人的社会地位仍未得到改善,崛起的教会力量否定商人的营利动机与逐利行为。商业被定位为只为社会公共利益而存在,商人必须诚信经营,履行好社会义务。因此,当时的商人为了提高社会地位,积极投身于社会公益事业,如建设乡村教堂、医院、救济所等公共设施,并以此来寻求"灵魂的幸福"。[4] 由此可见,在教会价值观的深刻影响下,商人本身存在的价值与意义已经趋于社会化与公益化。在这个阶段,教会对商人的社会责任要求极为具体且广泛,商人的社会责任行为在一定程度上带有自发性与浓烈的宗教色彩。

事实上,在中国古代以及中世纪的欧洲,尚不存在真正意义上的企业,因此商人的社会责任观可以说是企业社会责任观的雏形。就核心要义而言,这个时期商人的社会责任观始终强调要将社会公益放在首位,商人不能为了逐利而伤害社会公众的利益。这种维护社会利益的思想对后期的企业社会责任思想的产生和发展起到了深远的影响。

二、企业社会责任思想的发展

文艺复兴之后,"重商主义"的思想开始盛行,商人由原来的社会边缘群体变为了社会主导阶层,真正实现了其社会地位的华丽转变,并由此影响了传统的商人社会责任观。此后,人类社会迎来了工业化时代,在各国的工业化进程中,现代意义上的"企业"得以产生与发展,企业的社会责任思想也进一步明朗化。这个时期的企业社会责任思想集中体现在古典经济学理论中,强调"如果企业尽可能高效率地使用资源以提供社会需要的产品和服务,并以消费者愿意支付的价格销售它们,企业就尽到了自己的社会责任"。

18世纪中后期,伴随着工业革命,企业成为社会的主导生产单元。在摆脱宗教的束缚之后,企业的逐利性被予以合理化并得到极度膨胀。[5] 以亚当·斯密(Adam Smith)为代表的古典经济学理论认为,企业存在的唯一目的就是在法律许可的范围内追求利润最大化。这与亚当·斯密在《国富论》中剖析的"利己主义"观点如出一辙,他同时还指出:只要各人按照利己心行动,不仅可以增进个人的利益,更因一只看不见的手导引,亦可增进社会整体的福利。当然,利己心并非可以无限制地发展,它必须受到正义的法的规制。[6] 此外,亚当·斯密在《道

---

〔1〕 高峰.西方企业社会责任思想的缘起与演变[J].苏州大学学报:哲学社会科学版,2009(06):25—28.

〔2〕 巫宝三.古希腊、罗马经济思想资料选辑[G].北京:商务印书馆,1990;26—27.

〔3〕 巫宝三.古希腊、罗马经济思想资料选辑[G].北京:商务印书馆,1990;317—318.

〔4〕 亨利·皮朗.中世纪欧洲经济史[M].上海:上海人民出版社,1964;51—53.

〔5〕 高峰.西方企业社会责任思想的缘起与演变[J].苏州大学学报:哲学社会科学版,2009(06):25—28.

〔6〕 亚当·斯密.国富论[M].武汉:武汉大学出版社,2010;57—58.

德情操论》中还进一步指出：人本性中的利他性和同情心也会抑制人利己心的过度膨胀,为了自由市场经济能够取得成功,所有参与者都必须彼此诚实、公正。[1] 由此可见,在 18 世纪中后期,企业的营利本性开始逐渐显现,但它仍然受到传统的商人社会责任观的影响。

进入 19 世纪后,受"社会达尔文主义"思想的影响,企业的逐利性得到进一步强化,整个社会在对待企业社会责任问题上呈现出一种消极负面的状态。在 19 世纪初期,部分企业主还时常采取慈善捐赠行为,随着财富的增加,其捐赠额度也在持续增大。[2] 但是,在"社会达尔文主义"观点看来,慈善捐赠是对社会弱者的支持,违背了优胜劣汰的自然法则。因此,慈善捐赠只能看成企业主的个人行为,而非企业行为。当时的法律在企业管理者如何使用企业资金上有明确规定,企业不得从事其业务以外的事,否则就是"过度活跃",股东有权起诉一个处于"过度活跃"状态的企业。由此可见,在 19 世纪,企业成为赤裸裸的逐利工具,社会不过是企业逐利的对象和场所。此时,作为人类社会活动产物的企业,开始逐渐异化为支配人类行为的"主体"。[3]

由此看出,从 18 世纪中后期到 19 世纪末,经济社会的发展情况以一种价值观的形式深刻影响着企业社会责任思想的变化。在古典经济理论与社会达尔文主义思想的熏陶下,企业的利润最大化目标得以确立并异化为企业的社会责任观念。"经济人假设"取代了商人社会责任观,成为企业逐利行为的最佳解释,这也为现代企业社会责任思想的进一步发展成熟埋下了伏笔。

三、企业社会责任思想的成熟

20 世纪 20 年代,企业社会责任概念被明确提出,改变了早期企业社会责任研究的零碎、散乱状况,至此,系统化的企业社会责任思想才开始真正成熟起来。一般认为,企业社会责任概念的最早提出者为英国学者谢尔顿(Oliver Sheldon,1924),他在《管理哲学》一书中首次将企业社会责任与企业经营者满足产业内外人类需要的各种责任联系起来,并认为企业社会责任包含有道德因素。[4] 事实上,企业社会责任概念的提出受到多重因素的影响。首先,社会问题不断涌现,工业化带来的负面影响引发了公众对"社会达尔文主义"冷漠态度的极度不满,要求企业承担对相关联主体的责任。其次,企业体制发生改变,由企业主所有制走向股份制,企业的慈善行为不再受"过度活跃"规定的制约。此外,思想资源也日渐丰富,出现了三大支持扩大企业社会责任的观点:一是"受托人观",企业的行为必须兼顾股东、顾客、雇员以及社会的需要;二是"利益平衡观",企业必须平衡相关集团之间的利益;三是"服务观",企业是社会的"公器",服务民众是企业应尽的义务。[5] 自企业社会责任概念提出后,企业社会责任研究的内在逻辑重在解答"是什么""为什么"和"怎么样"三大问题,其中前两点更是成为学界争论的焦点。

---

[1] 亚当·斯密.道德情操论[M].山西:山西经济出版社,2010:121—123.

[2] 乔治·斯蒂纳,约翰·斯蒂纳.企业、政府与社会[M].北京:华夏出版社,2002:128—130.

[3] 高峰.西方企业社会责任思想的缘起与演变[J].苏州大学学报:哲学社会科学版,2009(06):25—28.

[4] Oliver Sheldon, me Philosophy of Management. London: Sir Lsaac Pitman and Sons Ltd. ,1924.

[5] 乔治·斯蒂纳,约翰·斯蒂纳.企业、政府与社会[M].北京:华夏出版社,2002:145—146.

在"企业是否应当承担社会责任"的问题上,主要有两次典型的争论:一是 20 世纪 30～50 年代,贝利(Berle)与多德(Dodd)关于管理者受托责任的争论;二是 20 世纪 60～70 年代,贝利与曼恩(Manne)关于现代公司作用的争论。1931 年,贝利在《作为信托权力的企业权力》一文中指出,企业作为营利性组织,追逐利润是其安身立命之所在。[1] 对此,多德针锋相对地指出,除股东利益外,法律和舆论在一定程度上会迫使企业同时承担他人的利益,企业应该树立对雇员、消费者及广大公众的社会责任观。[2] 在争辩过程中,两位学者的观点发生了彻底改变,贝利成为企业社会责任的倡导者[3],而多德则放弃了企业应当承担社会责任的看法。[4] 针对贝利关于现代公司要履行社会责任的观点,曼恩于 1962 年发表了《对现代公司责任的"激烈批判"》一文,探讨现代公司的政治地位、作用以及公司在社会感兴趣的各种价值观的分配和使用中应该起到的作用,他认为管理者并不具备履行社会责任的能力。[5] 企业社会责任必要性的争论吸引了不少学者的加入,由此形成了观点鲜明的两派:一派认为企业的唯一责任是实现股东价值最大化,持该观点的学者有莱维特(Levitt)、哈耶克(Hayek)等,而弗里德曼(Friedman)更是从多个角度否定了企业承担社会责任的必要性;[6]另一派以德鲁克(Drucker)和希克(Sheikh)为代表,支持企业承担社会责任。随着对企业社会责任研究的不断深入,企业承担社会责任的必要性得到了广泛认同。

在"企业应当承担哪些社会责任"的问题上,学界同样展开了相当激烈的争论,就社会关注的范围和程度而言,该问题的研究大致可以分为两个阶段:一是 20 世纪 30～60 年代的个别研究阶段,该阶段认为企业社会责任是利他行为,因此将其归类为企业"外部性问题",例如学者博文(Bowen)于 1953 年在《企业家的社会责任》一书中指出,企业社会责任是指商人具有按照社会的目标和价值,向有关政府靠拢,做出相应的决策并采取理想行动的义务。[7] 二是 20 世纪 70 年代以来的广泛关注阶段,该阶段的显著特点是"企业存在的唯一目标是追求利润最大化"的观点被逐渐否定。20 世纪 80 年代,企业社会责任运动在欧美发达国家逐渐兴起,并开始在企业管理实践中引入社会责任约束标准,包括产品质量认证体系 ISO9000、安全认证体系 ISO14000 以及社会责任认证体系 SA8000。20 世纪 90 年代以来,企业社会责任的研究内容趋于多元化,企业社会责任的观念也因此得到不断完善。企业的经营目标被赋予了更多的伦理内容,认为企业应该承担有利于社会长远发展的责任。尤其在进入 21 世纪后,企业的社会

〔1〕　Berle, A. A. Corporate Powers as Powers in Trust [J]. Harvard Business Review, 1931(07): 1049—1050.

〔2〕　Dodd, M. For Whom Are Corporate Maneuvers Trustees [J]. Harvard Law Review, 1932(05): 1146—1147.

〔3〕　Berle, A. A. Corporate Social Responsibility: Law and practice Cavendish Publishing limited [J]. Harvard Law Review, 1996(03): 156—157.

〔4〕　Dodd, M. Review of Dimock and Hyde, Bureaucracy and Trusteeship in Large Corporations [J]. University Chicago Law Review, 1942(09): 9—10.

〔5〕　Manne, H. G. The "Higher Criticism" of the Modern Corporation [J]. Columbia law Review, 1962(03): 406—408.

〔6〕　Friedman, M. Capitalism and Freedom [M]. Chicago: University of Chicago, 1962: 5—6.

〔7〕　Bowen, H. R. Social Responsibilities of the Businessman[M]. New York: Harpor & Row, 1953: 47—50.

责任被进一步具体化,要求企业在谋求经营利润的同时,必须重道德、讲诚信,不能损害相关群体的利益,必须承担起环境保护与治理的责任,必须承担社会可持续发展的责任等。

值得注意的是,我国虽然于20世纪70年代就已经引入企业社会责任理论,但由于早期企业与公众的社会责任意识相当薄弱,企业的社会责任问题并未得到密切关注,国内也未能形成系统、全面的企业社会责任思想。直到21世纪初,企业社会责任研究才在中国展开新的篇章。在经济全球化趋势日益加剧、政府倡导科学发展以及共建和谐社会等多重压力下,企业社会责任的推广力度才得以增强。目前,虽然企业社会责任的观念在法律环境、学术研究、责任实践等方面都得到了大幅度提升,但是我国企业社会责任理论和实践仍然处于"初级阶段",具有"中国特色"的企业社会责任思想亟待形成。

第二节　企业社会责任的概念

一、国外对企业社会责任概念的界定

自欧利文·谢尔顿(Oliver Sheldon)于1924年首次提出企业社会责任概念以后,有关企业社会责任的定义层出不穷(见表1-1)。发展至今,企业社会责任概念的研究虽无明确逻辑可循,但总体上表现为界定的全面化、系统化与规范化。各个阶段都出现了比较有代表性的观点,例如博文(Bowen,1953)提出了现代企业社会责任观念,即企业追求自身权利的同时必须尽到责任和义务。[1] 迈克·伽尔(Michael Gael,1963)从经济和法律角度提出了对企业社会责任观念的看法,认为"企业不仅具有经济的和法律的义务,而且还具有某些超出这些义务之外的责任"。然而,他的定义里并没有说明经济和法律之外的社会责任是什么。塞思(Seth,1975)间接地揭示了迈克·伽尔尚未提及的责任,他指出"社会责任暗指把企业行为提升到这样一个等级,以至于与当前风行的社会规范、价值和目标相一致"。[2]

20世纪70年代,在有关企业社会责任概念的研究过程中,出现了用模型和层次结构来表述企业社会责任的相关界定。如美国经济发展委员会(ACED,1971)用三个"同心责任圈"来说明社会对企业的期望,即企业应该承担三个层次的社会责任:最里圈是企业要明确、有效履行经济职能的基本责任,如产品、就业及经济增长等责任;中间一圈是企业在执行经济职能过程中对变化的社会价值观和优先权的协调与适应,如注重环境保护、消费者希望获得更多的信息和公平对待等;最外圈是新出现的还不明确的企业社会责任,如要求企业更多地参与到改善社会环境的活动中来。[3] 卡罗尔(Caroll,1979)用"三维概念模型"对企业社会责任进行了相

〔1〕Bowen,H. R. Social Responsibilities of the Businessman[M]. New York:Harpor & Row,1953:47—50.

〔2〕Werhane P H,Freedman(Ed) R E. the Blackwell Encyclopedic Dicfiomry of Business Ethics[M]. USA Blackwell Business,1998:594—595.

〔3〕CED. Social responsibilities of business corporations[M]. New York:Committee for Economic Development,1971:137—138.

对全面、清晰的解释,该模型被沿用至今,他认为"企业的社会责任囊括了经济责任、法律责任、伦理责任和自由决定的责任"。[1] 按照卡罗尔的观点,经济责任要求企业为顾客提供有价值的商品和服务,并使所有者或股东获得盈利;法律责任要求企业在法律和规范允许的范围内经营;伦理责任要求企业除了满足法律的最低要求外,还要满足为社会做正确事情的期望;自由决定的责任是除了经济、法律、伦理责任之外,由企业判断和选择为社会自觉做出贡献的社会责任(如慈善责任)。

20世纪80年代之后,随着利益相关者研究的兴起,企业社会责任概念得到了进一步泛化。霍德·盖茨(Howard Gates,1985)指出,"企业要对不同的集团承担特定的社会责任,这些不同的集团主要有:股东或业主、顾客、债权人、雇员、政府、社会"。[2] 伍德(Wood,1991)把企业在社会责任领域的表现定义为一个企业"社会责任原则、社会责任过程与社会责任结果"的总和。因此,企业社会责任包含了三个层次:社会责任原则,社会责任过程,社会责任结果。[3] 该理论成为企业社会责任研究领域的一个重要理论依据。此外,哈罗德·孔茨等(Harold Koontz etc,1993)认为,"企业的社会责任就是认真地考虑公司一举一动对社会的影响"。[4] 在孔茨研究的基础上,沃哈恩等(Werhane etc,1998)进一步将企业社会责任概括为"企业所具有的超出对企业主或股东狭隘责任观念之外的对整个社会所应承担的责任"。[5]

进入21世纪以后,众多国际组织纷纷对企业社会责任做出了各自的界定。例如欧洲委员会(EC,2001)将企业社会责任解释为"公司在自愿的基础上,把社会和环境密切整合到它们的经营运作以及与其利益相关者的互动中"。世界银行(WB,2003)对企业社会责任概念的表述为"企业与关键利益相关者的关系、价值观、遵纪守法以及尊重人、社区和环境有关的政策和实践的集合,它是企业为改善利益相关者的生活质量而贡献于可持续发展的一种承诺"。美国商业与社会责任协会(BSR,2004)将企业社会责任定义为"公司在考虑道德价值,遵守法律规定,尊重人民、社区和环境的情况下开展经营管理活动"。美国国际商业委员会(USCIB,2005)认为"企业社会责任是公司对其社会角色所担负的责任,主要涉及公司商业道德、环境保护、员工待遇、人权和社会公益行为等问题"。

表1-1　企业社会责任概念的代表性观点

年份	代表人物	企业社会责任概念
1924	Oliver Sheldon	企业社会责任有道德因素在内
1945	Herbert Simon	企业应当承担超越法律之外的责任

[1] Carroll, A. B. A Three-Dimensional Conceptual Model of Corporate Performance[J]. Academy of Management Review,1979(04):497—505.

[2] 霍德盖茨 R M.美国企业经营管理概论(第1版)[M].中国人民大学工经系,译.北京:中国人民大学版,1985:24—25.

[3] Wood, Donna J. Corporate social performance revisited[J]. Academy of Management Review,1991(04):691—718.

[4] 哈罗德·孔茨,海因茨·韦里克.管理学[M].郝国华等,译.北京:经济科学出版社,1993:689—690.

[5] Werhane P H, Freedman(Ed) R E. the Blackwell Encyclopedic Dicfiomry of Business Ethics[M]. USA Blackwell Business,1998:594—595.

年份	代表人物	企业社会责任概念
1953	Bowen	商人的社会责任是商人具有按照社会的目标去确定政策、做出决策和采取行动的义务
1954/1972	Drucker	管理必须考虑每个商业行为对社会的影响,积极遵守法律,不做危害消费者、员工和社会的事
1960	Davis	从管理学的角度看,公司社会责任是指商人的决策和行动至少有一部分不是出于公司直接的经济和技术利益
1963	Mc Guire	企业须履行经济和法律责任以外的关心社会福利的义务
1972	Manne	企业社会责任的概念必须包括三个要素:一是企业社会责任行为给公司带来的边际回报低于其他支出的边际回报;二是企业社会责任行为必须是自愿的;三是企业社会责任行为必须是公司行为
1976	Carroll	企业社会责任是社会寄希望于企业履行的义务,社会不仅要求企业实现经济上的使命,而且希望其能够遵法度、重伦理、行公益
1983	Michael Novak	企业除获取经济利益外,还应该提升人类的合作与尊严,保护对人类社会至关重要的自由的道德生态环境
1984	Freeman	企业需要满足多方面的利益相关者的需求
1997	Saleem Sheikh	企业社会责任应该遵从两个主要原则:慈善原则和信托原则,前者指企业在社会上的作用,后者指企业对各个利益团体的责任感
2000	世界商业可持续发展委员会	企业持续承诺的行为符合伦理要求,为经济发展做贡献,承担致力于改善员工及其家庭、社区和社会整体生活质量的责任
/	美国社会责任国际	企业除了对股东负责,即创造财富之外,还必须对全体社会承担责任,包括遵守商业道德、保护劳工权利、保护环境、发展慈善事业、捐赠公益事业、保护弱势群体等
/	国际劳工组织	企业社会责任是企业在经济、社会和环境领域承担某些超出法律要求的义务
/	英国政府	企业社会责任是指企业对国家可持续发展目标做出贡献,在生产经营过程中对经济、社会和环境目标进行综合考虑,在自愿基础上采用高于最低法律规定的标准
/	国际雇主组织	在公司运作及与利益相关各方的互动中,公司自愿将社会和环境问题纳入考虑

资料来源:该表格由编书组成员根据文献资料整理获得

二、国内对企业社会责任概念的界定

正如国际上没有对企业社会责任的含义及范围界定达成一致的意见一样,目前国内也没有一个统一的企业社会责任概念,不同学科背景下的学者往往有着不同的见解。例如,尤力和王金顺(1990)认为,"企业社会责任,就是企业为了自身和社会的健康发展必须承担的法律和道义上的责任"。这种法律和道义上的责任包括六个方面:为国家创造财富,保证国有资产的完整和增值;为社会提供就业机会;促进社会健康发展,提高生活质量;满足消费者多方面的需要,保护消费者的利益;改善员工生活工作条件;增进社会公益事业。[1] 张彦宁(1990)在《中

[1] 尤力,王金顺.论企业的社会责任[J].四川大学学报:哲社版,1990(01):7—8.

国企业管理年鉴》中对企业社会责任的表述,"企业为所处社会的全面和长远利益而必须关心、全力履行的责任和义务,表现为企业对社会的适应和发展的参与"。[1]

白全礼和王亚立(2000)对企业社会责任概念的界定较为全面,他们认为,"不同时代、不同社会(或国家)、不同体制下,社会对企业的期望和要求是不同的,致使企业社会责任问题的焦点、范围也有所不同"。[2] 按照这两位学者的观点,企业社会责任可以划分为两个不同的层次:企业的基本责任和社会责任。屈晓华(2003)进一步指出,"企业社会责任是指企业通过企业制度和企业行为体现的对员工、商务伙伴、客户、社区、国家履行的各种义务和责任,是企业对市场和相关利益群体的一种良性反应,也是衡量企业经营目标的一项综合指标。它既包括法律、行政等方面的强制义务,也有道德方面的自愿行为"。[3] 该定义与国外企业社会责任概念的研究有所不同,它更符合中国现阶段企业的实际情况。此外,周祖城(2005)认为,"企业社会责任是指企业应该承担的,以利益相关者为对象,包含经济责任、法律责任和道德责任在内的一种综合责任"。[4] 黎友焕(2007)为企业社会责任作了一个较为完整、严谨、动态的定义,即"在某个特定社会发展时期,企业对其利益相关者应该承担的经济、法规、伦理、自愿性慈善以及其他相关的责任"。[5]

基于对以上观点的认识,在现阶段,我们可以将企业社会责任大致定义为是包含有两方面内容的责任体系:一是对企业内部利益相关者的责任,如为企业员工、股东等提供良好的工作环境、薪资待遇及发展空间等;二是对企业外部利益相关者的责任,如在保持公正公平、严谨自律的企业道德观基础上为顾客、供应商、竞争对手、中介组织等提供优质的资源、产品和服务。

三、企业社会责任概念的泛化

国外学者对企业社会责任概念的研究体现了"从泛化到具体"的过程。例如,迈克·伽尔将企业社会责任概念具体化为除了经济和法律方面责任之外的社会责任。卡罗尔将企业的社会责任概括为经济责任、法律责任、伦理责任和自由决定的责任。而随着利益相关者研究的兴起,企业社会责任的概念也得到了扩充,开始关注对股东或业主、顾客、债权人、雇员、政府、社区的社会责任。国内学者对企业社会责任概念的研究基本沿用了国外的理论基础,如尤力、王金顺、屈晓华等学者对企业社会责任的定义主要是从企业自身和社会发展角度来考虑,企业社会责任所涵盖的内容也比较广泛。

企业社会责任概念的界定是企业社会责任理论研究的基础。综合而言,企业社会责任包括了经济、法律、道德和慈善责任,是企业除了创造利润、对股东负责以外,应该承担的对员工、消费者、社区、环境以及政府等利益相关者的所有责任。一直以来,学界都从这些维度研究企业的社会责任边界,公众也习惯性地从这些维度要求企业履行社会责任。而随着企业社会责任运动的积极开展,企业社会责任的内涵与边界在进一步泛化。事实上,我们如今所界定的

---

〔1〕 张彦宁.中国企业管理年鉴[M].北京:企业管理出版社,1990:778—779.

〔2〕 白全礼,王亚立.企业社会责任:一种新的企业观[J].郑州航空工业管理学院学报,2000(03):19—22.

〔3〕 屈晓华.企业社会责任演进与企业良性行为反应的互动研究[J].管理现代化,2003(05):13—16.

〔4〕 周祖城.企业伦理学[M].北京:清华大学出版社,2005:41—42.

〔5〕 黎友焕.企业社会责任研究[D].西安:西北大学,2007:6—7.

"企业社会责任"与"责任"无甚差别,凡是涉及企业经营管理的责任问题几乎都被纳入了企业社会责任的范畴。这不仅泛化了企业社会责任的边界,模糊了企业社会责任的本质,造成了公众对企业的过高期望,更使得企业在承担社会责任过程中无所适从、压力倍增,无形中增加了企业承担社会责任的心理成本,从而引发了众多企业社会责任缺失现象。事实上,在市场经济体制尚不规范、政府监管缺位的具体情境下,由于我国企业尤其是民营企业本身存在的"能力天花板"问题,他们并不能够全面、高效地达到公众的主观期望。为此,我们需要根据我国经济社会发展的现状,结合企业的实际可承担能力,客观、科学、合理地界定企业社会责任,以使企业在可持续发展过程中能够最大化企业的社会责任。

第三节　企业社会责任的边界

企业社会责任边界是对社会负责任的企业行为的性质认定和内容构成。虽然企业社会责任问题的研究已有近百年历史,但是企业社会责任的概念本身具有动态性,而且随着社会环境的不断变化,加之不同企业的发展阶段、所处行业、企业规模和性质并不一致,使得企业被期望承担起的社会责任边界存在迥异性。正如卡罗尔(Carroll,1994)所说,"企业社会责任是一个兼容的领域,有着宽泛的边界、多元化的成员、不同的学术背景、大量非集中的文献、多学科交叉的观点"。[1] 企业社会责任边界的模糊使其无法有效指导企业的社会责任实践,在一定程度上影响了全球企业社会责任运动的深入开展。为此,企业社会责任边界的明确成为社会责任研究领域的基础性问题,国内外学者也围绕边界问题进行了大量的理论探索。

我国学者李伟阳于 2010 年在《基于企业本质的企业社会责任边界研究》一文中采用了四分法(见表 1-2),即经济功能边界、社会功能边界、经济功能与社会功能兼具且独立的边界、经济功能与社会功能密不可分的边界,[2]这种划分方法基本囊括了国内外现有的企业社会责任边界的研究。

表 1-2　基于企业本质的企业社会责任边界观

类别	观点	代表人物
基于经济功能的边界观	企业的唯一责任是实现企业利润最大化	Levitt;Friedman;Hayet
基于社会功能的边界观	企业的首要目标是服务社会整体利益	Drucker;Davis;Robbins;Pratley
经济功能＋社会功能的边界观(独立)	企业社会责任是经济责任与社会责任的博弈	Carroll;Andrews
经济功能＋社会功能的边界观(联系)	企业的经济责任与社会责任密不可分	Kramer;Porter;Ernst

资料来源:该表格由编书组成员根据文献资料整理获得

〔1〕 Carroll, A. B. Social Issues in Management Research: Expert' View, Analysis and Commentary [J]. Business and Society, 1994(01):33—34.

〔2〕 李伟阳.基于企业本质的企业社会责任边界研究[J].中国工业经济,2010(09):89—99.

一、基于经济功能的边界观

基于经济功能的边界观认为企业是纯粹的经济组织,企业存在的本质是追逐经济利益最大化。为此,企业需要承担对社会生产和交易活动所需商品、服务的经济功能。事实上,该观点源于新古典经济学的基本观点,新古典经济学认为,"企业追求利润最大化的行为能够自动增进社会福利,促进社会资源的更优配置"。这些观点对界定企业社会责任的边界产生了深远影响。在这种本质观下,追求股东利益最大化的企业社会责任边界观长期占据主流地位,认为企业唯一的社会责任就是追求利润最大化。

该界定得到了莱维特(Levitt,1958)、弗里德曼(Friedman,1962)以及哈耶克(Hayek,1969)等众多学者的肯定。莱维特在《企业社会责任的危险》一文中提到,"追求利润是企业的责任,而解决社会问题则应该是政府的责任"。[1] 哈耶克也认为"企业唯一的目的是作为出资人的受托者赚取长期利润,若将资金用于追求长期最大利润以外的目标,就会赋予企业十分危险的权力"。[2] 因此,他主张企业应只对股东尽义务。弗里德曼的观点也非常明确,他在《资本主义与自由》一书中指出,"在自由经济中,企业有且仅有一个社会责任——只要它处在游戏规则中,也就是处在开放、自由和没有欺诈的竞争中,那就是要使用其资源并从事经营活动以增加利润"。[3] 1988年,弗里德曼进一步指出,"确实存在实实在在的社会责任,那就是在遵守法律和适当的道德标准的前提下,尽可能地挣更多的钱,以更好地服务消费者"。国内学者高尚全(2004)认为,企业对社会的责任应立足于企业自身的良性发展,企业能够健康发展,就能够为社会创造更多财富,提供更多就业,这些是企业的基础责任。[4] 与这些观点相对应的是企业的社会责任行为与实践很容易触犯到企业利润最大化的目标以及股东的权益。1916年7月,福特公司计划通过降低汽车售价来扩大生产,以便制造出更多的普通大众能够买得起的汽车,于是宣布不再派发任何特别红利,此举引起了道奇兄弟的强烈不满,并向法院提起了诉讼,法院最后裁定福特行为违反受托责任。

二、基于社会功能的边界观

基于社会功能的边界观认为企业是社会的基本单元,其社会功能是促进社会目标的实现。事实上,这一观点是对社会学中"社会本位"的呼应,强调企业存在的首要目标是服务社会整体利益。著名管理学家德鲁克(Drucker,1946)充分肯定了企业的社会功能,他认为"公司的本质是一种社会组织"。[5] 基于此,企业社会责任边界的划分充分体现在以下三个方面:一是权利责任对称观,例如戴维斯(Davis,1960)提出了"责任铁律"和企业公民观点。[6] "责任铁律"强调管理学中的权力与责任平衡,认为企业的社会责任应该与它们的社会权力相匹配,企业对社

〔1〕 Levitt,T. The Dangers of Social Responsibility[J]. Harvard Business Review,1958(05):36—37.

〔2〕 Hayek,F. A. The Corporation in a Democratic Society:In Whose Internet Ought It and Will It Be Run[A]. Ansoff A. H. I. Business Strategy[C]. Harmondsworth:Penguin,1969.

〔3〕 Friedman,M. Capitalism and Freedom[M]. Chicago:University of Press,1962:132—133.

〔4〕 高尚全.企业社会责任和法人治理结构[N].学习时报,2004—03—25(10).

〔5〕 彼得.F.德鲁克.公司的概念[M].罗汉,等,译.上海:上海人民出版社,2002:78—79.

〔6〕 Davis,K. Can Business Afford to Ignore Social Responsibilities[J]. California Management Review,1960(02):35—36.

会责任的回避将导致社会赋予权力的逐步丧失。按照"责任铁律",企业履行社会责任的边界应在它从社会中所获得权力的范围之内。企业公民观认为企业如同自然人一样,是社会中的公民之一,社会为其生存和发展提供了相应的资源并赋予其一定的公民权利,那么,企业就要像公民一样履行与这项权利相对应的义务。企业作为社会公民,其履行社会责任的边界取决于公民的角色定位和义务要求,包括遵守法纪、社会公德、依法纳税等。

二是社会影响观,指企业作为社会行为主体需要考虑其活动对社会所造成的影响。例如,斯蒂芬·P. 罗宾斯(Stephen P. Robbins,1997)指出,"企业社会责任是企业为谋求对社会有利的长远目标所承担的责任,企业社会责任促使人们去从事能够使社会变得更美好的事情,而不去做那些有损于社会的事情"。[1] 国内学者刘俊海(1999)认为"公司应当最大限度地增进股东利益之外的其他所有社会利益,这种社会利益包括雇员利益、消费者利益、中小竞争者利益、当地社区利益、环境利益、社会弱者利益及整个社会公共利益等内容"。[2] 2010 年,国际标准化组织(ISO)发布社会责任国际标准 ISO26000,指出组织社会责任是组织由于其行为对社会和环境造成了影响而承担的责任。根据以上观点,企业行为对社会和环境的影响决定了企业社会责任的具体边界。

三是伦理道德观,指企业作为纯粹伦理道德主体所应承担的慈善责任。卡罗尔(Carroll,1979)强调"企业必须符合社会准则、规范和价值观的伦理责任"。[3] P. 普拉利(Pratley,1999)认为,"最低的道德要求意味着企业应为公众提供高质量的产品和服务,而不危及基本的公共福利和共同的未来,赚钱与接受一定限度的道德要求是可以结合起来的"。[4] 董军(2008)指出,"社会对企业有着很高的道德期望,作为社会行为主体,企业具有理性能力、自为性和关系性等道德主体的三大特征"。[5] 与经济责任和法律责任相比,道德责任是一种软性约束,并不带有强制性的特征,它是企业在社会公众的道德舆论监督和企业法人道德自律下,维护股东以外的其他社会成员利益的主动举措。值得关注的是,许多知名的国际企业在持续不断地进行"道德革命",例如谷歌公司为员工免费提供三餐和甜点,员工若要往来于办公室之间可骑乘一种适合于 11 岁儿童的玩具车或者电动滑板车。企业的道德责任不仅是社会发展的需求,而且从长期看也有利于企业自身的可持续发展。

三、基于经济功能与社会功能兼具且独立的边界观

该企业社会责任边界观肯定了企业的经济功能与社会功能,但是割裂了企业的经济组织角色和社会组织角色,认为企业在承担经济责任与社会责任之间存在矛盾冲突。卡罗尔(Carroll,1991)提出的金字塔模型印证了这一观点,他认为企业社会责任由经济责任、法律责任、伦理责任和以慈善捐赠为代表的自行裁量责任构成,其责任度依次递减。这一模型承认了企业社会责任的多重性,并将经济责任、法律责任和伦理责任视为彼此割裂的"主—次"与"先—后"

〔1〕 斯蒂芬·P. 罗宾斯,玛丽. 库尔特. 管理学[M]. 孙健敏,等,译. 北京:中国人民大学出版社,2004:97—98.

〔2〕 刘俊海. 公司的社会责任[M]. 北京:法律出版社,1999:2—7.

〔3〕 Carroll, A. B. A Three-Dimensional Conceptual Model of Corporate Performance[J]. Academy of Management Review,1979(04):497—505.

〔4〕 P. 普拉利. 商业伦理[M]. 北京:中信出版社,1999:37—38.

〔5〕 董军. 企业的道德关涉及其社会责任担当[J]. 经济与社会发展,2008(10):87—90.

两个层面。[1] 此外,被誉为"社会良心的维护者和社会问题的解决者"的美国管理学家安德鲁斯(Andrews,1995)认为,"利润最大化是公司的第一位目标,但不是唯一的目标,公司的第一位目标是保证自身的生存"。安德鲁斯强调,"企业承担的社会责任还应包括:①公司决心自愿捐助教育事业和其他慈善事业,尽管这会减少其利润;②公司选择一个属于自己的经营道德标准,这个标准要高于法律和习俗所要求的最低水平;③在具有各种机会的业务中,公司根据内含的社会价值进行选择;④为了经济报酬以外的理由(很显然仍与经济报酬有关)投资于公司内部生活质量的改善"。[2]

四、基于经济功能与社会功能密不可分的边界观

该企业社会责任边界观认为企业行为的经济属性与社会属性具有内在统一性,企业的经济功能与社会功能密不可分。在这种观念指导下,出现了两种企业社会责任边界的划分方法:一是应用广泛的利益相关方责任边界观。它强调企业承担社会责任以及实现自身利益均内嵌于企业与社会各利益相关群体的关系之中,企业社会责任是对各利益相关群体的具体责任,包括对股东、员工、债权人、供应商、客户、政府、社会团体、公众等。例如,恩斯特(Ernst,1971)归纳出企业社会责任的六大范围:环境(污染控制、产品改进、环境治理、废旧物回收)、机会平等(种族、妇女、弱势群体、地区平等)、员工(安全与健康、培训、个人咨询)、社会(公益活动、健康、教育与文化)、产品(安全、质量),以及其他(股东、信息公开等)。[3] 这一观点隐含地认为,平衡地管理企业对各利益相关方的责任,就能够实现企业利益(经济功能)与利益相关方利益(社会功能)的统一。

二是战略性企业社会责任观,代表性人物当属波特(Porter)和克莱默(Kramer)。他们将社会问题划分为普通社会问题、价值链主导型社会问题和竞争环境主导型社会问题三类,并认为可通过履行回应性企业社会责任和战略性企业社会责任加以解决。其中,战略性企业社会责任是指企业对社会责任的认识完成了对履行好良好企业公民义务和自觉减轻对价值链的消极影响等内涵的超越,转而在更高层面上开展那些能产生社会利益并同时强化企业战略的价值链活动。[4] 根据他们的观点,战略性企业社会责任通过投资于增强企业竞争力的社会、环境内容,有利于促进企业与社会的价值共享,形成企业成功与社会进步相辅相成的共生关系。可见,战略性企业社会责任认为企业与社会具有共生关系,企业的经济功能与社会功能能够在履行社会责任过程中得到融合。

通过对以上四种企业社会责任边界观的分析发现,与企业社会责任概念的研究趋势相似,企业社会责任边界的研究也趋于泛化。但就目前研究成果而言,企业社会责任的边界始终围绕经济责任、法律责任、伦理责任与慈善责任展开(见表1-3)。企业社会责任边界内的标准与规范对企业践行社会责任具有指导性意义。

---

〔1〕 王露璐.企业伦理责任与经济责任的交融互生[N].中国社会科学报,2010—03—02.

〔2〕 安德鲁斯 K P.可以使优秀的公司有道德吗[M].孟光裕,译.北京:中国社会科学出版社,1995:69—71.

〔3〕 李诗田.社会责任信息披露的动因与效果:一个综述[J/OL].会计之友,2009—07.

〔4〕 Porter, M. E, Kramer, M. R. The Link between Competitive Advantage and Corporate Social Responsibility[J]. Harvard Business Review, 2006(12):84.

表 1-3　企业社会责任边界内容汇总

边界	内容
经济责任	创造财富和利润； 为社会提供有价值的产品与服务； 经济增长与效率； 为股东创造利润； 完善公司治理结构； 树立企业的长期经营计划，健全企业的财务运作机制，合理合法调配及使用企业资金； 提高企业生产效率，严格控制生产成本
法律责任	遵纪守法，依法经营，依法纳税； 不从事贿赂、腐败等行为； 在同业竞争中遵守公平竞争的原则； 不干扰企业所在社区居民的正常生活； 在用工、招聘中提供平等机会； 对企业可能造成的污染进行治理和补偿
伦理责任	避免污染环境的生产行为； 致力于生产环保型产品/服务； 积极参与环境治理与保护； 保障产品或服务的质量； 迅速处理顾客抱怨和退货要求； 保障员工健康和工作安全； 保障员工技能开发与培训； 发展和晋升机会平等； 营造健康和谐的企业文化
慈善责任	积极开展、参与慈善活动； 关注社会弱势群体； 支持教育与文化事业； 采取捐赠行为以支持建设公共设施，促进社会经济发展

资料来源：该表格由编书组成员根据文献资料整理获得

第四节　企业社会责任的影响因素

一、企业承担社会责任的动力因素

企业承担社会责任的动力研究中，以美国学者施瓦茨（Schwartz）和卡罗尔（Carroll）于2003年提出的"三动力模型"最具代表性。这两位学者认为企业之所以承担社会责任，主要来自三个方面的动力，包括经济动力、制度动力与道德动力，他们把外在动因和内在动因整合在一起，其模型如图1-1所示。

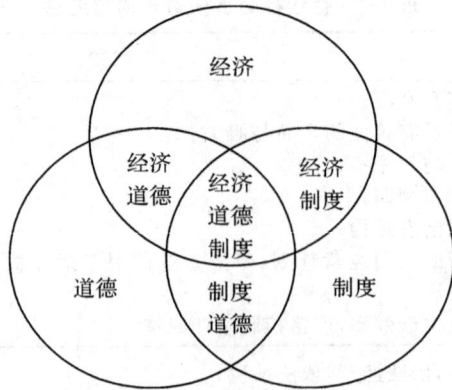

图 1-1　企业社会责任的动力模型

在图 1-1 中,经济动力、制度动力和道德动力分别以三个圆表示,由三个圆相交而产生七个区域:纯经济、纯制度、纯道德、经济/制度、经济/道德、道德/制度、经济/道德/制度。两位学者认为中间的状态,也就是同时满足经济/道德/制度三方面要求的状态是理想状态,因为它可以同时满足社会各个方面的要求。根据三个动力各自的强度不同,企业承担的社会责任被划分为不同类型,即经济动力主导型、制度动力主导型、道德动力主导型和平衡型。事实上,国内企业承担社会责任的动力因素也不外乎经济动力、制度动力和道德动力这三点,而在具体实践过程中,我国企业往往因受独特的文化因素、经济因素和道德因素影响,而呈现出一定的"中国特色"。

(一)文化因素

文化因素总是在潜移默化中影响着企业的价值观与道德取向,影响着企业对社会责任的看法。我国的儒家文化源远流长,儒家文化中强调的"以人为本""中庸之道"在无形中对企业和企业家产生着深刻影响,使企业在经营活动中讲求诚信、信誉至上。中国历史上享有盛名的晋商就一直奉行诚信为本、先义后利的宗旨,以天下为己任,发展壮大回馈国家。企业家在商业活动中除了遵守一些既定的商业道德外,自然而然还会追求企业的社会价值和社会责任,追求社会价值和经济价值的统一、企业和环境的和谐、股东和利益相关者之间的利益平衡等。

(二)经济因素

经济动力是影响企业承担社会责任的根本性因素。对企业而言,在竞争日趋激烈的客观环境下,承担社会责任是改善企业形象、提高顾客忠诚度、增强企业竞争力的重要手段。积极承担社会责任的企业能够通过媒体的宣传、消费者的口碑等途径在社会上建立良好的企业声誉,进而吸引潜在消费者、赢得已有消费者、留住现有消费者。此外,企业承担社会责任还可以提升企业的社会形象,在公众心目中形成该企业是负社会责任的好企业的良好印象,由此增强顾客的认同感,以提升企业竞争力。当企业获得更为丰厚的利润后,就能投入更多的资源和精力来承担社会责任,以此形成良好的循环。反之,如果企业唯利是图,只看到短期利润,无孔不入的媒体以及日渐理性的消费者就会将企业的错误无限扩大,从而沉重地打击企业的发展。

(三)道德因素

企业家的价值观和道德取向在很大程度上影响着企业战略和决策的方向,尤其是在我国大部分民营企业中,企业家或者创始人的思维和眼界往往决定了企业的发展方向,企业员工受企业家个人魅力的影响非常大。因此,企业家是企业社会责任不能忽视的重要动力之一。如果企业家是一个责任心强、有良好道德修养、能够高瞻远瞩的人,那么他所带领的企业往往会积极地承担社会责任,取得经济利益和社会利益的双赢。2006 年 11 月 9 日,在北京人民大会堂举办的"全球企业家精神论坛"上,与会专家高度评价了企业家精神在社会和谐发展中所起的作用,认为企业家必须具备强烈的社会责任意识,应该对消费者负责、对市场负责,应该对社会乃至整个人类社会做出或准备做出贡献。[1]

二、企业履行社会责任的约束条件

企业履行社会责任的程度与范围受多重价值博弈的影响,是企业在"经济利益与社会利益""短期利益与长期利益""自身利益与相关者利益""企业价值观与社会价值观""企业自身能力与社会客观要求"之间寻求博弈均衡的结果。在整个博弈过程中,任何一方的失衡都可能成为企业履行社会责任的约束条件。从博弈视角来分析企业履行社会责任的约束条件,将对企业社会责任缺失的根本原因有更为客观、理性和全面的了解。

(一)企业经济利益与社会利益的博弈

企业是一种营利性的经济组织,追求经济效益最大化是其主要目标。但是,企业同时也是社会的基本单位,具有"社会型组织"的属性,在发展经济时要兼顾生态效益和社会效益。在日趋激烈的市场竞争环境下,企业在经济利益与社会利益的博弈过程中,往往屈服于追逐经济利益这种企业发展的原始动力,尤其是在当前我国市场经济体制还不完善、市场竞争还不规范的情境下,企业的逐利性表现得尤为明显。具体到企业行为中,就会频频出现为追求低成本而生产不合格产品、发布虚假信息、拖欠员工工资等多种社会责任缺失问题。在这种逐利性驱动下,企业在理念上表现为社会责任意识的薄弱问题,在治理上表现为过度追求股东利益最大化的问题。此外,由于受发展历程的影响,我国大部分企业尤其是民营企业本身的治理结构并不完善,许多民营企业仍以家族式管理为主,有些民营企业即使实行了股份制,其内部治理也多采用家族内部化或股份制管理,企业经营的最大目的是实现家族或股东利益最大化,"股东至上"的治理模式依然是我国企业的主要治理模式。在多重利益博弈过程中,企业的利润动力重于责任动力,由此产生了责任意识不强、忽视生态保护等多种问题。

(二)企业短期利益与长期利益的博弈

我国目前众多企业社会责任缺失现象的产生在很大程度上受企业追逐短期利益行为的影响。这种短视行为一方面源于我国市场经济制度的不完善、市场竞争制度的不规范,使得我国企业的整体发展水平不高,企业缺乏制定使命愿景、实施战略管理的远见和思维,也不具备健全完善的企业组织基础和管理制度规范;另一方面源于我国企业的管理者尤其是民营企业高层管理人员素质的制约。可以说,我国很多企业之前获得的成功绝大多数属于机会型成功,往往凭借胆量和一定的眼光赢得市场。而且,改革开放初期,消费者权益保护意识薄弱,政府监管机制缺位,很多企业在获得大量财富的同时,并没有养成承担社会责任的意识和习惯。这些企业在一定程度上缺乏战略思维和长远发展眼光,在日趋激烈的市场压力下往往经不起考验

[1]　郑晓霞.企业社会责任动力机制探析[J].中北大学学报,2008(05):11—12.

而被市场淘汰；还有一些企业"饮鸩止渴"，制假售假危害消费者权益，克扣工资危害员工权益，粗放经营危害生态环境，偷税漏税损害政府利益。这些短视行为在短期内可以使企业受益，但是就长期发展而言，必将成为制约企业可持续发展的潜在危害因子，一旦爆发有可能造成不可挽回的后果。例如，2008 年发生在三鹿集团的"三聚氰胺"事件，因企业追求一时的低成本利益而最终摧毁了一家曾经的"明星企业"，甚至对整个奶粉行业都造成了巨大的冲击。

(三)企业自身利益与相关者利益的博弈

受传统思维影响，我国企业普遍存在一种"以自我为中心"的个体主义心理，即将利益相关者放在企业的对立面，视为与企业争夺资源和利益的"敌对方"，一直处于"防御和进攻状态"。因此，企业的共赢、合作意识相对薄弱，从而容易与利益相关者发生矛盾与冲突。事实上，作为市场经济的主体，企业的利益相关者与企业自身之间存在资源互补、利益均沾、责任共担的关系，没有利益相关者的发展，也不可能有企业很好的发展。比如企业的产生与发展离不开股东的有形投入与无形支持，离不开员工的辛勤生产与企业建设，离不开顾客的需求发现与消费满足，离不开政府的政策支持与行业导向，也离不开社区、环境的关怀与支持。因此，企业必须承担对这些社会主体的社会责任。从社会嵌入理论角度理解，这是企业作为"经济人"追求经济价值的手段，也是企业作为"社会人"实现社会价值的方式，是企业将经济活动嵌入社会网络以实现目标的有效工具。一个优秀的企业家，总是能够很好地处理企业自身利益和利益相关者利益的关系，让客户满意，让员工安心，让股东称心，让政府放心。充满智慧的企业家更是能够让员工、供应商、客户等利益相关者积极参与公司治理，与利益相关者之间建立并保持健康、和谐、共进、共赢的合作关系。

(四)企业价值观与社会价值观的博弈

企业的行为是由企业价值观决定的，企业价值观是企业文化的内核。一个企业选择什么样的价值观和承担什么样的社会责任，与整个社会的价值观密切相关。比如整个社会不诚信，就很难要求企业做到诚信；整个社会对经济增长很看重，不太看重生态环境的保护，企业就很难形成"生态第一"的价值观；还比如，如果消费者和员工的维权意识不强烈，就很难出现能够很好地承担顾客和员工责任的企业。所以说，一方面企业价值观是整个社会价值观的构成部分，社会价值观又会反过来影响企业的价值观。对于一个个体企业而言，是否承担社会责任，承担多少社会责任，一方面要看企业家的社会责任感和承担责任的能力，另一方面他们也会看其他企业在怎么做。如在 2008 年"三聚氰胺"事件中，就存在整个奶粉行业大部分企业添加"三聚氰胺"的情况，此时不加"三聚氰胺"反而成为非常态的行为。在一个群体性社会责任缺失的环境中，企业是否承担社会责任和承担多少社会责任就需要在"企业价值观"与"社会'潜规则'"之间进行价值博弈，只有具有清晰发展战略和坚守良知与社会责任的企业才能在这场博弈中赢得胜利。

(五)企业自身能力与社会客观要求的博弈

企业社会责任运动的开展和深入，使得社会公众的企业社会责任意识不断觉醒，对企业社会责任履行的期许更高。而在现实情境中，企业在履行社会责任过程中往往存在"能力天花板"问题，特别是民营企业，他们在履行社会责任时明显表现出能力上的不足。就我国民营企业的总体发展水平而言，民营企业还没有全部完成资本的原始积累，大部分民营企业还处于成长和发展的艰难时期，技术创新和基础管理能力薄弱，本身欠缺承担社会责任的能力。比如，我们提倡高科技制造,低碳环保,节能减排,但很多企业实在没有相关的技术,正所谓"非不愿也,实不能也"。当然,企业履行社会责任能力的强弱在很大程度上与企业对社会责任本质、内涵的认识不清有关。许多企业将企业社会责任等同于企业慈善,把企业社会责任视为企业发展的负担,当然就不会想办法去提高企业社会责任的承担能力,从而造成"社会责任认识不足—社会责任能力低下—社会责任不作为"的恶性循环。

企业履行社会责任的过程交织着复杂的经济动机、心理动机和社会动机,是企业多重价值博弈的结果。除企业自身价值观、实力与能力和利益追求等内部因素外,政府管理的缺位、社会风气的制约、市场秩序的紊乱等外部因素也是影响企业社会责任履行程度的重要原因。因此,在企业社会责任实践过程中,要客观、全面地评价企业面临的社会责任履行情境。

本 章 小 结

本章重点介绍了企业社会责任的基本知识,包括企业社会责任思想的起源与演变过程、企业社会责任的概念、企业社会责任的边界以及企业社会责任的影响因素。

企业社会责任思想起源于古希腊时代,孕育于西方传统的商人社会责任观,商人社会责任观中维护社会利益的思想是后期企业社会责任思想的萌芽。进入工业化时代后,"经济人假设"取代商人社会责任观,成为企业逐利行为的最佳解释,也为现代企业社会责任思想的进一步发展与成熟埋下了伏笔。自20世纪20年代,企业社会责任概念明确提出后,系统化的企业社会责任思想才开始逐步成熟起来。该阶段,企业社会责任研究的内在逻辑重在解答"是什么""为什么"和"怎么样"三大问题,而前两点更是成为学界争论的焦点。

企业社会责任概念的界定是企业社会责任理论研究的基础。综合而言,企业社会责任包括了经济、法律、道德和慈善责任,是企业除了创造利润、对股东负责以外,应该承担的对员工、消费者、社区、环境以及政府等利益相关者的所有责任。国内外学者在企业社会责任概念研究上各有见解,但主要表现为概念的"泛化"趋势。为此,我们更加需要根据我国经济社会发展的现状,以及企业的实际可承担能力,客观、科学、合理地界定企业社会责任,使企业在可持续成长过程中能够将企业的社会责任最大化。企业社会责任边界是对社会负责任的企业行为的性质认定和内容构成。伴随着企业社会责任概念的泛化,企业社会责任的边界也在不断扩大,但就目前研究成果而言,企业社会责任的边界始终围绕经济责任、法律责任、伦理责任与慈善责任展开。

企业社会责任的影响因素分为动力因素和制约因素两部分,其动力因素主要包括了经济动力、制度动力与道德动力,而企业履行社会责任的程度与范围受多重价值博弈的影响,它是企业在"经济利益与社会利益""短期利益与长期利益""自身利益与相关者利益""企业价值观与社会价值观""企业自身能力与社会客观要求"之间寻求博弈均衡的结果。

思考题

1.简单介绍企业社会责任思想的起源和演变过程。

2.列举企业社会责任概念的代表性观点。

3. 阐述企业社会责任的边界与内容。

4. 企业承担社会责任需具备哪些动力因素？

5. 企业在履行社会责任过程中面临哪些约束条件？

案例阅读与启示

成功源于责任：华立集团的企业社会责任面面观

华立集团（以下简称"华立"）成立于 1970 年，是以华立集团股份有限公司为母体，以医药为核心主业、多元化投资发展的企业集团。在"多元化投资、专业化经营、差异化管理"的经营理念指导下，华立集团充分利用企业内外资源创造社会价值，努力成为行业领先者。目前，集团业务已涉及医药、电能计量仪表及电力自动化系统、无线及宽带通信、电子材料、房地产、农业、石油化工、矿产等多方领域。[1] 华立将自己的成功归结于企业社会责任，在言行举止中透露着对责任与众不同的理解。

第一，责任是一种品格。华立认为，责任更多地不是体现一个人的学识、水平和能力，而是体现一个人的品格、价值观和思想境界。责任是一种伴随生命始终的使命，人在扮演其人生中的"角色"的时候要承担对他人的责任。同时，责任还是一种荣誉，一种承诺，只有你对别人负责，别人才会对你负责。责任也是一种忠诚、一种信念、一种理想，可以超越金钱的力量而具有至高无上的价值——那就是人的品格！

第二，责任是一种能力，但胜于能力。在很多情况下，责任和能力是不能截然分开的，更是不能对立的，责任本身就是一种能力。责任是一个人改变自我的最好压力和动力之源，有责任感的人会通过努力、通过学习，提升自己的能力。所以说责任是能力，但胜于能力。同时，责任还是双向的，华立人要对华立负责，同时华立也要对华立人负责，要促进华立人自身综合素质的提高，促进员工的成长和发展。员工发展是企业发展的重要内容，企业发展是员工发展的必然结果。员工素质提高，企业是直接的受益者；企业发展，员工同样也是直接的受益者。只有具有责任感的员工和团队才能造就一个具有责任感的企业。

第三，责任心源于一颗感恩之心。责任感并非与生俱来，而是涉及人生观、价值观、世界观的一种道德层面的特征。责任感的培养，最关键的是来自感恩心理的培养。感恩之心是一种人生态度。态度改变人生，态度也会决定人生。有些人将一切的得到都看成理所当然，而另一些人却将一点的得到都看成别人对自己的恩情，这些人就是牢固树立了责任意识的人，只有因责任而产生的忠诚才是真正的忠诚。

第四，责任是对自己负责、对团队负责、对结果负责。一个对自己负责的人才有可能对他人负责，才可能对工作岗位负责，才可能最终对企业负责。因为工作就意味着责任，岗位就意味着责任，既然选择了参加工作，选择了自己的岗位，就意味着愿意承担工作、岗位所带来的责任，就意味着愿意对自己负责，对所在的团队负责，同时，也意味着要对工作的结果负责。如果大家都意识到在企业中，责任比能力更为重要，那么，培养下属的责任感永远都是上司的责任。"既要对过程负责，更要对结果负责"是"责任文化"的核心思想。正确的过程不一定会有好的结果，但是错误的过程一定不会有好结果。一个真正负责任的上司，一定是既关注下属的工作

---

〔1〕 资料来源：华立集团有限公司之集团简介. http://www.holley.cn/about.html.

过程,也以工作结果来评判和衡量下属功过的人。所以,一个将公司视为自己的"家"并尽心尽职尽责地履行职责的人,一定可以得到工作给他的最高奖赏——信任和重用。

第五,成功源于责任,责任铸就卓越。企业的成功是离不开对责任的承担,一次偶然的、不长久的成功可能与责任无关,但企业要实现更高的目标,仅靠一时的激情和纯粹的利益是承载不了的,而是需要更大、更高层面的责任感。一个企业、一个人,会因为肩负使命而产生持续的源动力,因为充满责任感而就就业业,踏踏实实,这正是企业持续成功的核心因素。当一个人给自己设定并不高的目标时,成功并不会难;但当一个人不断设定更高的目标去挑战自我的时候,成功就会变得越来越困难了。不断超越以前的成功,去追求更高的目标即是追求卓越,追求卓越对一个人来说才是真正的挑战。而只有出类拔萃者才能挑战卓越,但要成为出类拔萃的人毕竟需要付出比常人更多的努力以及需要拥有更大、更高层面的责任感。

通过华立集团对"责任"的这五个方面的理解,不难看出,华立人对"责任"的理解十分透彻,十分深入,并内化为自己的一种使命。树立深厚的社会责任感并将履行社会责任作为自己的行动指南,是华立另一种意义上的对"责任"的理解,也是华立在事业上取得持续成功的有效保障。

案例讨论:

1.华立集团的责任观体现了对企业社会责任内涵的哪些理解?

2.华立集团的企业社会责任观具有什么借鉴意义?

第二章
企业社会责任的理论基础

——| 企业社会责任是一门源自实践却高于实践的综合性理论。

——编者语

▶ 本章学习目的

通过本章的学习,了解企业社会责任的几个基础性理论,把握企业社会责任的相关理论来源;了解企业社会责任与其他理论之间的关系,从各种理论的不同视角对企业社会责任作出合理解释;辨别企业社会责任与相近理论之间的异同,对企业社会责任的理论有一个更好的认识。

▶ 本章学习重点

利益相关者理论;企业伦理理论;社会资本理论;企业公民理论。

企业社会责任的概念是在伴随着资本的不断扩张,在市场上出现各种不道德的行为,进而引起劳动问题、劳资冲突等一系列社会矛盾的背景下被提出的。同时,许多企业的实践证明企业社会责任可以为企业的利益追求做出贡献而更加深入企业家的管理方式中。如今,企业社会责任理论已逐渐形成一种崭新的管理观念,企业需要为自己带来的外部性负责,必须将社会的综合利益纳入自身的发展规划中。但不可否认,现在人们对于企业社会责任究竟是否需要履行仍然存在很多争议。本章主要分析了企业社会责任的几种重要的理论基础,以此论证企业社会责任实践的必要性和可行性。

第一节　利益相关者理论

利益相关者理论主要研究社会各相关群体与企业的关系,最早形成于 20 世纪 60 年代的西方国家。利益相关者理论的提出是对传统的"股东至上"观点的挑战,它阐述了一种全新的公司治理模式和企业管理方式。与股东至上理论(将企业看成受股东控制的单边结构的组织)

相比较,利益相关者理论则认为"企业是所有的利益相关者之间的一系列多边契约",[1]即任何一个企业的生存和发展都离不开各个利益相关者的投入和参与,因此企业在决策和行为时都必须考虑到各个利益相关方的利益。

卡罗尔(Carroll,1993)认为:"对利益相关者管理的探讨需要考虑的因素包括社会、伦理以及经济方面的,且必须涉及对规范性及工具性的目标和看法的讨论和坚持。我们必须回答好如下五个重要问题:谁是我们的利益相关者?这些利益相关者拥有哪些权益?他们给企业带来了哪些机会和提出了哪些挑战?企业对利益相关者负有哪些责任?企业应该采取什么样的战略或举措以最好地应对利益相关者方面的挑战与机会?"[2]综合而言,利益相关者理论探讨的问题主要包括两个方面:首先要明确谁是利益相关者,其次是利益相关者和企业的互动关系是什么。

一、利益相关者的内涵

最早对"利益相关者"这个词明确下定义的是美国斯坦福大学研究所,他们认为利益相关者就是那些对企业的生存起着不可缺少的支持作用的群体。而利益相关者理论的代表人物之一弗里曼(Freeman R. E,1984)在其《战略管理:一种利益相关者的方法》一书中将利益相关者解释为"能够影响一个组织的目标的实现,或者受到一个组织实现其目标的过程影响的所有个体和群体"。他进一步解释说,利益相关者指的是那些在公司中有利益或者具备索取权的个人或者团体,供应商、客户、雇员、股东、所在的社区以及处于代理人地位的管理者也包括在内。[3]卡罗尔(Carroll,2003)则从狭义的角度阐述了他对利益相关者的理解,他认为,利益相关者是"那些企业与之互动并在企业里具有利益和权力的个人和群体[4]"。中国学者陈宏辉(2004)则更具体地从企业和利益相关者之间的互动关系角度出发,提出"利益相关者是指那些在企业中进行了一定的专用性投资,并承担了一定风险的个体和群体,其活动能够影响企业目标的实现,或者在企业实现目标过程中受到影响"。[5]他的定义明确了利益相关者对于企业的意义。依据以上学者的相关定义,本书将企业的利益相关者理解为"那些对企业的决策制定和决策结果产生或受到其直接或间接影响的所有个体和群体"。

除了对利益相关者的定义众说纷纭之外,学术界对利益相关者的分类也意见众多。弗里曼(Freeman,1984)和克拉克森(Clarkson)等试图从定量的角度来对利益相关者进行分类,他们将利益相关者分成两个层级。第一个层级的利益相关者指公司生存和持续发展不可缺少的人,通常有股东、投资者、供应商、员工、客户、政府和社区等。第二层级的利益相关者指能影响企业或者受到企业影响的人,包括了媒体等在企业具有利益的人。这类划分方式主要依据了利益相关者与企业关系的亲密程度。前者对企业的生存和发展至关重要,后者也会对企业产

〔1〕　Freeman R Edward and Evan William,Corporate Governance:A Stakeholder Interpretation,Journal of Behavioral Economic,Vol. 19(4),337—359.

〔2〕　阿奇·B.卡罗尔,安·K.巴克霍尔茨.企业与社会伦理与利益相关者管理[M].黄煜平等,译.北京:机械出版社,2004:51—52.

〔3〕　Freeman R Edward. Strategic Management:A Stakeholder Approach [M]. Boston:Pitman,1984.

〔4〕　Carroll Archie B. Business and Society:Ethics and Stakeholder Management. Cininnati:South-Western,1993:2.

〔5〕　陈宏辉.企业利益相关者的利益要求:理论与实证[M].北京:经济管理出版社,2004:106—107.

生影响,但这种影响是间接的而非攸关存亡的。除此之外,詹姆斯·E·波斯(James E Post,2002)和安妮·T·劳伦斯(Anne T Lawrence)等将利益相关者分为首要和次要两类。首要利益相关者主要包括了股东、债权人、员工、供应商、批发商和零售商等;次要利益相关者是指社会中受到企业的基本行为和重要决定直接或间接影响的个人及群体,涵盖了社会公众、各级政府、社会团体及其他人群。[1]

我们也可以简单地将利益相关者划分为两类:直接利益相关者和间接利益相关者。直接利益相关者界定为参与企业的日常经营活动的个体和群体,一般可以包括供应链上的供应商、批发商、零售商以及相关的债权人、股东、员工、客户、竞争对手和合作伙伴等;间接利益相关者主要界定为受企业的基本行为和重要决定间接影响的个体和群体,通常我们认为社区、各级政府、媒体、社会团体和社会公众等是企业的间接利益相关者。需要注意的是,直接利益相关者和间接利益相关者在许多情况下存在交叉,而且在不同的情境下,对于不同的企业主体而言,直接利益相关者和间接利益相关者会有所不同。

二、利益相关者理论的研究内容

特雷维诺(Trevino,1999)和韦弗(Veaver)曾经提到:"利益相关者理论最好被描绘成利益相关者研究传统,这一研究传统包括一些共享的概念以及对组织和利益相关者之间关系的一种共同和规范的关切。"[2]也就是说我们不能单单研究企业的利益相关者有哪些,更要理顺利益相关者与企业的关系是什么,即利益相关者对企业投入了什么专用资产或者承担了什么风险,还必须了解利益相关者对他们的付出要求什么样的补偿和报酬,或者说企业采取怎么样的措施才能鼓励利益相关者为企业付出。

虽然企业所有的利益相关者对企业的发展都有至关重要的作用,都是企业正常运行不可忽视的关键环节,但是我们一般认为直接利益相关者对企业的影响更加显著。企业的直接利益相关者与企业的关系如何会直接影响企业的绩效。举例来说,供应商为企业提供各种生产和管理所必须的原材料、生产办公工具等,同时他们也为企业承担了被企业拖欠货款甚至是无法收到货款等的风险;批发商和零售商是企业提供产品和服务的通道,他们可能会因为企业不及时供货或者产品低质而使自身品牌形象受到损害;客户的购买行为最终实现了企业产品和服务的交换价值,与此同时他们也承担了诸如人身财产风险、声誉风险等各种风险;竞争对手可能因为企业的不当竞争而承受经营亏损;股东、债权人向企业提供了资金支持,他们可能因为企业的不良经营而蒙受损失。(见表 2-1)

间接利益相关者对企业也会起到不同程度的影响。社区是企业运营的社会环境,同样社区的经济、环境、社会建设也需要企业的配合;政府的法律规章是对企业行为的约束,但是政府的社会治理也受到企业的限制;媒体已经俨然成为企业向社会公众传递信息的主要渠道;社会团体是企业各种专业性的免费社会服务的提供者。(见表 2-2)

[1] 詹姆斯·E.波斯,安妮·T.劳伦斯,詹姆斯·韦伯.企业与社会:公司战略、公共政策和伦理[M].张志强等,译.北京:中国人民出版社,2005:15—16.
[2] Trevino L K, Veaver G R. Response: The Stakeholder Research Tradition: Converging Theorists-Not Convergent Theory. Academy Management Review,1999,24(02).

表 2-1 直接利益相关者与企业的关系

利益相关者	对企业投入的资源	为企业承担的风险
供应商	原材料、半成品、生产工具等	拖欠货款、与其他企业合作的机会等
批发商或零售商	销售产品或服务等	产品质量对批发商或零售商品牌产生负面影响,供货不及时等
客户	购买产品或服务等	产品风险、人身财产风险、声誉风险等
员工	劳动力、技能、知识等	失业、工伤、工资拖欠等
股东	资本投资等	资本无法收回等
竞争对手	竞争带来的商业决策的投入等	恶性竞争、不公平竞争等
债权人	贷款或者租赁等	投入的资金或设备无法回收等

资料来源:该表由编者组根据文献资料整理所得

表 2-2 间接利益相关者与企业的关系

利益相关者	对企业投入的资源	为企业承担的风险
社区	企业经营环境等	社区的发展受到企业对当地经济、环境和社会发展的影响
各级政府	监管和税收等	企业行为影响政府形象和宏观调控作用发挥等
媒体	传媒监督、信息传递等	报道的可信度和媒体受到的关注度
社会团体	社会协助等	社会团体本身的发展和社会地位等
公众	社会信任和公众监督等	生活环境、生活条件等的影响

资料来源:该表由编者组根据文献资料整理所得

利益相关者为企业付出,相应也会对企业有所要求,例如员工要求合理的报酬、良好的工作环境;顾客要求企业的产品和服务是优质的;环保组织要求企业节能减排、保护生态;政府要求企业遵守规章制度;公众要求企业改善他们的生活环境;等等。企业只有通过提升自己的管理水平,更好地满足利益相关者的要求,才能获得更大的市场机会和更好的公共危机应对能力。为了达到这些目标,企业可以采取多边参与决策的治理模式,如保障企业信息的公开透明,平衡各个利益相关者的权益等都是企业与利益相关者建立和谐关系的有效手段。

三、利益相关者理论与企业社会责任理论

企业社会责任理论与利益相关者理论最初是两个各自独立的研究领域,企业社会责任的研究重点是企业对社会应承担的责任,而利益相关者理论探讨企业与社会利益群体的关系。但是后来,学者们发现这两个理论存在互相促进的地方,所以时常将这两个理论一并研究。伍德(Wood,1995)和琼斯(Jones)认为:"利益相关者在企业社会责任中发挥着四个作用:①利益相关者是企业社会表现的源泉;②利益相关者承受着企业社会行为的影响;③利益相关者评价企业社会行为对利益相关者和企业所处的环境的影响及企业是否满足利益相关者的预期;④利益相关者根据他们的利益、预期、承受程度来采取行动。"[1]

[1] D. J,wood R. E. Jones,Stakeholder Mismatching:A Theoretical Problem in Empirical Research on Corporate Social Performance. International Journal of Organization Analysis,1995,3:229—267.

本书将利益相关者理论和企业社会责任理论的关系概括为两个方面。首先,利益相关者理论为企业具体化了承担社会责任的对象。利益相关者理论明确了企业有哪些相关的社会利益群体以及企业与他们之间的关系,使得企业从最初的无对象性地承担社会责任,过渡到了依据不同需求有针对性地来履行社会责任。陈宏辉(2007)认为"企业需要对各种利益相关者的投入负起责任来,不仅要为股东提供资金回报,要为员工提供适宜的工作环境和福利待遇,还要对供应商、分销商、消费者、社区环境和当地政府负责,企业不是生活在真空中,而是每时每刻都与社会各个部分打着交道,企业的社会责任是全方位的"。[1] 利益相关者理论指出了对企业生存发展起到作用的不仅仅是股东,还有客户、员工、社区和公众等,企业必须全面地履行社会责任。

其次,企业承担社会责任有助于维护与利益相关者的和谐关系。沃海斯(Patricia H. Werhane,2000)和弗里曼(Freeman)指出:"利益相关者理论的内容是一系列认为公司中的管理者应对诸多利益相关者团体负有责任的观点。"[2]利益相关者为企业的运营付出了资源,承担了风险,企业应该通过承担社会责任给予利益相关者补偿和回报。利益相关者因他们的付出对企业会有所期望,企业承担社会责任也是企业迎合利益相关者合理需要和期望的有效途径之一。企业承担社会责任,可以使企业明确和重视整个利益相关者团队成员各自的贡献和权益,有助于企业与所有利益相关者之间维持长期的合作共赢关系。

第二节　企业伦理理论

近20年来,西方发达国家已经普遍意识到了企业伦理对社会和企业的重要作用,通过将企业伦理的研究整合到企业日常经营管理中,给企业管理理念增添了一种不同的思维模式。企业伦理在"以人为本"的新社会价值观念的导向下,必然会成为企业经营和管理过程中一个不容忽视的关键问题。著名学者弗里曼(Freeman R Edward,1998)就曾在其著作《公司战略与追求伦理》一书中鲜明地指出:"追求卓越革命的基本伦理是对人的尊重,这是企业关心客户、关心质量背后的根本原因,也是理解优秀企业难以置信的责任感和业绩的关键。"[3]企业以伦理观念来开展日常经营管理与否,不仅关系到企业的生死存亡,也关系到整个社会经济健康发展和社会精神文明建设的成败。

企业伦理和企业社会责任两种理论之间存在着诸多共通的地方,它们在指导企业发展的过程中时常会起到互相促进的作用。企业伦理的基本出发点是人性化的管理范式,它要求企业在经营过程中杜绝出现反人性化和反社会的相关行为,推动社会和企业的同步发展。企业社会责任对企业也提出了相类似的要求,它要求企业不再将自身利益作为企业唯一、首要的追

〔1〕 陈宏辉.要达尔文主义还是要社会责任[J].城市开发,2007(02):26—28.

〔2〕 帕特里夏·沃海斯,弗里曼·R.爱德华.商业伦理学百科辞典[M].刘宝成,译.北京:对外经济贸易大学出版社,2002:654—655.

〔3〕 Freeman R Edward, Daniel R Gibert.Corporate Strategy and the Search for Ethics[M]. Englewood Cliffs , NJ : Prentice Hall,1998.

求,而是更多地关注社会中相关群体的利益,以达到企业和社会的和谐发展。

一、企业伦理的内涵

企业伦理问题最早受到关注是由于 20 世纪 50 年代末 60 年代初美国发生的一系列包括受贿、欺诈交易和环境污染等的经营丑闻。在公众的强烈要求下,政府不得不就此展开了一次企业伦理调查,并公布了《对企业伦理及相应行动的声明》(A Statement on Business Ethics and a Call for Action)。到了 20 世纪 70 年代初期,经济快速发展,竞争日益激烈,美国越来越多的企业卷入了非法股票交易、窃取商业机密、弄虚作假等不道德甚至是非法的活动,使得人们对企业的信任遭受了重大的打击。针对这种状况,学术界就企业伦理问题展开了激烈的讨论。讨论的焦点在于企业究竟是应该"利润先于伦理"还是"伦理先于利润"。20 世纪 80 年代以后,企业伦理学进入全面发展阶段。一方面,对企业伦理理论的探讨扩展到了企业与其所在环境和社会等方面的伦理问题的研究;另一方面,学者们构建了企业决策的伦理分析模型,使得企业伦理在企业日常经营管理实践中的运用成为可能。

在中国,伦理思想历来是传统美德的一个重要组成部分,但是企业伦理却直到近几年才进入人们的视线。尤其是在 2008 年,中国企业经历了东航返航、王石慈善捐赠、三鹿奶粉等事件之后,人们才逐渐开始对企业伦理有了强烈的期盼和要求。中国的企业伦理研究虽然还不够深入,但是在近几年众多企业发生的不道德事件被媒体曝光,引起社会公众的广泛关注后,越来越多的学者和企业家将研究焦点集中于企业伦理这一议题。

我们对伦理这个词语已是耳熟能详,可究竟什么是企业伦理?韦氏学院大辞典(Merriam—Webster Collegiate Dictionary)把"伦理"定义为"符合道德标准或为一种专业行为的行为准则"。[1] 刘易斯(Lewis Phillip V,1985)给出了较普遍的定义:"企业伦理是为企业和员工提供在某一特定的情况下合乎道德要求的各种规则、标准、规范和原则"。[2] 西方学者卡罗尔(Carroll,1985)虽然没有明确对企业伦理下定义,但他详细界定了企业伦理的范围,包括个人、组织、专业团队、社会群体、国际等。他的理论中,个人指个人的责任,以及个人拥有的伦理动机和伦理标准;组织指组织必须检查流程与公司政策,在明文规定道德律令后再做决策;专业团队指以专业团队的章程或者道德律令作为准则方针;社会群体指如法律、典范、习惯、传统文化等所赋予的合法性,及道德可接受的行为;国际指各国的法律、风俗文化及宗教信仰等。[3] 德国伦理学家施泰因曼(Horst Steinmann,2001)和勒尔(Albert Rohr)提出:"企业伦理的目标是发展具有达成共识能力的企业战略。"他们认为企业伦理是一种关于对话过程的方法理论。按照惯例原则和现行法规来控制企业的具体行为,本身就包含着冲突,会影响企业内外的相关群体,在这种情况下,企业伦理应该起到指导的作用。[4]

西方学者对企业伦理的概括已经较为成熟,但是因为西方企业管理模式的发展水平和实

〔1〕 Merriam—Webster Collegiate Dictionary [M]. Merriam—Webster Inc,2005.

〔2〕 Lewis Phillip V. Defining. Business Ethics Like Nailing Jell to Wall [J]. Journal of Business Ethics,1985(04).

〔3〕 Carroll B Archie,Business and Society:Ethics and Stakeholder Management ,Cincinnat [J]. i:South-Wester,1989.

〔4〕 霍尔斯特·施泰因曼,阿尔伯特·勒尔.企业伦理学基础[M].李兆熊,译.上海:上海社会出版社,2001:17—18.

践与我国还存在一定程度上的差别,因此,我国学者对企业伦理定义的归纳和提出更符合我国的实际。我国企业伦理研究的资深学者周祖成(2009)认为"企业伦理是关于企业及成员行为的规范,是关于企业经营活动的善与恶、应该与不应该的规范,是关于怎样正确地处理企业及其成员与利益相关者关系的规范"。[1] 黎友焕(2010)将企业伦理定义总结为"企业在其经营活动过程中处理利益相关者,符合伦理道德标准的,具有可持续战略意义的行为规范。"[2]

二、企业伦理理论的研究内容

如今,企业伦理已经成为国内外社会关注的焦点,当前的研究重点在于将企业伦理观念融入到企业日常经营管理中去,以形成一种崭新的企业运营理念。企业伦理的观点是企业不再只是股东等用来谋取利益的工具,而应该是对整个社会遵守伦理道德的主体。企业伦理研究已经从最初围绕利润和伦理优先地位的议题扩展到了企业与社会、环境和谐相处等领域。对我国而言,"以人为本"的新价值观提出后,企业伦理必然对企业管理研究具有重大的理论和实践意义。

吴成丰(2004)从台湾424位中小企业员工所做的实证研究中得出的伦理议题有:组织文化的重建、诚信原则的确立、伦理守则训练的施行、产品安全与责任的维护及企业内部的道德稽查等。[3] 周祖成(2009)认为企业伦理学是一门研究企业道德的学科,是对企业道德现象进行分析、归类、描述和解释的学科,他将企业伦理学的研究内容分为五个层次,分别为国际层次、构架层次、行业层次、企业层次和个人层次。[4]

尽管不同学者从各种角度提出了众多对企业伦理研究的主要问题,但是企业伦理会伴随环境条件和客观主体的变化而有不同的诠释方式。为了便于理解,本书偏向于将企业伦理分为对内伦理和对外伦理两个方面来研究。企业对内伦理主要涉及处理企业内部成员之间关系时应该持有的善与恶的价值取向以及应该遵守的道德规范。企业既需要依靠刚性规章制度来强制规范企业成员行为,从而保证整个企业运营的稳定性和有效性,也需要通过建立一种软性企业伦理机制,例如企业文化、企业氛围、企业传统等从更高层次上着手激励和限制企业成员行为,以使企业管理更具有人性化。一般,企业对内伦理可以包括消除对员工的年龄、性别、种族等的歧视,尊重员工信仰;反对绝对官僚作风,鼓励员工参与到企业决策中来,为企业发展出谋划策;将企业信息透明化,给予员工足够的知情权;为员工工作提供各种便利,让员工在企业中有公平的发展晋升空间。

企业对外伦理主要是指企业在处理企业自身、企业成员利益与外部利益相关者利益时应该具备的各种伦理规范。企业外部伦理的对象主要有供应商、销售商、顾客、社区、政府、公众等。企业对供应商和销售商的伦理主要体现在与他们的合作中保证信息正确,进行公平交易,及时供应货物和支付款项;对顾客的伦理在于提供优质且符合要求的产品和服务,保证顾客不会因为购买和使用企业产品而承受各种风险;对社区的伦理主要是企业不能因为自身发展而破坏社区的生活环境和其他条件;对政府的伦理一般是遵守法律法规、社会规范,及时缴纳税

〔1〕 周祖成.企业伦理学[M].北京:清华大学出版社,2009:2—3.

〔2〕 黎友焕.企业社会责任[M].广州:华南理工大学出版社,2010:1—2.

〔3〕 吴成丰.企业伦理[M].北京:中国人民大学出版社,2004:17.

〔4〕 周祖成.企业伦理学[M].北京:清华大学出版社,2009:2.

款,接受政府的监督等;对公众的伦理是对企业的最高要求,范畴相对较广,主要涵盖了对环境的保护、对社会弱势群体的扶助和对社会道德伦理价值的遵从等。

三、企业伦理理论与企业社会责任理论

企业伦理在规范企业经营管理活动的同时也促进了企业社会责任理论的进一步完善,为企业社会责任在理论和实践方面都打下了良好的道德基础。企业伦理理论相对企业社会责任理论,更早引起学术界的关注。因此,企业伦理有其深远的历史和丰富的内涵,这为企业社会责任理论的发展提供了理论支持。

(一) 企业伦理与企业社会责任在目标上具有一致性

企业伦理的根本观点是要求企业对内实现人性化管理,对外施行人性化经营。对内人性化管理强调对员工在物质关注基础上,尊重员工的生活习惯、宗教信仰等,是对员工人性的重视;对外人性化经营注重企业同整个社会的关系,把企业经济目标和社会目标统一,企业不再只是将经济绩效作为企业的首要追求。

企业社会责任也对企业提出了相关要求。企业社会责任划分成对内和对外两个部分。对内承担责任使企业不再只是企业所有者谋取利益的渠道,而是员工和股东等共同所有。企业关心股东回报,同时也要关注员工发展。企业外部责任也指出了在当今社会环境下,企业不得不将环境保护和社会维持纳入企业决策的考虑因素。企业核心价值已经从经济层面转移到了社会层面。企业综合社会价值才是企业的终极追求目标。因此,从企业关注焦点的转移和追求目标的转换两个角度来看,企业伦理与企业社会责任的根本目标是统一的。

(二) 企业社会责任对企业道德的履行提出了更具强制性的要求

企业义务是法律对企业提出的最低程度的要求,相对于法律法规的强制要求而言,企业伦理和企业社会责任属于一种精神层面上的约束。但是企业社会责任和企业伦理在约束程度上还是存在一定差异的,企业伦理是一种纯道德的要求,我们可以提出企业应该遵守怎样的企业伦理,我们可以通过提供企业遵从企业伦理能够获得的好处去促使企业来执行企业伦理观的经营管理,但是无法去逼迫企业执行。而企业社会责任则将企业伦理对道德的追求放在“责任”的高度上,企业社会责任不仅包括了企业伦理所具有的道德理性,也包涵了道德约束力,在整个道德规范体系中处于最高层次。企业不履行社会责任,社会对企业的评价就会降低,企业形象就会受到负面影响。

(三) 企业伦理是企业能够履行社会责任的精神动力

企业伦理的实践有利于企业建立有序的经营环境,提高企业的经济效益。企业伦理不仅仅促进企业遵照法律法规,也要求企业依照道德来规范自己的经营活动。企业伦理为企业在法规范围之外提供了一套道德行为准则,这将促使企业在其经营活动过程中充分考虑利益相关者的利害关系,在做出经营决策时关注决策结果对利益相关者的影响。企业遵循企业伦理可以有效提高企业的行为效率,防止企业由于疏忽而做出损人利己的不道德行为,削弱企业的信誉、破坏企业的形象。企业越是将利益相关者作为影响企业活动的考虑因素,企业就越不会做出损害利益相关者的决策,从而企业就会更自觉地承担企业社会责任。

第三节 社会资本理论

企业究竟为什么要履行社会责任的疑问,已经有许多从不同角度出发的观点予以解答,但是一直没有一种理论可以从企业自身的角度出发来考量这个问题。企业社会资本理论作为企业社会责任理论的来源之一,以一个全新的框架阐述了企业履行社会责任的必要性。社会资本的建立和积累可以给企业的管理和运营带来诸多好处和便捷,有利于提高企业运作交易效率,增加企业经济效益。同时,企业履行社会责任对其社会资本的积累也有着不容忽视的作用,企业通过社会责任的承担来获取社会资本,最终将有利于企业自身竞争优势的构建和竞争力的保存。

一、社会资本的内涵

随着社会资本理论传入中国,我国学者对社会资本的相关分析研究也逐渐深入。社会资本理论已经在各个学科领域得到了广泛的应用,并且以其强大的适用性表现出强烈的生命力和成长性。

(一)社会资本的特点

企业社会资本作为企业一种特殊形态的资本形式,包含的内容繁多复杂,其拥有的特征如下:

1.社会资本是一种无形的资本

社会资本首先应该是一种资本,它可以为资本拥有者所使用,同时为其带来利益。而利益的大小取决于社会资本网络的复杂程度和资本拥有者的能动能力。拥有社会资本就拥有了一个广泛的关系网络,使得社会资本的拥有者能够在网络中享受到更为广泛和有效的信息传递、更为便捷顺畅的交易渠道等效用。社会资本不同于一些实物资本可见可触,它是无形的,在构建企业资本和计算收益成本时易被忽略。但作为无形资产的社会资本对企业生存发展的贡献正随着社会关系结构复杂程度的加深日益被放大,社会资本对企业经济绩效的影响也与日俱增。

2.社会资本的形成建立在社会网络的基础上

社会资本不是自个体和组织等诞生起就存在的,也无法单独依靠个体或组织自身来实现。社会资本的获取和积累都必须依靠个体与个体、组织与组织、个体与组织之间的网络互动交流来实现。没有网络的存在就没有社会资本的存在。社会资本拥有者欲利用社会资本来获取任何利益也必须依赖于网络成员之间既定的工作关系、群体关系等来达成。社会网络关系越是复杂,社会资本积累就越深厚,社会资本的拥有者就越可以从社会资本中获得更多的收益。

3.社会资本是具有特殊效应的资本

企业普通资本都有其独特的相对应的一般作用,例如财务资本解决企业运营必要的资金周转问题;物质资本提供生产经营需要的各种场所、原料、设备和工具等;人力资本帮助企业能动地有效运作起来。社会资本这一企业的特殊资本可以帮助企业谋得以上所述的各种资本,可以创造价值、减少交易成本和提高企业运营效率等。虽然社会资本的具体功效仍然难以明确,但不可否认的是社会资本对企业的贡献无处不在,而且不断增加。企业在当今经济、社会环境中要想生存、发展都缺少不了社会资本。

(二)社会资本的分类

企业社会资本的内容涉及到很多方面,并且时常因为情况的不同而呈现出不同的表现形式。为了方便理解,参照黎友焕(2010)对企业社会资本的分类方式,我们将企业社会资本分成内部社会资本和外部社会资本两个部分。

企业的内部社会资本一般是指社会资本的网络体系存在于企业内部,是企业通过内部互动获取的实际或者潜在的资源。它不仅有利于企业内部成员之间建立合作和信任,也有利于企业各个部门之间的沟通和协调。企业内部社会资源的存在增进了人员之间的凝聚力,改善了企业的管理效率。

企业内部社会资源主要包括三类:首先是员工之间的关系网络形成的社会资本。员工之间互相交流、互相学习、互相帮助,建立密切的合作关系,有助于企业内部信息的传递以及企业员工的自我管理。其次是管理者之间存在的社会资本。管理者之间的信任和协调对企业文化的统一和企业战略决策的合理制定都至关重要。最后是员工和管理者之间的社会资本。这种资本方便了企业内部上下的信息流通,有助于员工理解企业的发展方向和制度导向,管理者了解员工的建议和需求。总之,企业的内部社会资源有利于企业更快更好地消除内部纵横沟通的隔阂。

企业外部资本是指企业或者企业成员与企业外部的个体或者组织构建网络关系,获取稀缺资源的能力。企业外部社会资源也可以分为三个方面的内容:企业外部纵向资本,即企业与上下级机关、政府和其他企业的联系;企业外部横向资本,指与企业平级或者有合作关系的政府、中介、金融机构、社会组织和其他企业的联系;企业广泛性质的社会资本是企业在更广层次上的社会个体和社会组织网络的关系。企业的外部社会资源有助于企业在交易中获得优势,在竞争中求得生机,提升企业的综合实力。

二、社会资本理论的研究内容

当前,社会资本理论逐渐成为学术研究的焦点,众多学者从社会学、经济学等不同学科角度出发对社会资本进行了分析研究,提出了各自对企业社会资本的定义,并做了相关解释。社会资本理论界对社会资本的定义主要分为三种学说流派,分别为:资源说、功能要素说和能力说。

资源要素说的代表人物主要有:法国学者布尔迪尼(Pierre Bourdieu,1986)和林南(Nan Lin)。布尔迪尼作为社会资本概念较早的提出者,他将社会资本定义为"实际存在或者潜在存在的资源的集合,这些资源与由相互承认或者默认的关系所构成的持久网络有关,而且这些关系多少都是制度化的"。[1] 他的定义强调了社会资本实际上是一种"资源的集合"。林南(Lin Nan,2001)将社会资本界定为"在具有期望回报的社会关系中进行投资",他认为社会资本是"在目的性行动中被获取的或者被动员的、嵌入在社会结构中的资源"。[2]

功能要素说的主要支持者有詹姆斯·科尔曼(James Coleman,1998)和罗伯特·D·普特南(Robert D. Putnam,1993)。前者将社会资本的共同特征概括为"社会资本由构成社会结构

---

〔1〕　Pierre Bourdieu. Distintion[M]. Translated by Richard Nice. London:Routledge and Kegan Paul. 1986.

〔2〕　Lin Nan ,Cook K ,Burt R . Social capital:Theoery and Research[M]. NY:Aldine2de Gruyter. 2001.

的各种要素组成,而且为社会结构中个体的某些行动提供便利",他的观点是"社会资本和其他资本一样,是生产性的。是否拥有社会资本,决定了人们是否可能实现某些既定目标。但社会资本与其他形式的资本不同,社会资本存在于人际关系的结构之中,它既不依附于独立的个人,也不存在于物质生产过程中"。[1] 后者则强调社会信任对社会资本的关键作用,而社会信任来源于互惠规范和公民参与网络等,他认为"社会资本是指社会组织的特征,诸如信任、规范以及网络,他们能够通过促进合作行为来提高社会效率"。[2]

能力说的推崇者主要包括亚历山德罗·波茨(Alejandro Ports,1995)和富库亚马(Fukuyama,2003)。亚历山德罗·波茨提出"社会资本是个人通过他们的成员身份在网络中或者更宽泛的社会结构中获取稀缺资源的能力",同时他也指出了社会资本这种能力不是个人固有的,而是个人与他们关系中包含着的资产。弗朗西斯·福山将社会资本概括为"为了群体或者组织的共同目标而一起工作的能力"。

虽然各种学说的学者们对社会资本的界定各有不同,但社会资本存在的一些特性得到了广泛的认同,即社会资本是建立在关系网络中的不同于物质资本(例如:生产资料、生产工具等)和人力资本(例如:劳动力、知识和技能等)的具有特殊形态的资本。

三、社会资本理论与企业社会责任理论

随着企业社会责任理论在中国不断引起关注,对企业社会责任的研究也层出不穷。"在从单一财务绩效指标入手探讨企业承担社会责任合理性的研究陷入困境的情况下,社会资本理论为企业社会责任的研究提供了新的视角,社会资本以一个全新的框架来解释企业社会责任的履行和强化。"[3] 社会资本理论使企业将目光更多地放在了其在社会中的网络关系上,更多地关注企业的利益相关者,也为企业社会责任履行目的的研究扩宽了视野。

(一) 企业承担社会责任是获取社会资本的有效途径

企业社会责任的履行为企业在关系网络中建立和积累社会资本创造了良好的先决条件,加强企业社会责任也巩固和提升了企业的社会形象,进一步为企业社会资本的积累奠定了坚实基础。

企业通过对员工承担责任,关心员工工作和生活,公平公正地对待不同员工,可以增强员工的凝聚力和对企业的归属感,从而坚实企业员工方面的社会资本;通过对消费者承担社会责任,合理定价,提供优质服务等可以吸引更多消费者购买,获得消费者的青睐,与之建立长久的交易关系;通过遵守法律法规、照章办事、按时纳税等,可以获得政府的认可;通过节能减排履行环境责任和对弱势群体履行自愿性慈善责任,可以得到全社会的认同,提高企业社会声誉,树立良好的企业形象,最终在全社会范围内积累深厚的社会资本。

履行企业社会责任,为企业建立了良好的舆论环境,维护了企业的关系网络,能够帮助企业社会资本的获取和积累扩宽渠道,为社会资本在企业运营、发展方面发挥更加深远的作用。

---

〔1〕 James Coleman. Social Capital in the Creation of Human Capital [J]. American Journal of Sociology,1998(94).

〔2〕 罗伯特·D.普特南.独自打保龄球:美国下降的社会资本[J].虞大鹏,赵世涛,栾斌,译.规划师,2002(8):82—86.

〔3〕 黎友焕.企业社会责任理论[M].广州:华南理工出版社,2010:75.

（二）社会资本为企业承担社会责任的必要性做出了合理解释

社会资本对企业承担社会责任必要性的解释可以从两个角度来分析。首先，从社会资本获取渠道的角度来看，通常企业社会资本的来源主要是"通过经济在社会主体之间的反复博弈而逐渐产生、积累起来的"。[1] 这种社会资本的形成过程中偶然性占很大比重，同时也需要经过长时间的努力。但是企业可以经由主动承担社会责任，有意识有目的地积累社会资本，积极履行社会责任，在企业的社会关系网络中树立良好形象，以此得到社会网络中其他主体的认可和信任，并迅速积累社会资本，将社会资本的效用最大限度地发挥。

其次，从权力和责任对等的角度来看，社会资本的积累可以帮助企业减少交易成本，提高管理效率，增加产品和技术上的创新等，为企业的运营带来好处。可是这些好处是企业从社会资本关系网络的其他个体或者组织中得来的，也就是其他个体或者组织对这个网络建设的投资、对其他对象的付出。因此，相应关系网络中的其他个体和组织也必然会要求从该企业获得利益，也即要求企业通过承担社会责任对社会资本网络中的其他主体给予回报。所以企业只有承担社会责任，履行对等的义务，并从社会资本关系网络中获取相应的利益和权利，才能在积累和加深社会资本的同时，提高企业的竞争优势。

（三）社会资本的中介作用下，企业承担社会责任有利于提升企业竞争力

社会资本以其对人际关系的协调作用和对合作潜力的开发作用，增加了物质资本投入和人力资本投入的产出，从而提高了企业的生产效率和经济效益，使其对经济收益具有明显的倍增放大效应。社会资本的存在对企业来说是一个难得的机遇，企业有效运用社会资本可以低成本促进企业信息共享，畅通交易渠道，减少交易成本。

企业承担社会责任，通过在日常经营中对员工、环境、社会等的投入来开展社会资本的投资，是增加社会网络关系的有效途径。企业在履行社会责任过程中，与各个利益相关者建立信任关系，借助各种有利条件与社会结成良好的社会关系，通过以承担社会责任的方式进行社会资本投资，可以增强企业自身的竞争能力。

第四节 企业公民理论

当代企业伦理的发展出现了一种新走向：从企业社会责任概念延伸出"企业公民"概念。企业公民（Corporate Citizenship，CC）是企业社会责任思想在新时期的发展和突破，众多学者例如卡罗尔（Carroll）、罗格斯登（Logsdon）、穆恩（Moon）和马特恩（Matten）等分别从管理学、政治学、经济学、社会学等不同的理论角度阐述和发展了企业公民理论。

企业作为联结众多社会主体利益的纽带，对社会的和谐发展具有举足轻重的作用。企业既是追求经济利益的经济组织，也是推动社会发展的社会组织。利润是企业生存发展的基础，同样，社会也是企业开花结果的土壤。因而，企业在追逐自身利益的同时也应该要谋求社会价值的实现，努力建设成为一个优秀的企业公民。企业公民不仅把自己视为社会的细胞，而且把

---

〔1〕 李惠斌，杨雪冬.社会资本与社会发展[M].北京：社会科学文献出版社，2000：87—88.

自身视为像个体公民一样具有民事行为能力、独立行使民事权力并可以承担民事义务的法人。在当今世界范围内,企业公民建设作为推动企业与社会环境和谐发展的时代潮流,已经得到政府、社会和企业的高度关注和支持,成为构建和谐世界的重要力量。

　　企业公民观要求把企业当作社会公民来对待,企业在进行核心业务运作为社会创造价值的同时,也要向社会各方履行其应该承担的社会责任。企业是市场经济的主要参与者,也是每个国家的公民,企业既有权利也有责任。作为独立的经济实体,企业应享有社会对企业基本权利的尊重和价值的追求;作为社会成员,企业也有责任为建设一个和谐稳定的社会做出应有贡献。企业公民权利主要是指企业所拥有的人格权利、财产权利、生产经营权利、法律保护权利等。而企业责任主要是指企业应该承担的经济责任、信息责任、自然环境责任和伦理道德责任等。

一、企业公民的内涵

　　20 世纪 70 年代,英国"公民社会"首先提出了企业公民这一概念,他们将企业看作是一个社会公民,认为企业在创造利润的同时,也要承担对环境、对社会的责任。其实,在此之前企业公民已经出现在企业实践中,例如 1979 年强生(Johnson & Johnson)公司、1982 年麦道(McDonnell Douglas)公司、1983 年美国第五大杂货零售商戴顿·休斯顿(Dayton Huston)公司等,都在他们的企业经营理念中提出了"做好一个企业公民"的表述。1989 年美国加州大学伯克利分校的爱泼斯坦(E. M. Epstein)在《企业伦理学刊》上发表了《企业伦理、企业好公民和企业社会政策过程:美国的观点》一文。爱泼斯坦是较早研究企业公民的学者。[1]

　　企业公民的主要理念是将企业当作社会公民来看待,企业除了追求经济利益之外,也要向社会各方承担起相关责任。美国波士顿学院企业公民研究中心对企业公民的定义是"企业公民是指一个公司将社会基本价值与日常实践、运作和政策相整合的行为方式。一个企业公民认为公司成功与社会的健康和福利密切相关,因此,他会全面考虑对所有利益相关者的影响,包括雇员、客户、社区、供应商和自然环境"。英国企业公民公司(Corporate Citizenship Company)也提出了他们对企业公民的认识,该公司认为企业公民有以下四个特征:一是企业是社会的一个主要部分;二是企业是国家的公民之一;三是企业有权利,也有责任;四是企业有责任为社会的一般发展做出贡献。[2]

　　我国学者冯梅和范炳龙(2011)从法学角度概括了他们对企业公民的认识,"企业公民是在一个国家进行了正式注册登记,并根据该国的法律,享有企业权利并承担企业责任和义务的法人"。同时,他们对企业作为公民应享有的权利和承担的责任做了具体的说明,"企业公民的基本权利主要有法人财产权、经营管理权和公平竞争权;基本社会责任包括了对员工、消费者、环境资源、社区、社会公益和其他利益相关者的责任,在此过程中,也要为科技进步做出贡献,从事各种社会公益事业等"。[3]

　　企业公民的核心和本质是"公民权"。但是就企业是否像个人公民一样具有公民权的问题,学术界给出了三种不同的观点。第一种观点是"企业是公民"。罗格斯登(Logsdon,1994)

---

〔1〕　托马斯·亚诺斯基.公民与文明社会[M].沈阳:辽宁出版社,2000:12.

〔2〕　李洪彦.中国企业社会责任研究[M].北京:中国统计出版社,2006:27—29.

〔3〕　冯梅,范炳龙.简析企业公民的权与责[J].中国质量,2009(12):49—52.

和伍德(Wood)借用了政治学的公民权理论,将公民权扩展到企业,他们认为企业可以成为一个公民,因为企业是独立于拥有它和受雇于它的个人的,企业具有保持它在社会中的身份和边界所必须的权利和义务。[1] 第二种观点是"企业像公民"。穆恩(Moon,2005)等人的看法是"从法律地位看企业并不是公民,但是企业像公民一样参与社会和治理,所以企业像公民"。[2]第三种观点是"企业管理公民权"。马特恩(Mattern,2005)等就认为企业公民具有描述企业管理公民权利的作用。[3]

二、企业公民理论的研究内容

企业公民是一个两面概念,是权利与责任的统一体。没有社会责任的履行,企业的权利便会受到诸多限制。忽视对企业权利的尊重,也会使企业丧失履行社会责任的动力。企业公民是对企业社会地位的再认识,既强调了企业对社会必须承担社会责任,也提出了要关注社会对企业基本权利的保护与引导企业的社会行为。

企业作为公民就应该同个人公民一样享有公民权利。权利是由法律规范所赋予的表明社会主体在权利体系中的地位和有效行为能力。基本权利的享有是企业公民在社会中的生存根基。冯梅和范炳龙(2011)认为企业拥有的权利主要有以下三个:首先是法人财产权,指的是企业作为民事法律关系主体依法享有对基于投资而产生的财产和生产、经营活动中积累的全部财产进行独立支配的民事权利。其次是经营管理权,这种权利是企业在经营过程中对企业财产经营、投资和其他事项所享有的支配、管理权,通常是由非财产所有者享有和行使的权利,主要包括经营方式选择权、产品销售权、人事劳务管理权、物资管理权等。最后是公平竞争权,公平竞争是竞争者之间所进行公开、平等、公正的竞争。[4] 龚天平(2010)的观点是"企业的权利总体来说就是经营发展、公平竞争、追求利润的权利,具体来说,主要包括:经济权利,主要包括法人财产权、经营管理权和公平竞争权;政治权利,主要包括用人权、发言权、参加协会权等;技术权利,主要包括如专利权、开发权等;四是其他社会权利,主要包括文化权、环境资源权等"。[5]

与公民权利相对应的是公民责任,因此,如果企业作为公民拥有了权利,必然也要承担对等的责任。1996年在美国召开的企业公民会议上提出了界定企业公民的五个基本要素:第一,工作场所应该亲近家庭,这有助于员工成为好雇员和好父母;第二,应该为员工提供足够的健康和退休福利;第三,工作场所必须确保员工的安全;第四,员工的教育和培训是提高生产能力的根本;第五,在工作场所应鼓励员工才能避免裁员。马特恩(Dirk Matten,2005)对具有代表性的企业公民进行了划分,他认为企业公民有不同的表现形式,分别是:企业公民参与慈善活动、社会投资或对当地社区承担起某些责任;要求承担社会责任的企业应努力创造利润、遵

〔1〕　Logsdon J M，D J Wood. Business Citizenship：From Domestic to Global Level of Analysis. Business Ethics Quarterly，1994，4；415—417.

〔2〕　Moon J，Crane A，Mattes D. Can Corporate Be Citizens? Corporate Citizens As A Metaphor for Business Participation in Society. Business Ethics Quarterly，2005，15(3).

〔3〕　Matten，Dirk. Crane，Andrew. Corporate Citizenship；Toward a Extended Theoretical Conceptualization [J]. Academy of Management Review，2005，Vol. 30 (1).

〔4〕　冯梅，范炳龙. 简析企业公民的权与责[J]. 中国质量，2009(12)；49—52.

〔5〕　龚天平. 企业公民、企业社会责任与企业伦理[J]. 河南社会科学，2010(04)；75—78.

守法律、做有道德的合格企业公民；企业对社区、合作者、环境都要履行一定的义务和责任，责任范围甚至可以延伸至全球。2003 年世界经济论坛认为，"企业公民"应包括四个方面的内容：一是好的公司治理和道德价值，主要包括遵守法律、现存规则以及国际标准，而防范腐败、贿赂，包括道德行为标准问题以及商业原则问题。二是对人的责任，主要包括员工安全计划、就业机会均等，反对歧视、薪酬公平等。三是对环境的责任，主要包括维护环境质量，使用清洁能源，共同应对气候变化和保护生物多样性等。四是对社会发展的广义贡献，主要指对社会和经济福利的贡献，比如传播国际标准、向贫困社区提供要素产品和服务，如水、能源、医药、教育和信息技术等。企业只有将权利的发挥和责任的承担有机结合，才能保证企业基业长青。

三、企业公民理论和企业社会责任理论

（一）企业公民理论是对企业社会责任理论的继承和发展

企业公民的理念最早始于企业社会责任。沈洪涛、沈艺峰（2007）认为：20 世纪 70 年代之前，人们关于企业社会责任的狭义理解，即企业慈善、受托责任等是企业社会责任思想的主流。70 年代人们把企业社会责任主要理解为企业社会回应。80 年代主要理解为企业社会表现。90 年代与利益相关者理论结合，企业社会责任概念被理解为对企业的利益相关者负责。进入21 世纪后，企业社会责任思想演化成企业公民概念。这一历史过程充分说明，企业公民概念的出现与企业社会责任概念有着非常密切的关系，企业社会责任思想是企业公民概念的历史前提。企业社会责任思想与实践的充分发展为企业公民概念的出现提供了思想的、历史的酵母，而企业公民概念则是企业社会责任运动发展的必然结果或逻辑延伸。[1]

企业公民理论是对企业社会责任理论更加完善和积极的发展。瓦罗（Valor,2000）认为，提出企业公民概念的实践者将企业看作一个比企业社会责任更为积极的理念，企业公民通过在企业社会表现的框架内将企业社会责任与利益相关者管理糅合在一起，从而克服了企业社会责任在运作和实施上的困难。[2] 所以企业公民是对"企业—社会"关系的重新界定，它借助公民意识明晰其含义，企业可以从个人公民的表现中明白社会对企业公民的要求。

（二）企业公民理论以一种人性假设的形式回答了为什么要承担社会责任

胡锦涛总书记指出，在经济全球化深入发展的条件下，企业应该树立全球责任观念，自觉将社会责任纳入经营战略，遵守所在国法律和国际通行的商业习惯，完善经营模式，追求经济效益和社会效益的统一。[3] 但是从目前中国经济和社会体制日益完善的状况来说，中国企业公民建设存在的问题往往是企业对法律的藐视、企业道德的缺失和对消费者、环境、员工等的不负责任。因此，现阶段我国企业公民意识体现在承担企业社会责任上。

企业公民理论中将企业看成是"经济性"和"社会性"的统一，兼具"经济人""社会人"和"道德人"三者的特性，同时企业公民假设本身体现了层次性，即企业公民首先是"经济人"，然后是"社会人"，最后才是"道德人"。[4] 企业公民理论给企业履行不同责任的先后顺序提供了依

〔1〕 沈洪涛,沈艺峰.公司社会责任思想:起源于演变[M].上海:上海人民出版社,2007:21—22.

〔2〕 托马斯·亚诺斯基.公民与文明社会[M].沈阳:辽宁出版社,2000.

〔3〕 胡锦涛出席亚太经济合作组织（APEC）第十六次领导人非正式会议并讲话[EB/OL].http://www.gov.cn/ldhd/2008—11/23/content_1156843.htm.

〔4〕 李彦龙.企业社会责任的基本内涵、理论基础和责任边界[J].学术交流,2011(02):64—69.

据。同时我们认为企业公民是一种平衡各个利益相关者关系的身份，企业要自觉地把自己归类到社会共同体的体系之中，将社会基本价值与企业自身的商业运作和内部管理相协调。企业是社会的公民，就应该承担起对社会各方的责任和义务。企业公民理论将企业社会责任内化为企业的本质需求，而不是给企业增加负担。

从企业的长远发展来看，企业不仅要追求自身利润的最大化，而且还要保存长远发展的潜力，即要尽可能地使企业长期资本收益率达到最大化。而要获得这样的潜力，企业必须通过承担社会责任来付出社会成本，因为社会才是企业利润的真正来源，企业只有扮演好自己公民的角色，才可以得到社会声誉和社会认同。

本 章 小 结

本章重点介绍了企业社会责任的几种重要理论来源，企业社会责任如何在这些理论基础之上不断地发展和完善，以及企业社会责任理论与其相关理论的相同点和不同点。

企业社会责任理论的相关理论主要有利益相关者理论、企业伦理理论、企业社会资本理论和企业公民理论，这四种理论对企业社会责任理论的不断发展有着至关重要的作用。本章分别简要列举了这几种理论的主要观点，并阐述了企业社会责任和这几种理论之间的关联。

利益相关者理论帮助企业明确了社会责任的实施对象；社会伦理理论为企业社会责任做了思想上的必要准备；企业社会资本理论从企业角度解释了为什么企业应该履行社会责任；企业公民理论以公民为基础明确了企业的人格性，同时理顺了企业的责任和权利。

思考题

1. 简述企业社会责任的理论基础。
2. 简述利益相关者理论的主要观点。其与企业社会责任有什么关联？
3. 简述企业伦理理论的主要观点。其与企业社会责任有什么关联？
4. 简述企业社会资本理论的主要观点。其与企业社会责任有什么关联？
5. 简述企业公民理论的主要观点。其与企业社会责任有什么关联？

案例阅读与启示

企业社会责任的承担在于经营管理中的点点滴滴

——杭州中萃食品有限公司

杭州中萃食品有限公司（HZBC）是由太古中萃发展有限公司（60%）、中粮饮料（杭州）有限公司（20%）和杭州合众工业集团投资有限公司（20%）共同投资兴建的，注册资本为 2000 万美元。1987 年 11 月 4 日杭州中萃食品有限公司开始筹建，于 1989 年 10 月 8 日正式开业。其中，中萃发展有限公司是由太古饮料股份有限公司、中国国际信托投资公司和美国可口可乐公司共同组建。

杭州中萃是太古饮料 Swire Beverage 在国内的 7 家可口可乐产品灌装厂之一，担负着浙江省内可口可乐系列产品的生产和销售业务,公司销售网络遍及全省,到目前为止已在全省各地设立了 71 个销售分公司和办事处。公司主要生产、销售可口可乐系列饮料,包括可口可乐、零度可口可乐、雪碧、芬达、醒目果味汽水、美汁源果粒橙、美汁源果粒奶优、美汁源酷儿果汁系列饮料、冰露矿物质水、冰露纯净水、雀巢茶、原叶茶饮料等。

1996 年 10 月 28 日,位于杭州经济技术开发区的下沙生产基地正式落成,这是杭州中萃在中国大陆可口可乐系统中,首家依靠自身经营利润扩建的生产基地,投资总额两亿元人民币,占地面积 200 亩,年饮料生产能力 8000 万标准箱,拥有 6 条先进生产线,其中 3 条为吹瓶灌装全自动连线生产线。公司在此基础上追加投资,在 2011 年 9 月份建成 6000 平方米能容纳 2 万垛位的一期立体自动货仓,年产量 7500 万标箱的不含汽生产线也于 2011 年下半年在下沙落成投入运行,下沙工厂将成为世界级工厂基地的典范。

在杭州中萃食品有限公司发展的二十多年历史中,中萃员工数量从 181 人到 2745 人,增加了 15 倍,客户数量从 800 家增加到 190,000 家,增加超过 237 倍。杭州中萃食品有限公司位列中国饮料"二十强"企业之一,2009 年销售收入第 9 位,利税总额第 10 位,利润总额第 11 位。2010 年销售总额第 14 位,利税总额第 14 位。在 Coke 与 Pepsi 在大陆投资的装瓶公司中,销售总额排在第 4 位,利润总额排在所有合资企业第 1 位。公司连续荣登浙江省饮料行业经济效益榜首,并连年入选全国工业企业 500 强。

杭州中萃食品有限公司借助先进的生产技术、严格的品质控制、成功的市场营销、高效的运作管理、良好的企业形象,塑造了一个崭新的成功企业的典范。可口可乐系列产品所用的原材料,除主剂外,糖、PET 瓶、罐、纸箱、瓶盖等,均由国内企业生产,本地化率早已达到 99.8%,这不仅为社会提供了逾万个就业机会,而且每年还为国家创造数千万元的税收。

在杭州中萃的快速发展中,深知企业是融生产性和契约性于一体的营利性组织。在缔约、生产、再缔约再生产的循环过程中,积极强调股东、员工、供应商、经销商、企业、媒体、消费者、社区、环境的各利益的权益,并履行股权契约、雇员契约、采购契约、销售契约、税务契约、服务契约及其他非正式契约。

一、生产过程中的社会责任体现

杭州中萃食品有限公司在生产过程中的企业社会责任主要体现在资源节约和环境保护方面。在饮料包装上,作为饮料行业的领导者,杭州中萃食品有限公司深知业务的发展与世界的可持续发展息息相关,如何在确保产品品质和消费者饮用感受的前提下,优化包装的能源和原料的使用一直受到重视。其旗下"冰露"品牌使用的是由可口可乐中国公司创新研发的环保轻量瓶包装,瓶身仅重 11.8 克,相比原瓶减重约 30%,相应减少约 30% 的碳排放。同时,独特的瓶身设计使得在饮用后便于轻松扭挤瓶身,以节省 70% 以上的回收空间。"冰露"环保轻量瓶的推出是他们履行可持续包装的一种全新尝试。在未来,杭州中萃将加大在可持续包装领域的投入,针对不同的产品特性推出环保包装。计划到 2015 年实现包装使用效率较 2008 年提高 7%,这相当于减少 55,000 吨的包装材料。还将致力于减少制造环节的能源消耗,并争取在 2020 年将碳排放强度较 2004 年降低 40%—45%。

在污水处理方面,杭州中萃食品有限公司近年来已经开始推行环保节能项目,保证所有生产废水经过达标检验后再排出。中萃食品有限公司的污水处理系统不仅减少对环境的污染,同时还提供了重复用水、节约水资源的可能。污水处理系统主要包含:水处理正反洗水,在砂缸、碳岗中的水,通过企业的集水池沉淀,再经由水泵处理后,进入水处理沉淀池进行彻底清理;中萃公司使用太阳能热水器,收集利用污水处理产生的沼气,沼气燃烧产生蒸汽,每年产生沼气总面积 63 平方米,每年可节电 28350 度,相当于 18 个家庭全年的用电量。污水处理系统还包括 CO_2 气化系统改造、暖瓶机冷水降低工艺水温和生产线冲瓶水循环等。整个系统既节约水资源,又解决了污水排放造成的环境污染问题。

生产耗用水

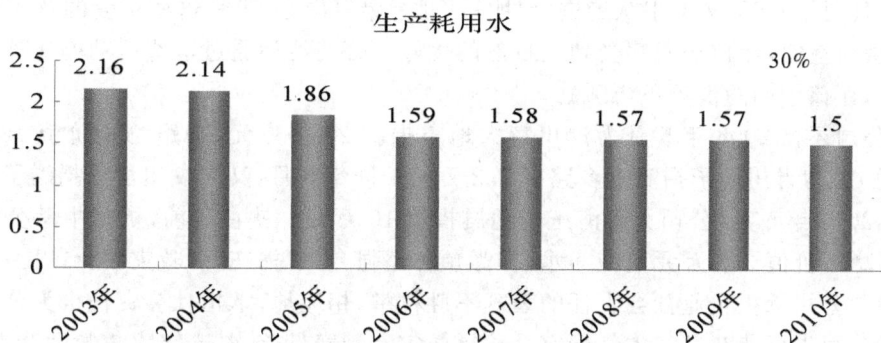

二、运营管理中的社会责任体现

杭州中萃食品有限公司以"满足每一次口渴的需要,为各种人群提供量身定制的饮料,生产永远保证质量"为发展理念,以"在全球范围内,通过一系列的赞助和同农业项目的合作建立起身体健康的标准"为目标,最终旨在帮助提高生活的健康度。

为了减少对环境的破坏,降低环境恶化的速度,杭州中萃食品有限公司将环境保护融入到企业目标的实践中,要成为饮料行业的领头人,但是要在不增加碳排放的基础上增加业务量。资源利用时以"我们的包装不再是废弃物,而是百分之百有价值的可用资源"的理念为前提,实现污水的零排放,向大自然安全回归与生产饮料和产品时所用的等量的水。

同时,在杭州中萃推行的是人性化的管理模式。例如工作环境改善方面,中萃员工的工作环境是一个完全开放的空间,就像是在开放的市场中一样,尊重员工的自由,员工之间可以互相帮助,员工和领导可以有效沟通。并且,中萃鼓励员工创新,为企业创造积极的结果,提供积极的改进建议。

三、慈善事业中的社会责任体现

在企业发展的同时,杭州中萃公司深深懂得社会是企业生存壮大的根本。近年来,杭州中萃公司积极与省红十字会等公益慈善组织合作,每年投入大量资金支持社会公益事业,从文化、教育、体育、环保、社会福利等多方面回报社会。

杭州中萃的慈善扶助主体有贫困地区、残运健儿和智障儿童等。1995 年,杭州中萃公司在衢州建立了杭州中萃可口可乐衢江区希望小学。16 年来,公司为学校捐建了教室、食堂、宿舍等生活设施,还捐建了希望书库、希望网校、多媒体教室等,累计捐资 150 万元。2010 年,杭州中萃衢江区可口可乐希望小学被中国青基会评为全国模范希望小学。温州太古可口可乐大安乡希望小学是杭州中萃公司资助的第二所希望小学,公司捐资 50 万元为该校建造"希望综合楼",内设食堂和宿舍。

在捐资助学的同时,杭州中萃公司也关注残疾人运动事业,为他们提供力所能及的帮助。

第八届全国残疾人运动会于 2011 年 10 月在浙江举行,这是建国以来浙江省承办的最大规模的全国性综合运动会。杭州中萃公司作为浙江省知名企业,通过与省残联合作,向省各地的残疾人运动队捐赠了 1000 箱饮料,价值 5 万元。公司领导还前往训练基地慰问运动员,鼓励运动员们赛出水平、赛出风格,并预祝他们取得好成绩。

杭州中萃公司还特别关心自闭症儿童,已连续多年走进"启明星"儿童康复中心,为孩子们带去关爱。公司派 CSR 义工小队走进"启明星"儿童康复中心,带领这些可爱的孩子们去户外踏青,呼吸清新空气,让孩子们感受到大自然的美好。公司希望通过这些活动能让孩子们健康快乐地成长,让孩子们的世界不再孤独。

此外,公司还在 2008 年 5 月为汶川特大地震捐款 20 多万元,捐赠物资价值 10 多万元。2009 年 1 月,又为青川学子捐赠返乡路费 3.2 万元。同年 6 月,又向汶川学子捐赠了价值 1 万元的书包。2010 年 5 月,公司为青海玉树地震捐款 10 万元。就在日前,杭州中萃公司又向省红十字会捐赠了价值 3.2 万元的纯净水,作为预防超强台风"梅花"的救灾物资。

杭州中萃公司承担企业社会责任的表现不胜枚举,相应地,承担社会责任也为公司带来了诸多荣誉。公司先后荣获浙江省红十字会抗震救灾特别奉献奖、红十字人道救助荣誉单位、希望工程 20 年杰出公益伙伴等荣誉称号。

案例讨论:

1.结合案例谈谈你对企业社会责任的认识。

2.你认为中国企业为何要承担社会责任?

第三章
企业社会责任的国外实践与特点

———— 企业社会责任并无国界，社会责任的承担需要各国各领域的通力合作。

———— 编者语

▶ **本章学习目的**

通过本章的学习，了解企业社会责任在世界各个国家和地区的发展与实践，如美国、欧洲、日本；把握企业社会责任在各个国家和地区发展的特点；理解并掌握国际企业社会责任的标准与规范。

▶ **本章学习重点**

企业社会责任在各国的实践；各国企业社会责任的特点；国际企业社会责任的标准与规范。

20 世纪 30 年代，英、美等国陷入了历史上罕见的经济大萧条，各种社会问题接踵而至。20 世纪中后期，伴随着消费者运动和环保运动的发展，企业社会责任运动在欧美发达国家兴起，并逐渐演变成一股世界性潮流。本章主要对较有代表性的几个国家的企业社会责任展开分析，总结其企业社会责任实践的发展特点，并介绍当今世界现有的一些主流的企业社会责任标准与规范，便于读者深入了解企业社会责任的起步与发展。

第一节　美国企业社会责任实践与特点

"企业社会责任"的概念最早产生于 19 世纪末 20 世纪初的美国。企业社会责任诞生于美国，不仅是因为美国具有最完善的现代企业制度和最强大的企业经济实力，还由于美国社会当时存在最严重的社会问题，而引发了美国公众及企业的反思。因此企业社会责任既是美国资本社会自我调节的产物，也是人类社会文明进步的表现。[1] 本节将重点介绍美国企业社会责

---

〔1〕　陈致瑛.商业利益与社会责任——企业社会责任的历史、现实及未来[M].北京:新华出版社,2010:135—136.

任的发展与实践过程,并针对其主要特点及贡献做详尽的分析。

一、美国企业社会责任的产生与发展

(一)企业社会责任产生阶段(20世纪初—20世纪60年代)

19世纪末20世纪初,随着工业革命的完成,美国经济迅速发展,大型企业甚至是垄断企业纷纷涌现,给企业内部和整个社会带来了一系列空前绝后的问题。企业内部出现了例如劳资关系紧张等非常严重的问题,社会上则出现了贫富差距日益拉大和环境污染日趋严重等现象。随着企业规模的不断扩大,雇佣工人集中化现象愈发突出,大型企业的发展带来了诸多劳资问题:一是工人的工作条件和人身安全没有保障;二是工人的工资入不敷出;三是工人的工作时间过长。随着企业规模的继续扩张,美国财富占有和生活条件的不均现象也日益突出,占美国家庭1%的工商界巨头,如卡内基、洛克菲勒、摩根、范德比尔特等亿万富翁,在1913年的收入竟占全国总收入的15%。企业规模扩大还造成了环境破坏与资源浪费问题。由于美国是一个资源丰富的国家,使用原料和资源比资本和劳动力更为便宜,所以很多企业、部门大肆挥霍资源,自然环境遭到严重的破坏。[1]

一些美国大企业的恶劣行径引起了美国社会的不满和政府对企业态度的变化。许多组织和个人开始呼吁企业承担一定的社会责任,同时一些企业家也加入到这一行列以改善企业在公众心目中每况愈下的形象。在20世纪初至20世纪60年代,美国企业界逐渐形成了一个观点,即企业在为股东创造利润的同时,也应该对企业的员工负责,还可以通过捐助或承担社会项目来回报社会和公众。因此,在这一时期企业关注的主要社会责任为员工责任和慈善捐助责任。[2]

20世纪早期,很多美国企业已经开始主动实施社会捐助,资助社区活动和红十字会事业,辅助当地政府完善义务教育和公共健康制度。到20世纪50至60年代,随着越来越多的公司认识到"权利带来责任",关于企业社会责任的讨论转向了关于企业慈善捐助的问题和对深化经营者社会责任职能的探讨。他们认识到企业的慈善捐助有利于改善企业环境、提高企业形象和实现企业目标。企业的捐赠行为也获得了法律的认可,截至1960年美国已有46个州的公司法允许企业从事慈善活动。

美国企业承担员工责任的实践分为两个阶段。20世纪20年代,美国公司在"福利资本主义"思潮的影响下,通过廉价食堂、免费医疗服务、分享利润计划和带薪休假等手段对员工承担了一定的社会责任。但其主观上并非真心实意,只是一种迫于形势压力的表现。第二阶段是罗斯福"新政"时期。这一时期的美国企业对员工责任的承担走向规范化。罗斯福政府先后通过了各种立法以维护员工的利益,如《全国劳工关系法》(1935年)、《社会保障法》(1935年)、《公平劳动标准法》(1938年)等。

(二)企业社会责任发展阶段(20世纪60年代—20世纪80年代)

20世纪60年代到20世纪80年代,尽管美国社会对企业应如何履行社会责任尚未形成

〔1〕 陈致瑛.商业利益与社会责任——企业社会责任的历史、现实及未来[M].北京:新华出版社,2010:78—79.

〔2〕 李荡,祁少云,李文等.赢在责任[M].北京:石油工业出版社,2008:156—157.

统一的看法,但在各种社会利益集团的推动下,美国通过大量的专项法律约束企业行为,倡导企业社会责任的实行。

20世纪60年代,随着消费者自身维权意识的提高,消费者开始采取实质性的行动来维护自身的利益,消费者运动的规模不断扩大。在这期间,美国总统肯尼迪提出消费者四大权利——安全权、知情权、选择权、建议权,美国消费者权益保护法也相继出台。进入20世纪70年代,在拉尔本·纳德及其领导的消费者运动的推动下,美国通过了近十部消费者权益保护方面的联邦法律,其中最主要的有1972年的《消费者保护法》《交通及汽车安全法》和《冰箱安全法》,1979年的《统一产品责任法草案》。

20世纪60—70年代,美国的一些生态科学家和知识界人士又发起了一场环境保护运动。这场运动由于公众和政府的广泛参与达到了空前的规模,形成了重大的影响,从起初的民间运动演变成了政府工作和立法执法的重点。该时期也成为美国环境立法最为集中的时期,先后制定和通过的环境保护及相关法案数十部,如1963年颁布了《联邦空气保护法》,1965年国会制定了第一部《联邦固体废物法》,1969年通过了美国环境的基本法《国家环境政策法案》等,这些法案构成了一个较完整的环境保护法律体系,环保工作被纳入法制化轨道。

之后,企业社会责任承担的范围进一步扩大,发展至企业的所有利益相关者。1989年宾夕法尼亚州率先修改了公司法,明确规定经理不仅要为股东服务,也要对利益相关者负责,随后其他州也相继制定了相关法案。员工权益保护问题成为另一项重要内容,劳工立法在这一时期逐步走向民主化。1962年国会通过了《人力开发培训法》,规定有联邦拨款举办就业培训和在职培训;1970年通过的《职业安全与卫生法》和1977年的《联邦矿业安全与卫生法》等对劳工的安全生产作出了详尽的规定。

(三)企业社会责任蓬勃发展阶段(20世纪90年代至今)

20世纪90年代初期,美国劳工及人权组织针对成衣业和制鞋业发动了"反血汗工厂运动"。美国大型牛仔服装制造商李维·施特劳斯(Levi-Strauss)的海外工厂雇佣年轻女工在恶劣的环境下长时间工作的事件被曝光后,引起了社会媒体、舆论及消费者的极大关注和愤怒,为挽救形象,李维·施特劳斯公司制定了世界上第一份公司生产法则。之后在劳工人权组织及消费者的压力下,许多知名公司相继制定了自己的生产守则,主要包括消除童工、禁止歧视、废除强迫劳动、结社自由和集体谈判等劳工权利;工资、工时、职业安全、社会保险和员工福利等生产条件。最终这场运动逐步演变为企业主动开展的"企业生产守则运动",又称"企业行动规范运动"或"工厂守则运动"。

但是,由跨国公司自己制定的生产守则存在着明显的商业目的,而且缺乏同利益相关者的协商和来自公司外部的独立监督。因此,在劳工组织、人权组织等的推动下,生产守则运动由跨国公司"自我约束"(Self-regulation)的"内部生产守则"逐步转变为了"社会约束"(Social regulation)的"外部生产守则"。20世纪90年代以来,这种"社会约束"进一步演变为第三方的社会监督和组织认证,即以国际劳工标准为依据制定相应的准则,建立对企业的劳动状况进行监督并予以认证的制度。在美国,较有影响力的生产守则制定和监督认证的组织有公平劳工协会(Fair Labor Association,简称FLA)、社会责任国际(Social Accountability International,简称SAI)等。

21世纪初期,一连串触目惊心的企业丑闻再一次引起了美国社会对企业社会责任的关注,而此次公众则将目光聚焦在"企业诚信"方面。首先是当时全球500强排名第七的安然能源公司(Enron)因涉嫌做假账14年而名誉扫地,最终破产。紧接着美国第二大长途电话公司世界通信公司(World Com)和全球最大的复印机制造商施乐(Xerox)也涉嫌假账被曝丑闻。面对这样一系列的欺诈事件,美国政府最终颁布《萨班斯—奥克斯利法案(Sarbanes-Oxley Act)》以体现其立法对商业活动中秉持信任、独立、责任和正直精神的要求。近年来,美国社会监督机构加大了对企业社会责任的审计力度,旨在全面、广泛地了解和掌握企业履行社会责任的情况,督促企业开展有关工作,保护企业各利益相关方的利益。同时,越来越多的美国企业主动发布企业社会责任报告或者可持续发展报告,接受全社会的监督。

二、美国企业社会责任的实践

(一)企业社会责任制度化

在美国,许多企业都制定企业行动宪章(Business Conduct Code)或类似的道德守则(Code of Ethics)。[1] 企业行动宪章是企业社会责任实践的权威性实践规则,它将每个员工在日常生产、业务活动中应当遵守、遵从的规范具体明确地列在上面,是每位员工行为的依据和指南。90世纪中期在《幸福》杂志排名前500家的大企业中有90%以上的企业通过企业行为宪章来规范其员工的行为。

(二)企业社会责任管理机构的设立

美国的一些企业为了更好地对有关社会责任的问题进行管理,纷纷设置了直属董事会的企业道德委员会或道德责任者等专门机构。道德委员会由大多数经营层人员构成,是企业定期召开的处理经营道德问题的专门会议。当企业准备进入新领域或做出重大决策时,由该会议决定企业应当遵循应有的道德基准,对报告的道德问题进行研究并提出改善方案。道德责任者是企业进行日常道德管理、预防和控制危机事件的责任人。

到20世纪90年代中期,美国约60%的大公司设有专门的伦理机构和伦理主管,负责处理各种利益相关者对企业发生的不正当经营行为提出的质疑。目前美国企业的社会责任已经远超过慈善义举阶段,有专门的伦理官员、公司社会责任履行计划、系统的项目设计、科学的决策机制和完善的执行程序与控制系统。

(三)善待员工,进行员工道德教育

员工是企业利益的来源,是企业社会责任的履行者,企业的成功关键也在于员工。福利和薪水是员工重点考虑的问题,美国企业采取了许多措施来提高员工的待遇。企业还对员工进行各类培训,一方面,美国企业经常对员工进行法律知识培训,提高员工法律知识水平;另一方面,美国企业对员工进行经营道德教育。调查显示,到20世纪90年代中期,有30%至40%的美国企业进行了道德培训。

(四)将社会责任转化为商机

企业社会责任与企业利润并不矛盾,良好的企业社会责任还可以增加企业的利润。如今,企业社会责任已经成为塑造企业形象的重要手段。很早以前,美国一些企业就已认识到可以将企业的社会责任转化为商机。20世纪20年代,杜邦公司察觉到公司许多工业产品有毒,为

---

〔1〕 袁华,皮菊云.美国企业社会责任实践研究[J].经济师,2007(02):17—19.

此,公司专门设立了一个实验室用来测试其含毒性并研究消除毒性的程序。后来,杜邦公司又将控制工业产品有毒性物质的业务发展成一个独立公司,还为其他顾客提供毒性检验服务。如此,杜邦公司不但没有像其他公司那样因有毒物品而损坏形象,相反,它的这一系列措施还给顾客留下了值得信赖的良好形象,为企业创造了新的发展时机。

(五)公开社会责任报告,建立企业社会责任的监察和管理制度

在美国,企业责任监察的内容涉及企业各方面和各部门的业务活动,主要是对照企业的社会责任行为规范和国家法律及社会道德规范,监察其有无违反之处,并对产生的问题加以改善。2005年美国的前100强企业中有32家企业发表了独立的企业社会责任报告,形式也从原来纯粹的环境报告变成了包括社会、环境、经济的可持续发展报告。除了企业对自身的社会责任履行情况进行监察外,美国政府也在不断加强对企业社会责任的外部监察。

(六)建立和加强对企业社会责任的审计制度

社会责任审计是评价和报告传统的企业财务报告中没有涉及的企业成果和影响,旨在全面、广泛地了解和掌握企业社会责任的履行情况,督促各方面的工作,保护各企业利益相关者的利益。

(七)建立和加强信用管理机制

美国是世界上信用管理行业最发达的国家,也是世界上信用交易额最高的国家。通过完善信用管理体系和信用中介机构,加强企业、个人的信用意识及行业的管理,建设良好的企业社会责任体系。

三、美国企业社会责任的特点

经过百余年的理论探索与实践发展,在美国,政府、企业、非政府组织和民众对企业社会责任的认识不断深化,并日趋成熟。美国企业社会责任的特点十分鲜明。

(一)自由经济影响着美国企业社会责任的发展

美国是资本市场发育最为成熟的国家,企业仍然坚持自由经济理论,这使得企业在社会责任的发展过程中起到了举足轻重的作用。企业通过整个市场和利益相关者的反应不断做出调整,从原始的只注重资本积累转变为关注劳工关系、环境问题、消费者利益等问题,从而迅速发展。

(二)法律与伦理道德并用是美国企业履行社会责任的保障

美国立法在企业履行社会责任的过程中扮演重要角色,目前已在环保、人权、腐败等领域颁布了相关法律来约束企业的行为。此外,美国政府和社会也极力强调伦理道德,使社会化监督成为督促美国企业履责的一种有效手段。合法性和遵守商业伦理道德是美国企业履责的前提和保障。

(三)专业型组织推动指导美国企业社会责任的发展

各类专注于企业社会责任的非政府第三方组织的建立,是使美国企业社会责任得以更加合理健康发展的一种推动力量,它可以指导并监督企业在履行社会责任时符合国际或行业标准。

第二节　欧洲企业社会责任实践与特点

与美国相比,欧洲对企业社会责任的关注相对晚些,从 20 世纪 70 年代才开始明确提出这个话题。但是从 20 世纪 90 年代开始,以欧盟国家为代表的欧洲企业社会责任运动发展迅速,逐步成为世界企业社会责任运动的领先者。虽然欧洲国家众多,但是基本的实践和特点是相似的。本节将对整个欧洲的企业社会责任实践做一个概述,同时也将几个较有代表性的国家作为典型给予介绍。

一、欧洲企业社会责任的产生与发展

(一)个别关注阶段(20 世纪初—20 世纪 70 年代)

在欧洲,较早关注企业社会责任的典型代表是德国。尽管德国关于企业社会责任的理论资源较为薄弱,却是公认的较早在立法中贯彻企业社会责任观念的国家。1919 年《魏玛宪法》第 153 条规定:"所有权包含义务,在行使时,应同时顾及公共利益"。1920 年,企业的社会责任开始被德国公司法学者提出,随着一部分学者主张所谓"企业自体思想"的理论,开始对公司赋予公共性。[1]

德国企业社会责任运动影响最大也最成功的是职工参与制度的构建。由于德国工会的力量向来比较强大,加之德国对民族特性的立法取向和化解利益冲突的决心,使得德国乐意把利益相冲突的劳资双方融入制度化的有机体,并在立法中详细规定各方当事人的职责、权利和义务。为了体现劳资双方的公平待遇,德国形成了市场经济国家唯一规定的劳资双方等额或接近等额参与企业机关的立法体例,并以职工参与企业机关的全面性而著称于世。

西门子公司的企业责任事务负责人托马斯·凯撒认为,虽然美国是公司治理领域的先行者,但是员工议题以及社会保障从历史看来是在欧洲,尤其是在德国发展起来的。在德国,通过行业监管推动公司责任的实现也是值得借鉴的经验,德国社会责任行业规范由德国民间发起和推动,并由德国外贸零售商协会(AVE)及其会员企业组织实施并获得德国联邦政府有关部门支持和资助。AVE 模式是在 SA8000 基础上开发的一套行业社会责任模式,它是德国唯一作为监管社会责任的行业解决方案,德国绝大多数零售贸易企业都参与其中。

在德国,有 2/3 以上的企业都是典型的小型家族企业,他们向各种协会、体育俱乐部、文化组织等进行慈善捐赠。96%的企业都自觉自愿地捐赠文化事业、开展环保活动、关心青少年儿童的成长,给予弱势群体各种方式的援助。[2]

(二)普遍关注阶段 (20 世纪 70 年代—20 世纪 90 年代)

20 世纪 70 年代后,欧洲国家开始明确关注企业社会责任。20 世纪 70 年代中期,设在法国巴黎的国际商会(International Chamber of Commerce)发表了一份题为《日益增长的企业的

〔1〕 李荡等.赢在责任[M].北京:石油工业出版社,2008(10):56—57.
〔2〕 王玲.经济法语境下的企业社会责任研究[M].北京:中国检察出版社,2008:38—40.

社会责任》的报告,其中触及了美国正在讨论的企业社会责任。1973 年英国法学家施米托夫(Schmidtaf)提出"新公司法的精神应体现出建立在在企业社会责任之上的经济新秩序"的理念。[1] 之后,企业社会责任在欧洲获得了一定的发展,政府和一些商业组织的报告、出版物等积极普及企业社会责任概念,一些企业也建立了社会监督与公共利益研究中心。

20 世纪 80 年代,由于没有制定有关企业社会责任的政策,企业社会责任发展的方向还不明确,欧洲企业社会责任发展相对缓慢。这期间,经济相对衰退和大规模失业引发了社会各界要求企业现金捐助、赞助和创造就业的呼声。同时,欧盟在强化企业社会责任方面也发挥了积极作用。1986 年的《单一欧洲法案》和 1992 年的《马斯特里赫特条约》(别称《欧洲联盟条约》)在《罗马条约》的基础上新增了一些社会目标。[2] 此外,欧盟还通过了其他一系列的公司立法,其中《第 5 号公司法指令草案》也是强化企业社会责任的一个重要尝试。

(三)迅速发展阶段(20 世纪 90 年代以后)

进入 20 世纪 90 年代以后,企业社会责任在欧洲企业界、政府以及社会公众中的影响日益增大,要求企业履行社会责任的呼声越来越高。为了加强沟通交流和促进欧洲国家的企业更好地履行社会责任,欧盟在企业社会责任发展中逐渐走向联合,从 1995 年欧盟委员会前主席雅克·德洛尔与欧洲商业领袖共同提出的《反社会排斥宣言》,到欧洲完整的企业社会责任概念的提出,再到建立欧洲企业社会责任联盟,欧洲企业社会责任之车驶入了快车道。

二、欧洲企业社会责任的实践

(一)政府立法

欧洲各国都对企业和社会的关系做出了相关法律约束,早在 1937 年,德国的《股份公司法》就强调,公司董事必须追求股东的利益、公司雇员的利益和公共利益,此时公共利益已经被提升至和股东利益、雇员利益具有相同高度的同一层面上。

在 20 世纪末 21 世纪初,欧洲各国在立法方面表现得最为突出。1986 年,欧共体发布了公司法第一号指令,要求成员国对股东、债券人和其他与公司从事交易有关的利益相关者提供切实保护;1980 年英国修改了公司法,规定董事必须考虑雇员的利益;2001 年 5 月,法国要求上市公司必须提供社会责任年度报告,其中包括企业在活动中对社会和环境影响的年度报告;2002 年 2 月比利时颁布了《社会劳工法》;2002 年 5 月荷兰在《出口信用法》中强制跨国公司必须遵守《OECD 跨国公司准则》以获得出口信用。

(二)欧盟推动

欧洲联盟(EU)是由欧洲共同体发展而来的区域一体化组织,截止 2008 年 5 月共有 27 个成员国,它是政治实体和经济实体合二为一的组织。2001 年欧盟委员会向欧洲议会提交了《欧洲企业社会责任框架绿皮书》,成立了"企业社会责任组织",为境内企业履行社会责任提供咨询。2002 年建立了由社会各阶层代表参加的"多方社会论坛",就企业和利益相关者在欧洲

---

[1]　Schmitthoff: The Future of the European Company Law Scene in the Harmonization of European Company Law,1973.

[2]　《罗马条约》制定于 1957 年,要求各成员国追求某些社会目标,公司则是实现目标的主要手段和载体。

范围内建立对话和信息交流机制提供平台。2006年欧盟战略通过,正式成立欧盟企业社会责任联盟,致力于全球环境问题、员工保障问题、工作压力和健康问题,还有新能源开发、水资源管理和清洁交通方式问题、拯救和保护生物的多样性问题等。目前,欧洲委员会已将企业社会责任作为欧洲发展与就业战略的核心内容,并融入欧洲政策,如贸易、发展、企业、教育、研究等,争取"做世界企业社会责任的标杆"。[1]

(三)各国工会实践

在欧洲,工会与雇主联盟等之间的沟通有相当长的历史,很多国家都规定了职工在董事会和监事会的权利。在德国,职工主要是通过企业工会委员会和监事会参与公司决策并对管理层进行监督,工会委员会的权限也有相应的法律保障。意大利纺织工会的作用是作为员工和企业家的中间方,协调两方面的利益。在英国和爱尔兰,雇员影响企业决策的主要做法就是通过工会来实现的,雇员合法权利的实现依据欧盟制定的下岗法令或搬迁法令等。

欧盟层面的欧洲工会联盟(ETUF)有36个国家参与,涉及60多个产业部门。欧洲工会联盟负责制定欧洲各国所需要遵守的规则,制定总框架协议与企业CSR准则。

(四)其他非政府组织

欧洲的非政府组织是由民间自愿发起的维护公民基本权益的组织,比较正规且已经发展成熟。在欧洲,非政府组织渗透在社会生活的各个方面,比如消费者保护协会、环境保护协会、劳动者保护协会等,他们不仅在国家的相关政策和法规制定过程中起着重要作用,同时也在推动企业和社会关系的发展方面承担着不可或缺的角色,他们发挥着政府和企业所发挥不了的巨大作用。

此外,企业界也积极自愿加入各种非政府团体,如英国企业界的自律性组织百分数俱乐部(Pet Cent Club)、社区企业联盟(Business in the Community)、志愿者中心(the Volunteer Center)、慈善援助基金会(Charities Aid Foundation)等。

三、英国企业社会责任的实践

作为一个发达的资本主义国家,英国企业发展的历史比较悠久,但是英国学术界关于企业和社会关系的争论并没有像美国那样激烈,尽管英国与美国有相似的法律文化背景,但却没有美国那样丰富的企业社会责任理论资源和相应的制度成果,英国企业的社会责任实践随着国家立法、欧盟的相关政策的推动而逐步进行。这种状态与其说和英国的民族保守性有关,不如说是英国所奉行的比较强烈的国家干预政策使然。[2]

在英国早期的司法实践中,企业社会责任实行的主要法律保障是越权原则。按照越权原则,公司仅享有从事其组织章程所明定的行为权利;超越公司组织章程目的条款的行为,即便经股东会批准,也不产生法律效力。越权原则的确立是为了保护公司股东和债权人的利益。

但是随着时间的推移,越权原则不仅严重损害了效益,而且其本身所追求的公平也难以真正付诸现实,和其他国家一样,英国进行了不断的改革。变化之一是经营判断法则的发展。按照经营判断法则,只要董事代表公司做出的社会责任行动是基于诚信和出于董事心目中的公

〔1〕 SusanNjoroge.欧洲CSR的2020战略,欧洲企业社会责任协会.

〔2〕 王玲.经济法语境下的企业社会责任研究[M].北京:中国检察出版社,2008:56—57.

司利益,即可获得法院的支持。

　　企业社会责任受到重视的另一表现是劳动关系的改善受到关注。正常状态的企业向其退休的职工、高级管理人员乃至他们的遗孀给予、赠予养老金和年金支付,且大多得到法院的支持。此外,劳动关系的改善还经常被扩大解释并出现在公司向科研、教学单位捐赠案件的判决中。

　　英国1973年加入欧洲经济共同体之后,欧共体对社会目标的重视也在一定程度上强化了英国企业对社会责任的态度。英国发表的《公司法改革》白皮书,强调公司对利益相关者利益的责任,并要求公司把企业社会责任视为公司决策过程中的一项重要内容。

　　2008年欧委会起草的《欧洲竞争力报告》将欧洲CSR提到一定高度,指出如果企业想要发展,所有的CEO、总裁必须注意CSR,CSR可以帮助企业进行人力资源风险和商誉的管理。2009年欧委会在报告中提及,企业社会责任是不可或缺的平台,能够帮助欧洲转换经济和建立市场。

　　2010年3月欧委会发布了《欧洲2010发展战略》,提出欧盟未来10年的发展重点和具体要求就是要实现一个智能的可持续和包容性的成长。可持续和包容性的社会主要解决的问题是提高职员的技能及就业率,也同时提高他们的工作水平;在改变市场运作模式上确保各成员公司之间交换他们的最佳实践,实现可持续的消费。企业"2010项目"面临着资源稀缺、气候变化等挑战,这需要多个利益相关者共同努力,把CSR嵌入其中。欧洲企业社会责任协会现在有75个跨国公司成员,其中70%以欧洲为基地,20%在美国,6%在日本,余下为其他国家成员。

四、欧洲企业社会责任的特点

(一)非政府组织直接推动欧洲企业社会责任的发展

　　非政府组织在欧洲众多,其中各国工会及一些非政府组织制定相应的企业社会责任标准,监督企业履责的实践和披露企业履责的信息。它们还要求企业遵守国际公认的人权、环境和社会关系方面的原则。在英国,在推动企业履行社会责任方面有较大影响的非政府组织有英国社区组织(BITC)、英国道德贸易组织(ETI)、英国企业社会责任非政府联盟(CORE)。

(二)开展企业社会责任运动,促进公共政策目标的实现

　　在实践中,欧盟企业社会责任运动促进了一些公共政策目标的实现。例如,建立和保持更规范的劳动力市场和更高水平的社会参与;增加技能培训、终身学习和就业能力方面的投资,以在全球知识经济中保持竞争力和应对人口老龄化;更合理地利用自然资源,降低污染;更加尊重人权、环保和劳工核心标准;改善公共卫生;减少贫困和促进联合国千年目标的实现等。

(三)欧洲各国企业社会责任发展类似,但焦点各异

　　虽然欧洲各国企业的发展轨迹有一致性,但是其所关注的社会责任各有焦点。例如,作为资本主义莱茵河模式代表的德国,强调有序的社区协调,相应的在企业和工会方面的法律和制度包含了比其他国家更多的相关内容,环境的议题也成为其企业社会责任关注的一个焦点;作为拉丁制度下通过等级和官僚体制协调模式代表的意大利,企业社会责任关注的焦点则在社会议题等方面;作为盎格鲁—撒克逊通过竞争相互调整的社会文化模式代表的英国和爱尔兰,

则更关注竞争者的诉求。[1]

第三节　日本企业社会责任实践与特点

日本的企业社会责任理念是一个"舶来品"。因为历史原因以及受到儒家思想的影响,日本很早就将社会责任作为现代企业生存密不可分的一个基本特征。虽然日本企业管理中一直有着类似的责任思想和各种责任实践,但没有社会责任这种提法。直到1956年,日本经济界率先提出了企业社会责任问题。

社会责任源自西方,而责任理念和实践又不具有跨文化适用性,但日本已基本探索出一条如何将全球社会责任理念与东亚文化和企业价值观相融合的道路。因此,观察日本如何引进社会责任理念,并将其与企业战略、组织结构、企业文化和经营实践相结合,总结其中的经验和教训,找到历史规律,对充分发挥我国企业的后发优势,找到推动企业社会责任实践发展的主路径,避免走弯路或回头路,意义重大。

一、日本企业社会责任的产生与发展

在日本文化环境支持下,企业把重点放在经济行为上,与美国和欧洲相比,日本社会的利益集团对企业社会行为压力比较小,工会力量比较薄弱。大公司对雇员采取了家长制的管理方式,对雇员的生活社区承担了全部的责任,但是企业对雇员及社区之外的其他利益团体的关系不太关注。[2] 因此,日本企业履行社会责任的动机是"内生"的。

第二次世界大战后,日本经历了经济的高速成长阶段,社会经济得到了长久的发展。但是企业在谋求自身发展的同时,忽略了环境保护问题。20世纪90年代以来,许多以高品质著称的日本上市公司受到了丑闻的影响,例如东京电力、三井物产、三菱公司都被牵涉到一系列丑闻中,不但在日本国内引起了民众的质疑,同时也在国际社会中产生了不良影响。为此,许多公司积极回应各方要求,主动披露公司的责任信息,希望借此改变公司在公众面前的形象,响应国际社会责任运动的要求。伴随着国际社会的影响,进入21世纪后,日本政府制定了严格的节能降耗和环境保护的法律和标准,对产业部门、运输部门、民生部门提出了明确的节能义务要求,并建立了相应的法律执行体制和推进措施。

18世纪"近江商人"就提出了"卖方、买方、社会三方都好"的理念,明治维新时期日本的企业明显抱有一种"报德思想"。20世纪以来,围绕公害、环境和物价滥涨以及石油危机等问题,松下幸之助等杰出的企业家又积极地倡导企业必须承担起社会责任,并于1956年召开经济同友会全国大会,通过了经营者必须自觉履行社会责任的决议《经营管理人员社会性责任的觉醒和实践》。进入21世纪后,经济同友会把企业的社会责任提到了重要的日程,于2004年5月通过了《日本经团联关于企业行动宪章》,提出了10条企业行动准则,使企业落实社会责任的工作进一步得到强化。而日本企业社会责任真正迅速开展则源于2003年,以下为从2003年

---

〔1〕 李荡、祁少云,李文等.赢在责任[M].北京:石油工业出版社,2008:78—79.
〔2〕 单成繁.企业社会责任论[M].北京:中国市场出版社,2009:103—105.

至今的日本企业社会责任发展实践阶段。

（一）日本企业社会责任"元年"

2003 年是日本企业社会责任"元年"。在此之前，日本企业的社会责任实践主要集中在社会贡献和环境管理两个方面，其中尤以环境管理为主。2003 年，社会责任实践开始迅速普及，根据经济同友会的调查，当年就有 100 多家大企业建立了社会责任推进部门，建立社会责任部门的企业占到调查样本的 1/3。

五年过后，日本企业社会责任运动搞得更加有声有色，2/3 以上的日本大企业建立了专门的社会责任推进部，50％以上的企业提出了明确的 CSR 方针和政策，80％的企业发布了社会责任报告，企业派专人负责合规、环境、社会贡献、沟通等各项社会责任活动，雇员对企业社会责任的重要性和本企业社会责任的特殊性都有了深刻的认识。

（二）启蒙普及期

2003—2006 年是启蒙普及期，日本企业主要做了组建机构，挖掘企业特色的 CSR 内涵，建章立制，培训宣导四个方面的工作[1]。

1. 建立了完善的社会责任推动体系

日本企业的社会责任推进体系一般是"CSR 推进委员会＋CSR 推进部"的架构。社会责任推进委员会是一个社会责任的高层管理和协调机构，一般由总裁负责，成员包括各副总和业务部长。每个月社会责任部都要召集召开"CSR 推进担当者会议"，讨论 CSR 如何与各业务、各部门的具体工作相结合，如何有效地推广社会责任工作等。

2. 挖掘责任 DNA，形成企业特色的责任观

企业社会责任的定义比较抽象和宽泛，为使员工更好地理解和贯彻企业社会责任，日本企业开始挖掘企业文化中的责任 DNA，形成符合企业战略、业务和文化特色的社会责任观。第一步就是回到原点，从企业创始人的讲话和理念中挖掘出企业特色的责任观。譬如，理光提出的"三爱"（爱友邻、爱国家、爱工作），NEC 的"自然（（Nature）、教育（Education）和社区（Community）"，三井的"良心仕事"。第二步是 MVV，即重新整理企业的使命（Mission）、愿景（Vision）和价值观（Value），强化社会责任内容。譬如，三井物产以"致力创造一个地球居民梦想的美好未来"为使命，以客户的全球商业伙伴为愿景，以光明正大，以人为本，挑战与创新为价值观。

3. 建章立制

有了理念还必须有制度，否则理念无法推广和落实。为此，日本企业出台了很多的社会责任政策，除了 CSR 总体政策以外，还分别出台了社会贡献政策、环境政策、员工行为守则、供应链责任采购守则等，使社会责任能切实与企业日常经营相结合。

4. 全员社会责任培训

日本企业认为，社会责任的核心在于人的理念。因此，宣导、培训、提升雇员的社会责任理念是企业社会责任推进工作的重点。以三井为例，社会责任培训是一个全员必须参与的工作。三井物产给每个员工都发了两本特殊的 CSR 教材，一本名为《三井之魂》，系统梳理了创始人及历代领导人的责任理念。另一本名为《DFP 的警示》，记录了 DFP 事件的全过程，要求员工

---

〔1〕 钟洪武.日本企业社会责任概述及启示[J].WTO 经济导刊,2008(04):28—29.

时刻谨记这个教训。

(三)深化发展期

2007 年开始,日本企业社会责任运动进入了深化发展期,这个时期的主要工作是解决前期遗留的一些问题。

1.社会责任与企业战略相结合

日本企业天性比较保守,民族文化中也有"悄悄做好事"的成分,导致日本企业社会责任一开始就是"防守型"的,而不是"进取型"的。企业一般将社会责任视为企业风险管理的组成部分,甚至有很多企业将社会责任单纯地视为"合规管理"。到了深化阶段,企业社会责任的经理人和学者认识到这种"防守型"定位不利于企业社会责任的健康发展,因为这种定位会使社会责任工作与以前的企业管理工作没有差别,而且很多社会责任项目未能给企业带来任何好处,只增加了企业的成本,这对企业长期发展非常不利。因此,一定要将 CSR 重新定位,清理一些非战略性的实践,使社会责任自身可持续发展。

2.社会责任与具体工作相结合

在前期培训工作的基础上,企业开始要求各部门和业务群组在新的年度工作计划中要体现出相应的社会责任内容。从实务角度来看,由于培训到位,日本企业各个部门开始更多地从社会责任角度思考改进本职工作。譬如三井物产采购部门在 2007 年 11 月出台了供应链责任采购标准,在 2008 年饺子事件以后[1],三井上下更加重视贯彻这个供应链责任标准。而工会与人力资源部则在大厦底层先后建立了超市和幼儿园,以方便员工。这些责任实践行为显著提升了员工士气,增强了企业凝聚力。

3.尝试利益相关方参与机制

利益相关方参与是企业社会责任治理机构的最高形态,也是企业社会责任实践持续开展下去的制度保障。约在 2005 年,日本开始引入了类似西方的社会责任对话机制,邀请外部社会责任专家、大学教授、环境组织和社会团体代表与企业高管对话,就企业社会责任报告和社会责任工作提出意见和建议。但是,目前的利益相关方参与层次还很低,而且主要是为了提高企业社会责任报告的可信度,企业高管层对利益相关方参与的必要性和重要性仍缺乏充分的认识,再加上日本企业独特的治理理念和股权治理结构,使得利益相关方参与机制的全面深入实践仍需一些时日。

4.探索建立社会责任的考核体系

日本企业很少建立完整的社会责任考核体系,其主要原因是社会责任的内容过于宽泛,形式各异,考核设计、执行和审核都非常困难。日本专家普遍认为,社会责任不落实到定量考核层面,最后会虚化,但目前建立这样的体系还不成熟,即使建立也只能到部门层面,绝对无法到个人层面。

5.企业社会责任的未来就是不再需要社会责任部门

日本专家普遍认为企业社会责任发展的最佳状态就是全员、全过程、全方位地融入企业管理,融入员工 DNA 之中,那时,就应该撤销企业社会责任推进部。他们认为,即使是日本的优秀企业,也需要 10 年以上的时间才能走完全过程。

---

〔1〕 2008 年饺子事件:2008 年中国产冷冻饺子中毒事件。

二、日本企业社会责任的特点

(一)全球化视野,本土化实践

日本企业在社会责任热潮中,较好地将国际视野与本地实践结合起来。日本企业认为,CSR 是企业国际化经营中不可缺少的组件,各国的 CSR 进展是日本企业经营应注重的重大问题。因此,日本企业不断向欧美派出考察团,了解国际最新进展,收集相关信息。在亚洲,日本企业还与中国、印度、越南、印尼等国家建立年度对话机制,密切关注各国 CSR 的进展。

同时,日本也注重本土化的探索。日本 CSR 专家认为,CSR 不具有跨文化适用性,各个国家和地区的区域特性会使 CSR 实践差异变大,日本企业应在探索自己特色的 CSR 观和实践方式的同时,积极参与国际标准的制定。[1]

(二)内外有别,于己有利的责任观

企业社会责任有"责任主体"的问题,与国际 CSR 一样,大企业仍是日本 CSR 运动的主体,中小企业多是此次运动的旁观者。很多大企业除了自身实践 CSR 以外,还将具有资本关系的集团企业也纳入责任管理的范畴,展开高水平的 CSR 实践。

但是,很少有大企业真正将与自己有业务关系的供应商纳入责任管理的范畴,实施供应链责任管理,这与欧美大企业对供应链上企业的责任设计和"验厂"有很大差异。因为很多供应商规模很小,无法在贸易过程中起到主导作用,而大企业若利用其优势要求供应商承担过高的企业社会责任要求,这是一种强者对弱者的施压。同样,日本企业对自己的安全与利益非常在意,但对其他国家则并不做太多考虑,在这种"内外有别,于己有利"的责任观下,日本企业对供应链的责任管理并不理想。最具代表性的当数 2010 年轰动全球的丰田"召回门"。

(三)防守定位,雷同实践

日本企业的 CSR 实践具有一个很显著的特点就是"面面俱到"。企业都开展彼此雷同的活动,缺乏鲜明的特色。而且,CSR 活动与本企业的行为特性、商业模式、价值量没有太大的关系。CSR 实践虽然改善了社会福利,却对企业竞争力的提升没有太大的作用。从表面上看,其原因是企业对 CSR 认知不清晰,仓促跟风。从根本上看,是由于很多企业对 CSR 的战略定位为"防守",企业对 CSR 的实践只是为了防范风险,不求有功,但求无过。而这种"防守型"的战略只能增加企业成本,对企业发展毫无利益。所以,很多专家指出,日本企业应向"进攻性"的 CSR 转型,精心设计,采取进取的姿态开展企业社会责任实践,为企业创造价值。

(四)遵纪守法重新成为核心内容

遵纪守法一直是日本企业社会责任的核心内容。1974 年,日本修改《商业法修正案》,引入企业社会责任概念,同年《当代词汇百科全书》也出现了企业社会责任一词,但当时仅限于遵纪守法和风险管理的含义。此后,随着经济社会的发展,日本对企业社会责任实际的理解从狭义延伸到了广义,环境保护、慈善捐赠、责任投资都盛行一时。

由于近年来企业丑闻的频频出现,守法合规又重新成为责任实践的核心内容。日本经团联 2005 年的调查显示,企业优先的社会责任实践中,遵纪守法以 97% 的赞同率高居榜首。

---

[1] 钟洪武.日本企业社会责任研究[J].中国工业经济,2008(09):21—24.

第四节 国际企业社会责任的标准与规范

20世纪中后期以来,人们逐步认识到,企业在对所有者负责、追求利润目标的同时,还要对各种利益相关方负责,对自然环境及子孙后代负责,追求可持续发展,企业社会责任日益引起人们的重视。其从起初较为抽象的一些基本价值观、原则逐步发展成为具体的企业社会责任行为守则、指南乃至标准。[1] 目前,国际有关社会责任的标准归纳起来大致分为三大类:跨国公司制定的生产行为守则、民间组织制定的标准和有关国际组织制定的国际社会责任标准。[2]

一、跨国公司的生产守则

企业社会责任标准最初起源于跨国公司的内部生产守则。随着社会对企业社会责任问题的关注,迫于日益增大的压力和自身的发展需要,跨国公司纷纷制定对社会做出必要承诺的责任守则,或通过环境、职业健康、社会责任认证应对不同利益团体的需要。跨国公司企业不仅自身遵守一定的社会责任规则,而且往往通过供应链体系,要求其供应商和合约工厂必须遵守一定的生产守则,推动上下游企业承担社会责任。

目前全世界约有200个以生产安全、职业健康、保护环境和员工权益保障等为主要内容的企业社会责任生产守则,绝大多数由跨国公司自身制定。它们通常是参照其国内法、行业规范和国际承认的核心劳动标准制定的,主要是承诺担负社会责任、遵守投资所在国的相关法律、维护劳工权益、改善劳动条件等。企业生产行为守则作为真正意义上的企业社会责任标准的雏形,其约束力量比较有限。跨国公司的生产行为守则往往只能局限于跨国公司内部,最多可以在合作伙伴企业内发挥作用。但由于不同的跨国公司有其不同的行为准则,相互之间没有通用性,就会使一个同时处于多个跨国公司供应链体系的企业面临很被动的局面,疲于应付各种不同的企业行为守则。

二、民间组织关于企业社会责任的标准

民间组织是最早关注和推动企业社会责任的力量之一。在众多的民间组织制定的社会责任标准中,影响比较广泛的主要有:美国社会责任国际(SAI)制定的 SA8000 标准、清洁制衣运动(Clean Clothes Campaign)行为守则、英国道德贸易倡议守则(Ethical Trading Initiative)、世界负责任服装生产(Worldwide Responsible Apparel Production)认证标准、国际玩具商协会商业行为守则等。这些生产守则和社会责任标准被用于全世界开展社会责任审核和认证工作中。

与其他一些推动企业社会责任的力量强调社会责任的自愿性、非强迫性相比,民间组织更加强调企业社会责任标准的执行情况和效力。民间组织制定的标准和守则不具有严格的法律

---

〔1〕 国家电网公司课题组:《国家电网公司社会责任工作研究》报告。
〔2〕 彭华岗.企业社会责任标准研究[J].标准科学,2009(02):11—13.

约束力,通常不能经由国际、国内司法机构或其他机构强制执行,但凭借民间组织作为企业社会责任外部监督者所拥有的行动能力和行动机制,它们也具备某种程度的实施和监督机制以保证其有效性。从整体上看,这些由各种社会组织制定的第三方认证标准的适应性和权威性还不够,因其不是真正意义上的国际标准,所以多数大型跨国企业基本都不采用,通过认证的企业也很少,民间组织制定的社会责任标准的影响力还不够。但是近几年,随着社会责任议题的日益重要,一些由社会组织制定的标准已经受到很大程度上的认同。以 SA8000 企业责任标准为例:1997 年,美国和欧洲一些国家联合推出《企业社会责任的国际标准》,简称"SA8000"。所谓企业社会责任标准,是由总部设在美国纽约的民间机构 SAI 咨询委员会于1997 年 10 月提出并推行的。SAI 是社会责任国际的简称,这些民间团体成员包括来自 11 个国家的 20 家大型企业和非政府组织。SAI 咨询委员会以国际劳工组织 ILO 和联合国的 13 项公约为依据,起草了一份社会责任标准,于 1997 年 10 月公布了 SA8000 第一版,同时确定该标准原则上每四年修订一次。后来经过欧美多数跨国采购企业共同认可并且推动,SA8000成为一项企业道德标准,进而成为全球第一个企业社会责任认证标准。

这项认证标准对企业工作环境、工作时间、员工健康与安全、员工培训、薪酬、工会权利等具体问题都设有最低标准,要求企业在赚钱的同时对环境和利益相关者等也要承担社会责任。它的宗旨是"赋予市场经济以人道主义",其可以减少国外客户对供应商的第二方审核,节省费用;也能更大程度地符合当地法规要求;同时可以建立国际公信力;使消费者与产品建立正面情感;还能使合作伙伴对本企业产生长期信心。

但是,由于 SA8000 自身性质的局限性,SA8000 标准还没有被国际劳工组织和其他国际标准机构正式认可,还不能被视为国际标准,而且包括标准制定者总部所在地美国在内,至今还没有一个国家的政府将其作为强制标准进行推行。同时,SA8000 名字以偏概全,虽然名义上是企业社会责任,但是认证内容基本上只涉及劳工保护,覆盖面还不够全面。据 SAAS 关于 SA8000 标准认证的工厂简要统计,自 1998 年起,截止 2008 年 9 月 30 日,全球通过该认证的企业有 1835 家,其中国家派代表 68 个,行业代表 67 个,雇员 985,857 人。

三、国际组织关于社会责任的标准、守则和倡议

在经济全球化背景下,为应对全球化过程中的挑战,一些国际组织对推动企业社会责任非常重视,纷纷提出有关社会责任的标准、守则和倡议,并成立了相关机构和组织,在全球积极推行企业社会责任开展。其中影响比较大的有联合国全球契约组织、经济合作与发展组织、国际劳工组织、国际标准化组织等。与一般民间组织相比,这些社会责任标准更多地涉及社会责任的一般标准,可覆盖更多行业和更多区域。

(一)联合国全球契约(Global Compact)

联合国正式介入企业社会责任问题的主要标志是 1999 年 1 月提出的"全球契约"计划。该计划的核心是要求企业在各自的影响范围内遵守、支持以及实施一套在人权、劳工标准、环境和反腐败四个方面的 10 项基本原则,通过建立对社会负责的和富有创造性的企业表率,建立一个推动可持续增长和社会效益共同提高的全球框架。"全球契约"计划于 2000 年 7 月在联合国总部正式启动。为推进全球契约计划的实施,联合国成立了全球契约办公室,与联合国有关机构组成全球契约网络,对该契约涉及的人权、劳工、环境和反腐败十项原则进行宣传、推广、交流。2005 年 6 月成立了全球契约理事会,由企业、劳工、国际社会及联合国系统的代表

组成,为全球契约发展提供持续性的战略和政策建议。此外,还成立了全球契约基金会,为全球契约开展活动提供支持,定期召开全球契约企业领导人峰会等。全球契约计划实施以来,在国际上的影响不断扩大,加入全球契约计划的企业不断增多。

(二)经济合作与发展组织(OECD)制定的《跨国企业指南》

经济合作与发展组织制定的《跨国企业指南》中,确认了跨国公司应承担的一些基本社会责任。在 2000 年 6 月修订的指南中,全面涉及跨国公司在经济、社会、劳资关系、环境、消费者利益以及反腐败等方面的内容。指南用来确定跨国公司的行为标准是否与"良好公民公司"的要求一致。经合组织(OECD)理事会还就执行指南在机构、程序等方面做出了一些规定,促使建立更为积极的机制,以促进和监督企业界对指南的实施。

(三)国际劳工组织(ILO)公约

国际劳工组织是由政府、雇主组织和工会组织共同组成的三方组织,该组织制定了一系列形成国际劳工标准的公约,其中涉及结社自由、集体谈判、强迫劳动、童工、就业歧视等劳动者基本权利的 8 项公约称为基本公约或核心公约,还有若干关于工作时间和休息时间、工资报酬、社会保障、职业安全与卫生的重要公约。这些公约得到国际劳工组织成员国的广泛认同,从而使这些公约对所有会员国都具有道义上的约束力。近年来,相关公约所涵盖的内容被广泛用于各种社会责任标准中。

1. ISO26000 的制定与出台

鉴于目前各种企业社会责任标准的适应性和权威性不够,国际上要求制定统一的企业社会责任国际标准的呼声越来越高。国际标准化组织作为全球最具权威的标准化组织,其技术管理局(ISO/TMB)于 2002 年经过研究通过第 78/2002 号决议,成立国际标准化组织社会责任顾问组,就制定企业社会责任国际标准进行系统的可行性研究。经过两年的研究,国际标准化组织社会责任顾问组完成并提交了《社会责任工作报告》。2004 年 6 月,"ISO 社会责任大会"专门就《社会责任工作报告》进行了讨论,随后举行的 ISO/TMB 会议根据"ISO 社会责任大会"的讨论意见进行表决形成第 35/2004 号决议,决定成立"ISO 社会责任工作组",负责 ISO26000《社会责任指南》国际标准的起草,正式启动标准制定工作。当时确定了三个原则:一是该标准是一个指导性文件,二是该标准不用于第三方认证,三是该标准不是一个管理体系。

ISO26000 开发的整个过程分为准备、草拟和发布三个阶段。2005 年 9 月在泰国曼谷举行的 ISO 社会责任标准第二次会议是整个标准开发的一个重要转折点。此次会议确定了 ISO26000 标准的最终草案完成时间至发布前的工作安排,确定了制定标准的机构和主要内容,使标准的开发进入了实质性阶段。2006 年 5 月,葡萄牙首都里斯本社会责任标准第三次会议上,拟订了标准的第一稿。2007 年 1 月在澳大利亚西尼社会责任第四次会议上,则确定了标准的核心内容。从此,该标准的开发"开始朝着一个正确的方向发展"。2010 年 11 月 1日,国际标准化组织(ISO)在瑞士日内瓦国际会议中心举办了社会责任指南标准(ISO26000)的发布仪式,该标准正式出台。

2. ISO26000 的特点

ISO26000 从项目伊始,就因为其富有争议的主题、广泛的参与人员、包罗万象的内容等,具有鲜明的特点[1]：

一是用社会责任（SR）代替企业社会责任（CSR），统一概念。社会责任的定义是整个ISO26000中最为重要的定语，而ISO用SR代替CSR，就使得以往只针对企业的指南扩展到适用于所有类型的组织。ISO秘书长Rob Steele在指南发布的当天接受记者采访时指出，最初社会责任工作组讨论的是企业社会责任，但是各方很快意识到CSR的七项原则不仅适用于私人部门，同样适用于公共部门，原则确定的七项主题——组织管理、人权、劳工实践、环境、公平运营、消费者权益、社区参与和发展同样都适用于公共部门，所以把CSR推广到SR是顺理成章的事情。撇开这些细节，ISO把CSR推广到SR，使得指南的适用范围大为扩展，其重要性有了显著性的提升，这个变化是整个社会责任运动的里程碑，也是ISO自身的里程碑，因为这是ISO第一次突破技术和管理领域，涉足社会领域标准的制定。

二是适用于所有类型的组织。正因为指南用SR代替了CSR，从而使得ISO6000适用于所有类型的组织，包括公有的、私有的，发达国家的、发展中国家的和转型国家的各种组织，但是不包含履行国家职能、行使立法、执行和司法权力，为实现公共利益而制定公共政策，或代表国家履行国际义务的政府组织。

三是不是管理标准，不用于第三方认证。ISO26000的总则中强调，ISO26000只是社会责任"指南"，不是管理体系，不能用于第三方认证，不能作为规定和合同而使用和质量管理体系标准（ISO9001）及环境管理体系标准（ISO14000）显著不同。任何提供认证或者声明取得认证都是对ISO26000意图和目的的误读。因为ISO26000并不"要求"组织做什么，所以任何认证都不能表明遵守了这一标准。

四是提供了社会责任融入组织的可操作性建议和工具。指南的一个重要章节探讨社会责任融入组织的方法，并给出了具体的可操作性的建议，指南的附录一中也给出了自愿性的倡议和社会责任工具，从而使组织的社会责任意愿转变为行动。指南致力于促进组织的可持续发展，使组织意识到守法是任何组织的基本职责和社会责任的核心部分，但是鼓励组织超越遵守法律的基本义务。指南促进了社会责任领域的共识，同时补充其他社会责任相关的工具和先例，而并非取代以前的成果。

五是前所未有的利益相关方的广泛参与和独特的开发流程。社会责任指南制定的5年中，有来自99个国家的400多位专家参与开发，和市场有关的利益相关方被分成六组：政府、产业界、消费者、劳工（工会）、非政府组织和科技、服务等（SSRO），这六个小组分别组成六个工作组，各组内部形成自己的意见，并在彼此之间相互讨论，最终达成统一意见。由此看来，广泛的利益相关方参与确保了指南的合理性和权威性，是指南最终高票通过的关键。同时，ISO26000具有独特的开发流程，ISO在技术管理局下直接设立社会责任工作组（ISO/WG-SR），工作组主席由来自巴西和瑞典的专家共同担任，平衡了发展中国家和发达国家的关系，工作组成员包括六个利益相关方，并在区域和性别上保持平衡，各成员国按照利益相关工作组推荐专家，并在国内组成对口的委员会，同时，建立基金支持发展中国家的参与。这种流程确保了利益相关方的平衡，从而对最终达成国家层面和利益相关方层面的两层共识起到了重要作用。

六是发展中国家的广泛参与。如上所述，在工作组的成员分配上，发展中国家和发达国家

〔1〕　ISO26000的特点。广州恩湛企业管理咨询有限公司。

具有同等地位,工作组的主席由发展中国家和发达国家的专家共同担任,同时,在参与开发的99 个国家中,有 69 个是发展中国家。由此可见,发展中国家确实广泛参与了 ISO26000 的制定过程。

七是和多个组织建立合作关系,推广了社会责任相关的实践。ISO 和联合国的国际劳工组织(ILO)、联合国全球契约办公室(UNGCO)、经济合作与发展组织(OECD)都签署了谅解备忘录,同时和全球报告倡议组织(GRI)、社会责任国际(SAI)等组织建立了广泛而深入的联系,确保这些组织能参与到指南的开发过程中,从而使得指南不是替换,而是补充和发展了国际上存在的原则和先例。

八是差异性原则。ISO26000 总则指出,应用指南时,明智的组织应该考虑社会、环境、法律、文化、政治及组织的多样性,同时在和国际规范保持一致的前提下,考虑不同经济环境的差异性。差异性也是我国在 ISO26000 开发过程极力主张的一个原则,因为每个国家的情况有所不同,同一组织在不同国家和地区面临的环境也不相同,所以应用指南时充分能考虑国家地区环境的差异性,是非常重要的。

3. ISO26000 与 SA8000 的区别

ISO26000 是国际标准化组织(International Standard Organization,缩写为 ISO)制定的编号为 26000 的社会责任指南标准,是在 ISO9000 和 ISO14000 之后制定的最新标准体系,这是 ISO 的新领域。SA8000 是国际社会责任组织(SAI)发布的核心标准,是世界上最早的可以据以审核的社会责任标准之一,是根据国际劳工组织公约、世界人权宣言和联合国儿童权益公约制定的全球首个道德规范国际标准。这两个标准的区别在于:

首先,发起组织不一样,一个是 ISO,一个是 SAI。其次,ISO26000 国际标准侧重于各种组织生产实践活动中的社会责任问题,主要从社会责任范围、理解社会责任、社会责任原则、承认社会责任与利益相关者参与、社会责任核心主题指南、社会责任融入组织指南等方面展开描述,统一社会各界对社会责任认识,为组织履行社会责任提供一个可参考的指南性标准,提供一个将社会责任融入组织实践的指导原则。而 SA8000 其宗旨是确保供应商所提供的产品,皆符合社会责任标准的要求,即 SA8000 标准要求。它主要关注的是人,而不是产品和环境。第三,ISO26000 为企业或组织自主申请执行,而 SA8000 多为企业客户要求执行,没有达到要求可能会禁止出货或接单。第四,ISO26000 不是一个可认证标准,SA8000 是一个可认证标准。

本 章 小 结

本章重点介绍了企业社会责任在世界各国的实践与发展,从而总结出企业社会责任的发展特点,以及各国企业社会责任的差异。又将目前国际有关社会责任的标准归纳为三大类:跨国公司制定的生产行为守则、民间组织制定的标准和有关国际组织制定的国际社会责任标准。并对这三类标准与规范作了详尽介绍。

目前,美国、欧洲、日本这些国家和地区的企业社会责任发展较发达,通过对这些国家和地区的企业社会责任的认识,分析它们各自的特点,寻求企业社会责任发展中的历史借鉴。重点是通过掌握目前国际上主流的企业社会责任标准与规范,为我国企业在发展过程中提供指导作用。

思考题

1.描述美国企业在其社会责任产生阶段关注的主要社会责任。
2.请谈谈你对"化企业社会责任为商机"的看法。
3.欧洲企业社会责任发展的主要推动力量有哪些?
4.请分析日本企业履行社会责任所具备的特色。
5.结合 SA8000 的优劣势,谈谈你对民间组织的企业社会责任标准的认识。
6.读读你对 ISO26000 的认识。

案例阅读与启示

德国拜耳:企业社会责任的先行者 or 滞后者?

拜耳公司是世界最为知名的世界 500 强企业之一。公司的总部位于德国的勒沃库森,在六大洲的 200 个地点建有 750 家生产厂,拥有 120000 名员工及 350 家分支机构,几乎遍布世界各国。高分子、医药保健、化工以及农业是公司的四大支柱产业。公司的产品种类超过 10000 种,是德国最大的产业集团,被人们称为"世纪之药"。

一、拜耳的社区健康小屋

"社区健康小屋"是拜耳医药保健于 2006 年带入中国的,目前已走进北京、上海、广州、天津、武汉的 30 多个社区。"社区健康小屋"是拜耳医药保健的首创,它致力于搭建大医院和社区医院之间的沟通平台,旨在通过大医院专家对社区医生的培训,提供大医院和社区医院之间的双向转诊车等方式,改进社区医院的就诊环境,提高社区医生的专业水平,从而让社区居民,尤其是慢性病患者放心地在家门口看病。

除了从硬件和软件建设上帮助社区医院提高水平,"社区健康小屋"的另一个主要职能是社区居民健康教育。小屋将定期为居民组织健康讲座、慢性病知识竞赛等活动,并为居民免费测血糖、免费发放慢性病知识手册,以期通过这些实实在在的举措,让慢性病患者了解疾病,自我监测并管理疾病,也让其他社区居民改善生活方式,早期预防慢性病。为搞好社区小屋工作,拜耳还建设了"社区健康小屋"专门网站,创办了《小屋电子期刊》,将该项目开展得有声有色。

二、拜耳的药品安全问题

2011 年 5 月,德国拜耳旗下的四款避孕药遭到 FDA(美国食品药品监督局)调查,美国食品药品监督管理局(FDA)在其药品安全性沟通网站上发布了关于拜耳医药旗下含有屈螺酮的复方口服避孕药安全性的消息,称目前正在就各项研究结果进行评估,原因是有研究表明"消费者使用拜耳旗下这 4 款避孕药可能形成的血栓风险或高于其他同类药物"。报道还指出,欧盟要求拜耳修改这 4 款相关避孕药的药品说明书,增加最新的安全性调查结果。

拜耳优思明产品经理表示,优思明作为第四代口服避孕药,形成血栓的几率很小,与同类药品的发生率相差无几。谈及用药风险的调查数据,拜耳—先灵药业有限公司女性健康产品组中国市场负责人表示:"我们已经注意到 FDA 引用的两份报告,我们认为这当中的结论不是很有根据,实验方法也有明显的缺陷"。拜耳方面指出:"拜耳正在积极配合欧盟方面的调查,目前还没有召回的计划。而在中国市场,我们并没接到国家食品药品监督局的要求。"

案例讨论:

1.对于德国拜耳集团在企业社会责任方面的表现做出评价,并给予解释。

2.跨国公司如何通过履行企业社会责任更有效地开拓新市场?

第四章 企业社会责任的国内实践与特点

——│承担企业社会责任是中国企业走向规范化治理的重要途径。

——编者语

▶ **本章学习目的**

通过本章学习,了解在不同历史时期和社会意识形态下,由于企业在经济社会中的地位作用的不同,以及企业发展的境遇和主要矛盾的不同,而导致企业社会责任在不同时期和不同企业内具有不同的表现,从而进一步了解企业社会责任实践在我国的演变与发展。

▶ **本章学习重点**

国内企业社会责任发展历程;国有、民营企业社会责任表现;跨国公司的社会责任。

对企业而言,企业社会责任不仅是企业合理经营的行为准则,它也会最大化企业在产品和服务输出过程中对社会所起到的积极作用。国内对企业社会责任的研究,经历了一个理论引进、辩论和结合,进而理论创新的过程。中国学术界对企业社会责任理论的突出贡献在于将西方企业社会责任的本质与符合中国实际情况的科学发展观及和谐社会理论结合起来,同时在企业社会责任本土文化研究方面进行了新的探索。国有企业、民营企业以及跨国公司在我国市场上各据要位,其社会责任的表现与特点也各有不同。因此,理清各部门在社会责任承担中所饰演的角色,分清各自存在的问题及寻求各异的解决方法是在我国普及社会责任的必由之路。

第一节 国内企业社会责任的发展历程

我国企业责任的发展经历了一波三折。计划经济时期,国有企业的经济责任较弱,企业承担了本应该由政府或社会承担的一些责任,企业的社会责任表现为"企业办社会"。改革开放以来,国有企业改革以及市场经济体制改革之后,企业的经济责任得以强化。但随着市场经济的不断发展,过度强调经济责任,使得企业承担的社会责任被忽视。如今,中国融入经济全球化的浪潮中,现代企业的社会责任理念也从西方传入中国,随着国家倡导科学发展观与建设和谐社会的战略推进,中国企业社会责任在法律环境、学术研究、企业实践和责任运动四个方面得到了提升,企业社会责任也进入一个快速发展的历史时期。

纵观企业社会责任的发展,中国现代企业社会责任大致经历了三个阶段:第一阶段是企业社会责任概念的产生阶段;第二阶段是以关注劳工为中心的企业社会责任理念的全面辩论阶段;第三阶段是我国企业社会责任发展的新阶段。[1]

一、我国企业社会责任概念的产生阶段(1985—1999 年)

(一)政策与法律环境

这一阶段始于 1984 年,其重要标志是党的十一届三中全会形成《中共中央关于经济体制改革的决定》,我国开始全面改革原有的计划经济体制,走向有计划的社会主义市场经济。其中,改革的一个焦点是政企分开,使企业变成独立的商品生产者和经营者。只有当企业成为独立的法人组织之后,才能谈及现代意义上的企业社会责任。在此之前,企业只是政府的附庸品,企业履行的社会责任表现为"企业办社会"。这一时期,基本形成了企业履行社会责任的法律意识。

(二)学术环境

根据文献检索,第一篇以企业社会责任为主要内容的文章《新时期商业工作的社会地位和社会责任》发表于 1982 年。而直至 1990 年,第一部以企业社会责任为主要内容的专著《企业社会责任》才出版,它将企业社会责任定义为:"企业在争取自身生存与发展的同时,面对社会需要和各种社会问题,为维护国家、社会和人类的根本利益,必须承担的义务。"该书以法律视角,从纳税、自然资源、能源、环保、消费者等几个方面分析了企业的社会责任,堪称我国企业社会责任理论的奠基之作。

(三)中国企业社会责任运动

在这个阶段,企业的法人地位和企业的法律环境处于初步形成的过程中。企业主要履行以法律责任为基础的经济责任。同时,部分企业开始承担扶贫和捐赠等社会责任,其标志包括1989 年启动的"希望工程"以及 1994 年相继成立的中国光彩事业促进会和中华慈善总会。

二、企业社会责任理念的全面辩论阶段(2000—2005 年)

(一)政策与法律环境

这一阶段,企业社会责任主要以劳工为关注中心。随着全球化进程的加快,一方面,外资企业在中国迅速发展;另一方面,更多的中国企业融入全球一体化进程中。因此,中国政府通过制定外资企业法、合资企业法,引导外资企业履行必要的法律责任。由于中国加入了世界贸易组织,更多的中国企业面对全球市场的规划。而在 2002 年党的"十六大"以来提出的科学发展观,以及建设社会主义和谐社会的战略目标,积极引导和鼓励企业履行社会责任。

2004 年 7 月 1 日施行的《中华人民共和国行政许可法》规范了各级政府的审批行为,进一步理清了政府和企业的法律关系,为企业自觉履行社会责任创造了更为宽松的法律环境。

(二)学术研究

1999 年,清华大学当代中国研究中心开展了中国第一个将理论与实践结合起来的企业社

---

[1]　匡海波.企业社会责任[M].北京:清华大学出版社,2010:89—90.

会责任专题研究——"跨国公司社会责任运动研究"。其主要内容有:公司社会责任运动的运作模式和理论研究;关于生产守则对中国社会的影响。从 2003 年开始,学术期刊上发表的相关论文数量急剧增长,其中以劳工标准为核心内容的 SA8000 企业社会责任标准引起了各相关方的广泛参与和辩论。这一阶段的讨论在 2005 年 12 月中国企业管理研究会、中国社会科学院管理科学研究中心举办的"中国企业社会责任问题学术研讨会"上达到了一定程度,这也是关于中国企业社会责任问题的第一个学术研讨会。

该阶段,中国学术界对企业社会责任的讨论主要围绕以下议题展开:有无企业社会责任问题、企业社会责任内涵、企业社会责任与企业绩效、企业社会责任标准、企业社会责任与公司治理研究、履行企业社会责任的途径等。在此阶段,学术界就企业社会责任的基本内涵达成了较为广泛的共识,即企业不仅要为股东创造利润,同时还要履行其对利益相关者的责任,并且逐步澄清了关于企业社会责任认识上的一些误区,如"企业社会论""企业捐赠论""出口企业论""SA8000 论""贸易壁垒论""企业负担论"等。

(三)企业的社会责任实践

这一阶段,国际社会也处于企业社会责任运动发展的高潮。跨国公司通过供应链责任的管理,特别是 SA8000 标准的制定和实行,对中国商品提出了劳工议题的要求,这也引起了中国外向型企业对企业社会责任问题的重视。同时,包括联合国在内的国际组织也发起了全球性社会责任的倡议。对此,中国企业给予了积极响应,例如有几十家中国企业陆续加入联合国的"全球契约",承诺积极履行企业社会责任。10 万家以上的出口企业开展了符合 SA8000 的劳工议题等管理。2005 年 9 月 7 日,在中欧企业社会责任北京国际论坛上,以海尔、长安、红豆等大型企业,以及国有企业、民营企业等为代表的 10 家中国企业发出了履行社会责任的《企业社会责任北京宣言》,积极倡议企业履行社会责任。

(四)企业的社会责任运动

与学术界热烈辩论相对应的是蓬勃兴起的企业社会责任运动。这一阶段,涌现了一批企业社会责任组织,包括中国企业联合会全球契约推广办公室、可持续发展工商委员会、中国社会工作者协会企业公民委员会、广东省企业社会责任研究会等。中国纺织工业协会还开始举办各种各样的企业社会责任论坛、研讨和评奖等。

三、我国企业社会责任发展的新阶段(2006 年至今)

(一)政策与法律环境

2006 年堪称企业社会责任的新纪元,相关法律法规、国家政策和政府领导人都进一步对企业履行社会责任做出规定和给予肯定。

在国家政策方面,2006 年 10 月,党的十六届六中全会通过的《中共中央关于构建社会主义和谐社会若干重大问题的决定》明确指出,"广泛开展和谐创建活动,形成人人促进和谐的局面。着眼于加强公民、企业、各种组织的社会责任",这不但对企业履行社会责任提出了明确的要求,而且要求公民、各种组织都增强社会责任。

在国家领导人层面,2006 年 3 月,温家宝总理对国家电网公司发布企业社会责任报告做出批示,指出"这件事情办得好,企业要对社会负责,并自觉接受社会监督"。

至此,企业是否要承担社会责任已从学术辩论和舶来品,通过法律政策走向了社会关注的前台,成为企业必须履行的社会责任的底线。

(二)学术前沿

这一时期,企业社会责任得到了学术界的广泛关注,更多的研究人员积极参与企业社会责任研究。发表的学术文章以及出版的著作数量大幅度增长,质量也有了很大的提高。研究的议题也更加广泛,由对企业社会责任概念、动力和内涵的研究开始,进而发展到与利益相关者的关系研究以及与企业绩效和价值研究等实证研究。同时,着重于对企业社会责任与和谐社会、企业社会责任与科学发展观、企业社会责任与国际竞争力的关系等研究的发展。

(三)中国企业社会责任实践

这个阶段的一个重要事件是国家电网公司发布了中国第一份中央企业的企业社会责任报告。这份中央企业的第一份社会责任报告成为中国企业社会责任发展的一个重要里程碑。此后,更多的国有企业开始加入发布企业责任报告和企业可持续发展报告的行列。2006 年 3月,中国外商投资企业协会投资性公司工作委员会发布《企业社会责任北京宣言》,承诺将致力于企业社会责任,在规范企业自身发展的同时,用实际行动响应共建和谐社会的号召,包括西门子、摩托罗拉、微软、IBM、大众汽车、通用电气等 66 家外资企业也签署了此宣言。

至此,国有企业、私营企业和外资企业都开始主动地加入履行社会责任的潮流中,构建中国企业社会责任的价值观和战略、实施企业社会责任管理、发布企业社会责任报告已经成为越来越多企业关注的议题和行动。

(四)企业社会责任运动

这一时期企业社会责任运动有两个重要的特点:第一,政府、立法等部门开始积极地参与和推动企业社会责任运动。在最近几年召开的有关会议与活动中,国家发改委、商务部、卫生部、劳动保障部、环境总局、安监总局、国资委、国家工商总局、国家民族事务委员会等与企业社会责任相关的政府部门都派出高层领导出席,从不同的角度来探讨和推动企业社会责任的发展。此外,一些地方政府如深圳市政府等也开始将企业社会责任的理念融入其城市治理的战略和政策中。第二,运动开始向纵深、系列化发展。各种相关组织和机构发起和组织了更多系列性的论坛和活动,与国际相关机构的合作更加频繁和广泛,一些行业的社会责任行动进一步深入,证券市场也对上市公司提出了社会责任方面的期望,并加大了对上市公司进行企业社会责任的引导力度。

第二节　国有企业承担社会责任的表现与特点

一、国有企业社会责任的定义与特点

在研究国有企业社会责任问题时,对国有企业社会责任的界定主要采取了两种方式[1]:一种是直接定义法,对国有企业社会责任的内涵用语言来表述;另一种是比较法,通过对国有

---

〔1〕 陈燕和.国有企业社会责任研究综述[J].湖北师范学院学报:哲学社会科学版,2010(02):67—71.

企业与其他类型企业社会责任的横向比较来界定国有企业的社会责任。

部分学者对国有企业社会责任进行了定义,这些定义的共同特点是都强调了国有企业应该代表国家或政府行使社会责任。黄速建、余菁(2006)认为,国有企业的社会责任,就是作为国家代表公众利益参与经济和干预经济的有效手段而存在。[1] 张晋颖、许卫兵(2007)认为,国有企业社会责任是指企业在创造利润、对股东利益负责的前提下,要负起对职工、消费者、商业伙伴、社区等相关利益方和自然环境的责任。[2] 这里的股东利益显然是指作为全民代表的国家或政府的利益。闫敬(2007)认为,国有企业社会责任是指在中国现代市场经济条件下,国有企业对国家和国家以外受其行为影响的其他利益相关者及其环境所应尽的义务和责任的总和。[3]

与其他性质的企业相比,国有企业具有4个特点:(1)国有企业社会责任的主体是国有企业(包括已完成改制的国有公司、尚未完成改制的国有公司和国家直接投资建立的国有独资公司);而其他企业社会责任的主体可能是多个投资人。(2)国有企业经济责任的对象是唯一的,即国家,但其法律和伦理责任的对象则是广泛的。(3)有些国有企业社会责任的承担还受到国家指令性计划的支配,其对国家所缴纳的税费远远高于一般企业。(4)国有企业社会责任是一个历史责任,其构成要素随着历史的发展变化而有所不同。

基于国有企业的特殊性,其社会责任的特点有:(1)包含更多积极性责任。(2)更多地着眼于非经济目标的实现,更侧重于提供就业岗位、调节收入分配、维护市场秩序等宏观非经济目标的实现。(3)国有企业有限承担社会责任。企业承担社会责任必定要付出成本和代价,如果不切实际地承担社会责任,只会变企业社会责任为社会负担,重蹈计划经济下企业办社会的覆辙。

二、国有企业履行社会责任的现状

国有企业受其自身性质的决定,其在诞生之初就肩负着与生俱来的社会责任,随着企业外部市场环境的不断变化和企业改革的进一步深入,其社会责任的履行也受到不同程度的影响。国有企业社会责任的发挥,也随着市场环境的决定因素的变化而有着不同的表现形式。在国有企业改革之前,国有企业承担了就业、职工子女教育、医疗及养老等社会职能,即所谓"企业办社会"的超载现象。随着我国国有企业的改革不断深入及现代企业制度的建立,国有企业所承担的社会责任不再是以前的"企业办社会"现象,而是结合当前现代企业制度履行了一定的社会责任。尤其是近些年来,在国有企业的管理实践和相关政府部门的政策制定当中都可以看出国企社会责任的身影。特别是在2008年1月4日,国务院国资委发布了《关于中央企业履行社会责任的指导意见》,倡导处于国民经济主体核心地位的中央企业应在社会责任履行方面起到表率作用,国有企业社会责任得到快速发展,成为履行社会责任的主力军。现阶段我国国有企业社会责任履行状况主要表现在以下几方面。

(一)积极参与公益慈善事业

企业积极参与公益慈善事业是承担社会责任的表现之一。近年来我国国有企业在履行社会责任过程中,突出地表现在积极参与各种公益慈善事业。在2008年初我国南方发生特大冰

---

〔1〕　黄速建,余菁.国有企业的性质、目标与社会责任[J].中国工业经济,2006(02):68—76.

〔2〕　张晋颖,许卫兵.省会首次发布国有企业社会责任报告[N].河北日报,2007年4月24日.

〔3〕　闫敬.国有企业社会责任实现机制研究[D].天津:天津商业大学,2007.

雪灾害和5·12汶川大地震的时候,国有企业在抢险抗灾和煤电油运送保障方面发挥了巨大的作用,全力支援了灾区,履行了相对较大的社会责任。2010年重大灾害频繁发生,西南五省区遭受秋冬春连旱;4月青海玉树发生7.1级强烈地震;6月中下旬南方11个省份遭受洪涝灾害,国有企业都积极参与公益慈善事业,承担相应的社会责任。

(二)社会责任理念逐渐被引入国有企业的经营管理实践中

国有企业开始意识到应把企业社会责任理念融入到公司的经营管理、发展战略和治理结构中去,有部分国有企业已逐步把利益相关者等理念引入公司的经营管理实践中。利益相关者理论是企业社会责任研究的重要理论,国内外学者对企业社会责任的研究与分析大多从利益相关者理论出发。企业社会责任要求企业维护从股东到客户、员工、社区、政府、环境保护等在内的公众利益。"以人为本"的科学发展观理念的提出和市场经济的不断完善,使得国有企业在经营过程中越来越重视员工权益,受国际环境保护、低碳经济理念的影响,国有企业开始投入注重环境保护、股东利益、客户权益及社区福利等方面的协调与沟通工作。例如,中国四大国有银行的年度责任报告中,均有涉及员工利益、环保、低碳、客户利益相关内容。中国石油2007年度的社会责任报告就采用表格方式充分披露了其利益相关者识别的要点、沟通和交流方式、重点开展的行动及其关键指标。现代企业制度要求国有企业具有现代企业经营管理理念、发展战略、社会管理和公司治理结构等社会责任理念。因此,如果脱离社会责任的理念,企业的经营理念、发展战略等也会失去意义。国有企业只有将社会责任理念融入具体的经营管理实践中,才能不断完善其企业社会责任。

(三)企业社会责任报告逐渐成为国有企业承担社会责任的承诺书

由于国际市场竞争中企业社会责任国际化的趋势不可阻挡,国有企业越来越重视社会责任的履行问题和社会责任报告的发布。自新公司法实施后,我国企业发布企业社会责任报告明显增多,其中发布企业社会责任报告的多半是国有企业。比如中国四大国有银行自2007年起每年都会通过发布社会责任报告来宣布及承诺其承担社会责任的状况。另外,国家电网、宝钢集团、中石油、中石化等大中型企业都有发布社会责任报告。据统计,发布企业社会责任报告的国有企业涉及钢铁、机械、电力、化工、矿业、有色、煤炭等十几个行业。

三、国有企业履行社会责任存在的问题

田钊平(2004)认为,国有企业有必要承担社会责任,理由如下:(1)实现中国国有企业可持续发展的需要。(2)增强中国国有企业竞争优势的需要。(3)体现中国社会主义优越性的需要。[1]朱林兴(2007)认为,国有企业是国民经济的基础,其所有制性质决定了它是实现社会主义生产目的、实现国家战略和维护社会整体利益的主要经济成分。因此,国有企业也必须在社会责任方面起好表率和带头作用。[2]

比较改革开放之初,现在我国国有企业履行社会责任有一定的进步,但总体上还不够理想,在国有企业承担社会责任的过程中,还存在一些突出问题:

〔1〕　田钊平.国有企业的社会责任成本分析[J].兰州学刊,2004(02):72—74.
〔2〕　朱林兴.强化国有企业社会责任意识[N].解放日报,2007—05—24.

(一)履行社会责任仅停留在一些公益慈善事业

大部分国有企业承担社会责任主要表现在一些公益慈善事业上,甚至许多国有企业认为做些公益慈善事情,就是完全履行了社会责任。有些国有企业在做公益慈善事业时,只是出于宣传品牌形象的目的。从国有企业社会责任内涵及范围来看,企业社会责任包括经济上的、法律上的、道德上的以及社会伦理等方面的社会义务。其内涵就决定了企业承担社会责任既有法律规范下强制性的责任,也有出于自愿的责任,而出于其自愿的责任又是社会所期望看到的、公众所认可的符合社会公众利益的责任。所以,国有企业履行社会责任就包含有很多方面,如果国有企业仅停留于做一些公益慈善事业,那么其承担的社会责任就还远远不够。

(二)国有企业承担社会责任的意识有待加强

随着我国国有企业改制和重组的不断深入,国有企业在改制和重组后,承担社会责任的意识不够。其主要有这些现象:其一,常有忽视民生问题。侵犯职工的权益,如一些企业拖欠农民工工资、延长劳动时间及对职工职业发展空间和切身利益不够重视等。其二,经营管理者(即高管),与普通职工之间的收入差距太大,并且随着市场经济的发展,这种收入差距趋势逐步扩大。由于我国国有企业的性质,使得我国国有企业的高管不同于其他形态企业的高管,国有企业的高管处于较好的优势地位。其三,部分国有企业管理层出现腐败,侵害社会公众利益。国有企业在公司治理架构中存在不完善的地方,因此国有企业易出现腐败现象,忽视公众利益,从而忽视社会责任。一些国有企业利用垄断地位,损害消费者的利益。我国大部分的国有企业属于垄断行业,所以一些国有企业高管常常利用自己的优势损害消费者的权益。以上种种现象表明,国有企业存在承担社会责任意识不强的问题,他们还没有把利益相关者理论真正引入到企业的经营管理实践中去。

(三)国有企业承担社会责任表现出急功近利

企业社会责任是全面系统的工作,不能急功近利。企业是一种营利性的经济组织,追求经济效益最大化是其主要目标,但不能把这当作唯一目标。经济责任是一个企业实践企业社会责任的基础,因此,国有企业必须考虑长期发展,着眼于长期的经济效益,以此兼顾到各利益相关方。实践社会责任不仅仅是企业的一项成本,如果仅仅认为是一项成本的话,那么企业社会责任就无法继续下去。一篇《评估社会责任计划的价值》的文章(《麦肯锡季刊》中文网,2009年3月)指出:"所有社会责任计划都是有绩效的,只不过有些是无形的、长期的回报,人们并没有发现它的转化路径而已。如果国有企业承担社会责任急功近利,那么它就很难把社会责任理念完全融入到公司的经营管理、公司战略中去。"

(四)国有企业履行社会责任缺乏相应的评估考核体系

企业承担社会责任在现行的公司法第五条可以找到依据。国有企业承担社会责任除了这条依据外,2008年1月,国务院国资委发布了《关于中央企业履行社会责任的指导意见》,明确提出国有企业履行社会责任的重要意义、指导思想、基本要求、主要内容和主要措施等。这在一定程度上对国有企业承担社会责任起到了规范作用,但是以上的依据也只是对企业承担社会责任的一些口号性的要求。目前我国在具体的实践中还一直没有对企业承担社会责任的评估考核作具体的规定,国有企业履行社会责任在具体实践中没有相应的评估机制,对国有企业承担社会责任没有统一的标准,怎么履行、履行多少、怎么评估等都没有具体可操作的规范。

四、国有企业履行社会责任的建议与对策

我国实行的是以公有制为主体、多种所有制经济共同发展的基本经济制度,国有经济在国民经济中处于主导地位,国有企业是国有经济的物质载体,是国民经济的支柱与栋梁。国有企业认真履行社会责任是发挥支柱与栋梁作用的基本要求。国有企业肩负着承担社会责任的重要使命,发挥国有企业承担社会责任的作用具有重大意义。因此,针对国有企业承担社会责任存在的问题,提出以下几点建议与对策。[1]

(一)建设具有社会责任感的国有企业文化

企业的发展不仅要靠机遇、靠企业家精神,更要靠企业文化。企业文化的核心内容是价值观,也就是企业的社会责任感。作为一个有实力的企业,企业家要具有企业家精神,要具有较强的社会责任感。当然,光是几个股东、董事、高管具有社会责任感还远远不够,还要培养有社会责任感的员工,使企业自上而下都具有社会责任感。要让全体员工树立社会责任感,才能建设具有社会责任感的企业文化,企业才能很好地履行关注客户、关注社区、关注民生的社会责任,为构建和谐社会做出贡献。

(二)建立相应的包括企业社会责任在内的评估考核体系

国有企业的经营考核体系,通常都是根据上一年度的目标完成值,结合新一年度的一些假设条件来拟定;或者结合上一年度的利润指标来制定本年度的一个利润任务值。在我国《企业国有资产监督管理暂行条例》中,只规定了国有资产监督管理机构对国有企业负责人进行相应的经营绩效考核,没有规定对国有企业履行社会责任状况进行考核评估,从而使国有企业在承担社会责任上缺乏评估考核的压力与原始动力。因此,激励国有企业承担社会责任,就需要先建立包括社会责任在内的评估考核体系。

(三)完善有关企业社会责任标准的法律、法规

2006年的新公司法第五条规定:"公司从事经营活动,必须遵守法律、行政法规,遵守社会公德、商业道德,诚实守信,接受政府和社会公众的监督,承担社会责任。"尽管公司法有明确规定企业必须承担社会责任,但这只是一个引导性的条文。企业具体承担哪些社会责任,怎样才算承担社会责任,企业承担社会责任多少均没有一个统一的标准。公司法中并没有明确规定社会责任的标准,其他法律也没有作相应的规定,以至于很难很好地引导企业承担社会责任,也很难让企业在承担社会责任上较好地发挥作用。尽管国务院国资委于2008年1月发布了《关于中央企业履行社会责任的指导意见》,但指导意见仅仅明确了国有企业承担社会责任的重大意义和基本要求之类,对国有企业履行社会责任仍没有统一的标准。因此,为了使国有企业更好地承担社会责任,需要完善有关企业社会责任标准的法律、法规,研究制定我国企业社会责任的国家标准,并积极参与ISO企业社会责任国际化标准活动,把各种行业协会制定的相关行业标准上升为社会责任相关的法律法规,使其尽可能避免与我国政治法律制度相违背或与国情不符。人大及相关机构应尽快出台国有企业承担社会责任标准的法律法规,并在公司法这一上位法的指导下或者在已有相关规定的基础上,制定相关的企业社会责任实施条例等。

---

[1] 邓雪萍.关于国有企业社会责任的几点思考[J].新余学院报,2011(02):20—24.

(四)建立健全企业承担社会责任的监督机制

国有企业的双重性决定了国有企业与政府、社会三方是紧密相联的。国有企业承担社会责任要有一个很好的体制环境。第一,尊重企业的营利目的。根据现代企业制度的理念,政企分开,权责明晰,确实转变政府职能。同时,也要把政社分开,政资分开,为企业自主经营创造条件,尊重企业的营利目的是保证企业承担社会责任的关键。让企业能够最大限度地创造利润,才能使企业积累履行社会责任的能力。第二,企业内部的制度建设。国有企业内部制度建设是企业自身对社会责任履行的自律性监督。运用市场机制的办法,在公司内部要建立健全董事会架构,引入独立董事制度。国有企业内部治理结构将直接影响其社会责任的履行。第三,健全外部约束力。政府制定有关约束企业承担社会责任的监督体系。如工商行政管理部门可以定期公布企业承担社会责任的情况,各种行业协会可以发布企业在行业自律的相关信息,劳动部门可以发布企业购买社会保险等情况,政府相关部门可以制定或联合制定相关的监督企业履行社会责任的制度,使其承担社会责任与企业的声誉相结合。加强企业社会责任的决策机制、监管机制和问责机制的建设,建立健全有关社会责任的法律制度。对于社会责任的承担,企业内部要有自律机制,自觉地承担并接受来自政府及社会各界的监督。

第三节　民营企业承担社会责任的表现与特点

一、民营企业社会责任现状

民营企业的社会责任,就是民营企业在追求利润最大化的同时,对社会应当承担的责任或者对社会应尽的义务。其社会责任主要包括:经济责任、法律责任、员工权益责任、工业责任、环境保护责任等。但是,目前我国民营企业在承担社会责任方面还存在着较为严重的问题,应该通过民营企业方面、政府方面、社会力量方面的规制加以解决。[1]

(一) 我国民营企业社会责任认知的缺失

目前,部分民营企业一直存在着一些模糊认识和错误观念。大多数民营企业甚至企业的领导人对社会责任的认识仍然停留在"捐捐款""做点善事"等层面,没有把社会责任与民营企业的长期发展联系起来,对社会责任的认识仍然十分片面。具体来说,主要有以下几大误区:有的民营企业认为社会责任是政府或者行政部门的事,跟自己没有任何关系;有的则认为承担社会责任是大企业和国有企业的责任,自己是小企业又是民营企业,还轮不到自己承担社会责任;有的认为企业社会责任与企业的长期发展战略无关;还有的企业认为承担社会责任会给企业增加社会成本和负担,由于看不到民营企业承担社会责任给企业自身带来的业绩、效率以及提升了的社会形象,所以不利于企业的成长和持续发展;甚至还有的民营企业认为社会责任是舶来品,不符合中国国情及民营企业的发展状况。

---

〔1〕 宋振全.问题与规避:对我国民营企业社会责任问题的思考与探索[J].中国商贸,2010(20):11—14.

（二）我国民营企业社会责任实践的缺失

1. 经济责任缺失。民营企业的经济责任主要包括合法诚信地进行企业的经营活动,照章纳税,对消费者履行在产品服务方面的承诺,保证提供优质产品和服务,不得欺诈消费者,尽可能地促进就业,为社会减少就业压力等。但是,目前民营企业缺乏经济责任,具体表现为:市场诚信不足,出售不合格产品,不兑现售后承诺,制造和散布虚假信息,利用合同、包装等进行欺诈,严重干扰了正常的市场经济秩序;依法纳税意识不强,一些民营企业通过少报营业收入、少报税前利润、虚增成本等方式漏税逃税;见利忘义情况普遍,多数民营企业片面追求利润的最大化,认为企业从事社会责任活动要支付额外的成本,这意味着企业利润的部分丧失和让渡,所以削弱了民营企业承担社会责任的动机。

2. 职工权益责任削弱。一个富有社会责任感的企业应该善待自己的员工并充分尊重员工的各种权益。职工权益责任主要包括对员工的工资保障、平等就业晋升机会的保障、社会福利权益的保障、工作条件和工作环境的保障、员工职业健康与生命安全的保障等。但是,目前民营企业在职工权益保障方面也存在着问题,概括起来主要有:侵犯工人人身权利,扣押身份证和侮辱、体罚工人等现象;工作严重超时,工人休息条件差,甚至出现工人因过度劳累而死亡,工人的休息权甚至生命权都被剥夺;劳动报酬低,有的甚至连当地法定的最低工资标准都达不到;有的民营企业没有提供法定的福利待遇,社会保险覆盖率过低等。

3. 对环境保护的漠视。人类社会不断向前发展的同时,也导致了对环境的巨大破坏。环境的污染引起了世界各国科学家的广泛关注和重视,环境保护成为人类面临的迫切而严峻的问题。我国的社会经济能否保持可持续发展,很大程度上取决于我国对环境保护问题重要性的认识以及如何保持良好的生态环境。民营企业在消除环境污染、保护环境中肩负着不可推卸的责任。民营企业在环境保护方面存在的主要问题:有的民营企业环保意识较差,为了追求最大化的效益,不惜污染环境、破坏生态;有的民营企业为了节省成本仍然使用落后的设备和生产技术,造成了巨大资源的浪费和大量废弃物的排放。根据国家统计局 2005 年 11 月的调查,在我国 2900 多万民营企业中,80％的工业生产存在着严重污染问题。可见我国多数民营企业为了获取最大化的利润,对保护环境是一种漠视的态度。

二、民营企业履行社会责任的必要性

著名经济学家厉以宁教授认为,市场与政府是市场经济发展过程中两种极其重要的调节手段,可是"难道仅仅有两种调节吗?难道没有第三种调节吗?""肯定存在着第三种调节,第三种调节就是道德力量的调节"。市场调节是一只无形的手,政府调节是一只有形的手,道德力量的调节是介于有形与无形之间的。从宏观角度看,不道德行为会扭曲市场体系,导致资源配置效率低下,合乎伦理行为是市场体系有效运作的前提。[1]

（一）从道德资本理论角度看

道德资本思想是从资本的角度来审视道德,即从道德的资本特性来挖掘道德的社会价值和经济价值。道德资本思想的主要代表学者是王小锡,他认为"所谓道德资本,从内涵上,它是

〔1〕 宋雪义.民营企业承担社会责任的必要性及其实现机制[J].科技情报开发与经济,2010(01):197—199.

指投入经济运行过程,以传统的习俗、内心信念、社会舆论为主要手段,能够有助于带来剩余价值或创造新价值,从而实现经济物品保值、增值的一切伦理价值符号"。道德资本对于企业来说是一种无形资本。

(二)从民营企业社会责任价值角度看

从社会价值角度来看,确立企业社会责任的社会价值,就在于企业如果能超越把利润作为唯一目标的传统理念,强调对消费者、对环境、对社会的贡献,就有可能消除企业发展过程中的"负外部性"问题,从而促进社会福利的最大化。从企业价值角度来看,企业积极主动承担相应责任,是其进步文明的标志,借此可以赢得公众信赖,不断做大做强。履行社会责任有利于民营企业可持续发展,有利于改善劳资关系,有利于提高民营企业的社会形象,提高企业竞争力。

三、民营企业履行企业社会责任的建议与对策

对民营企业的社会责任实现机制探讨,一般从内部和外部两方面进行探讨。对其改进的建议,我们也从这两部分来分别阐述。

(一)民营企业社会责任的外部实现机制

对民营企业社会责任实现机制的探讨一般集中于外部多种力量的制约和监督上,主要包括政府法律法规的约束监督、新闻媒体与社会舆论。民营企业作为市场主体的一部分承担社会责任是必然的,并且市场体制和机制越完善,企业的运行越规范,越能够自觉履行企业的社会责任。

1.政府方面

政府作为市场竞争环境中的监督者和服务机构,应采取措施引导、鼓励、支持、监督和约束民营企业承担社会责任,形成民营企业承担社会责任的外部激励和约束机制。首先,政府应有效运用宏观调控手段,制定相应的法律法规,以民营企业利益为纽带,使民营企业履行社会责任有法可依、有章可循,从而使企业社会责任纳入法制化、规范化的管理体系中。其次,政府要通过严格执法,对不道德企业和企业的不法行为进行惩戒和约束,以达到惩恶扬善作用,营造积极履行社会责任的氛围。再次,政府要通过对法律实施过程的全程监督和管理来促使民营企业贯彻、落实相关法律法规。最后,对于主动承担社会责任的民营企业,政府应给予相应的鼓励和支持,如对那些恪守诚信、依法经营、依法纳税、保护环境、节约资源、关心职工利益、热心于社区建设等公益事业的民营企业应予以表彰和奖励,并给予政策上的倾斜和优惠。

2.社会舆论方面

我国的新闻媒体、社会舆论对民营企业承担社会责任不仅是以监督者的身份起到了鼓励监督的作用,同时又具有客观评价的作用。社会舆论的评价比来自政府和行业的评价更具有客观性和公允性。新闻媒体主要通过广泛真实的报道,向公众揭露社会责任缺失的企业,联合公众力量,通过发挥道德约束力,施加强大压力。此外,媒体又可通过报道负责任的优秀企业,提高该企业的声誉和知名度,增强其竞争力。

3.市场方面

在我国,民营企业仍处于由计划经济体制向市场经济体制转轨的过程中,两种体制并存,为民营企业的发展带来了机遇,也带来了一定的阻碍。一些因国企改制而成立的民营企业在为经济发展带来活力的同时,也打乱了市场正常孕育的民营企业的新陈代谢过程,这就导致了民营企业履行社会责任观念的淡化。只有通过深化改革和进一步完善社会主义市场经济体

制,构建统一开放、竞争有序的市场体系,才能打造充满活力、富有社会责任感的市场主体。

(二)民营企业承担社会责任的内部实现机制

民营企业承担社会责任的内部实现机制主要是指通过民营企业自身内部环境的各种构成因素,诸如企业经营管理者、经营管理方式、企业文化、员工等主要因素的协调作用,促进民营企业自觉地约束不当行为,承担社会责任。虽然这种内部实现机制不具有法律的强制性,但只要企业主体社会责任意识增强,外部环境的引导得当,加上法律、伦理和道德等各个层面的约束,我国的企业社会责任体系就能够建立,从而有效地推进我国企业社会责任事业的进步与发展。[1]

1.转变观念,增强企业承担社会责任的意识

目前,部分企业一直未理清一些模糊认识和错误观念。有的企业只看到社会责任行为给企业造成的社会成本负担,而没有看到企业和社会的相互依存关系,没有看到当企业很好地履行其社会责任时会赢得社会的巨大回报;有的企业则将社会责任视为企业可有可无的行为,以为企业承担社会责任就是利用业余时间为社会尽一些公益义务;还有的企业认为承担社会责任是大企业的事情,现在自己的企业还小,没到承担社会责任的时候。为此,企业管理人员一定要转变观念,充分认识到企业是社会的一分子,企业首先应该在法律、道德允许的前提下赚钱,赚合法正当的钱;其次,不管企业的规模大小、实力高低,企业在占有资源创造价值的同时,适度回报社会,既是社会发展的需要,也是企业自身发展的需要。可以预见的是,未来的企业只有具备高度的社会意识,只有自觉地承担自己必要的和更多的社会责任,才有可能给企业营造更大的生存和发展空间,从而实现长远、健康、持续的发展。

2.树立"以人为本"的经营理念,把承担企业社会责任纳入企业战略规划

"以人为本"的经营理念已经成为中西方企业管理的主导性理念,企业承担社会责任本身就是"以人为本"的体现。以人为本的企业强调本企业的产品对于人类的价值,关心职工的需要并视每个职工为有价值的人,尊重社会的要求并为社会造福。这种"以人为本"的管理理念增强了企业的整体凝聚力和向心力,成为一种长久的竞争力,最终决定企业的兴衰存亡。

企业在制定发展战略时,除了利润目标以外,要明确企业的社会责任,并及时根据企业的社会责任战略调整企业内部组织结构,作为工作计划落实到具体部门和人员。只有在战略上重视"以人为本",敢于承担社会责任,企业才不会迷失方向,裹足不前。

3.切实转变政府职能,为企业发展提供良好的外部环境

在现代市场经济条件下,政府的本质就是服务,政府与企业的关系是政府为企业提供服务、企业向政府纳税的双向制约关系。企业承担社会责任,为社会的发展尽自己的义务,政府也要主动为企业发展提供服务,营造良好的政策环境、市场环境、法制环境、政务环境和舆论环境。对于很多公共产品的供给来说,政府才是直接的责任者,企业的捐赠、慈善行为都只是有益的补充。但在有些领域,政府可能无暇或无力顾及,如果企业能承担社会责任,就能够很好地填补这一空白,保证社会的稳定与发展。只有建立政府与企业之间的良性互动机制,才能建立良好的政企关系,促进企业发展,更好地履行企业的社会责任,推动社会的可持续发展。

4.建立健全法律、法规体系,进一步规范企业社会责任行为

国家要重视企业社会责任法律法规的建设,这是构建和谐社会的题中应有之意,也是对企

---

〔1〕　易开刚.民营企业社会责任:内涵、机制与对策[J].经济理论与经济管理,2006(11):65—69.

业履行社会责任的法律要求。当前,我国已经出台了一系列涉及环境保护、安全生产、职工劳动保障、消费者权益以及市场经济秩序等方面的法律、法规和规章,企业必须按照这些要求规范企业行为。在企业普遍觉悟还不高,还需要法律规章约束企业行为的今天,健全法律法规,不失为规范企业社会责任行为的重要举措。当然,除法律法规等的强制性作用以外,充分发挥舆论媒体和消费者协会、工会等社会群体组织的作用,加强社会对企业承担社会责任的监督,也是必不可少的。加大对企业履行社会责任正面典型的报道,形成良好的舆论氛围,同时对不履行社会责任的行为加强舆论监督,加快形成企业积极承担社会责任的良好外部环境,对推进我国企业社会责任事业的发展有着相当重要的作用。

第四节　跨国公司在中国承担企业社会责任的表现与特点

改革开放三十多年来,随着中国从封闭半封闭到全方位开放,跨国公司正从外来经济因素演变为中国经济的组成部分,对中国经济社会各个方面的影响也日益加剧。在华跨国公司促进了中国工业化的发展,同时为中国民众带来了国际化的视野,提高了中国民众的生活质量,增强了他们的责任意识。但跨国公司在华的社会责任表现也有不尽如人意的地方,客观地、综合地分析和梳理跨国公司在中国的社会责任表现有助于政府制定政策,更好地规范和促进跨国公司在华的社会责任。

一、跨国公司在中国的社会责任表现

作为全球范围内企业社会责任运动的发起者和主要传播者,最初一些跨国公司在中国积极参与公益和慈善活动,率先发布企业社会责任报告并在教育、环保和扶贫等其他领域开展社会责任项目,树立了较好的形象,起到了将发达国家比较成熟的社会责任模式转移到中国的作用,推动了中国社会责任运动的发展和进步,中国公众对跨国公司在社会责任方面的表率作用也期许甚高。然而,跨国公司在社会责任方面仍有诸多不足的地方,比如环境污染、行贿逃税,特别是中国内外执行两种标准等又令国人对跨国公司的社会责任表现失望至极,甚至产生情绪上的反感。

纵观在华跨国公司负面的社会责任案例,主要的责任缺失问题集中在以下几点。[1]

1.垄断。近几年来,跨国公司对中国一些重要产业和品牌的占有率不断扩大,并渐成垄断之势。2004年国家工商总局《在华跨国公司限制竞争行动表现及对策》调查报告指出,在华跨国公司涉足七大垄断性行业:一是软件产业,微软公司的桌面操作系统软件市场占有率高达95%;二是感光材料行业,跨国公司占有率已高达85%以上;三是电脑行业,IBM和日本东芝公司的市场占有率分别为17.7%和15.2%;四是手机行业,到2002年,跨国公司占有率已达70%;五是照相机行业,佳能和索尼的市场占有率分别为24%和22%;六是轮胎行业,米其林和普林斯通跨国公司激烈争夺;七是软包装行业,利乐(瑞典)公司控制95%的无菌软包市场。此外,国外品牌在碳酸饮料市场占有率已超过90%;外资在化妆品市场占有率达到75%;外资

---

〔1〕　王漫天,隋丹.跨国公司在中国的社会责任调查[J].现代管理科学,2010(05):42—45.

在食品、医药行业占有率分别达到 30％和 40％；沃尔玛等外资企业控制了中国大型超市的 80％以上。根据《中国产业地图》提供的资料，中国每个已开放产业的前五名均由外资公司控制，在中国 28 个主要产业中，外资在 21 个产业中拥有多数资产控制权。

跨国公司凭借其技术优势和品牌优势，再利用中国政府为招商引资而给予的种种优惠的超国民待遇，排挤和淘汰了中国本土企业，对后来的跨国公司形成了较高的行业进入壁垒，并得以通过违反公平交易原则的手段、滥用市场优势地位限制竞争行为，将价格长期维持在高于完全竞争之上的水平以获得垄断利润。在跨国公司强大的垄断优势和在某些产业中的支配性地位面前，中国民族产业受到极大冲击，对中国经济的长期发展很不利。

2. 行贿。跨国公司采用行贿等不正当竞争手段以迅速占领市场的情况在其经营的世界各地都有出现。在中国这样一个世界上增速极快的新兴市场，跨国公司的行贿事件也是屡见不鲜。近年来跨国公司在华商业贿赂案一直呈上升趋势。

跨国公司的商业贿赂行为给中国市场经济的健康发展和招商引资良好环境的建设带来了伤害，不仅影响国内的经济环境，也损坏了中国的国际形象，扰乱了市场秩序，使得资源更加不合理地流向了跨国公司。

3. 逃避税收。在华经营的跨国公司一直存在有悖于正常商业逻辑的"长亏不倒"和"越亏损越投资"的现象，真正的原因在于随着经济全球化的发展，跨国公司在数量上有增无减的国际违法避税和逃税活动。

在中国，部分跨国公司也有严重的违反有关税收的偷税漏税现象。部分跨国公司运用转让定价和欺诈、隐瞒等非法手段，利用国际税收征管上的漏洞，使得税务机关难以掌握其真实的收入情况，从而达到逃避税务的目的。很多跨国公司账面亏损而实际并不亏损，其实就是假亏损真避税。例如，2004 年在中国的外国公司和外商投资公司的亏损面就高达 51％，其中很大部分是不合理的亏损。国家税务总局有关官员认为，超过 2/3 以上的外商投资企业亏损是为了避税而人为制造出来的。国家税务总局公布的数据显示，仅仅在 2005 年，跨国公司在中国避税额就高达 300 亿元。而 2006 年 1 月国家税务总局公布的数据表明，近年来，税务总局平均每年对 230 户跨国公司开展反避税调查，累计调整应纳税所得额二百多亿元，调整补税三十多亿元，弥补亏损 80 亿元。

在华跨国公司非法避税的行为，造成了跨国公司利润转移和中国国家税收收入的流失，扭曲市场竞争条件，给中国带来了巨大的损失和负面影响。

4. 环境污染。根据 1995 年进行的第三次全国工业普查的资料，全部"三资"工业企业和生产单位中，外商投资于污染密集型产业（Pollution-intensive Industries His）的企业共有 16998 家，工业总产值 4153 亿元，从业人数 295.5 万人，其中，投资于严重的污染密集产业（Most1utionintemive Industries）的企业有 7487 家，工业总产值 1984 亿元。从业人员 118.6 万人，占三资企业相应指标的 13％左右，占 PIIS 相应指标的 40％以上。这表明污染密集型产业，特别是严重的污染密集型产业是在华外商投资的重要产业。

在华跨国公司利用中国较低的环保标准，将大量环境污染型企业向中国转移，不但如此，部分在华跨国公司还存在环境违法行为。2006 年 6 月，中国公众与环境研究中心公布的 2004 年至 2006 年的环保违规企业名单中就包括 33 家跨国公司。2007 年，这份"污染名单"上跨国公司的数量就达到了 100 多家。

这些跨国公司将污染严重、资源耗费巨大的企业或生产环节转移到中国，破坏了中国的环境和生态,造成我国资源紧缺、环境污染,不利于我国经济的可持续发展。

5.双重标准。不论是从产品质量、技术标准、售后服务还是环保标准、社会责任标准,在华跨国公司实行其他国家和中国双重标准的现象屡见不鲜。

例如,肯德基只在中国有"苏丹红";葛兰索公司出品的治疗乙肝的药物贺普丁(拉米夫定)的中文说明中关于药品不良反应等警示语缺失;SK—II品牌在中国虚假宣传;格力高、麦德龙、雀巢、卡夫、联合利华等公司在他国承诺不使用转基因原料,但在中国却无此承诺;还有东芝笔记本电脑事件、三菱帕杰罗事件,更不用说进口汽车不论在产品质量上还是缺陷产品召回政策上的双重标准。例如在2005年初的"广本雅阁婚礼门事件"中,车祸后的黑色本田车竟然当场解体为两截,引起专家和民众的广泛质疑,也产生了"日本产品分级制度"的传闻:一流产品销国内,二流产品销欧美,三流产品销往发展中国家。在华跨国公司以歧视性心态执行双重标准伤害了中国消费者的感情,造成跨国公司的商业信任危机,使得跨国公司形象受损。

二、跨国公司履行企业社会责任存在的问题

跨国公司作为一种特殊的企业形式在中国需承担的社会责任,不仅具有理论上的研究意义,也是现实的需要,是由跨国公司在全球的独特地位决定的,是其增加自身声誉和凝聚力的需要,更是我国政府制定的标准和规则对其进行约束的结果。

跨国公司对我国的经济安全、消费者权益、劳工权益、环境保护以及公益事业等方面都有着不容推卸的特殊责任。然而,在我国,逃避社会责任的跨国公司比比皆是。目前我国缺乏健全的法律体系和监督机制,导致不能很好地规制跨国公司在我国需履行的企业社会责任。

(一)社会责任表面化

在承担社会责任的过程中,由于存在着买卖双方权利义务的不对等性,容易使所谓的"社会责任"表面化[1],甚至沦为跨国公司的公关手段。正如我们前面所说的那样,如今的跨国生产、经营,更多的是形成了"买方主导型的商品链"形式,这使得作为买方的品牌公司(或零售商)成为自身社会责任行为准则的制定者、推行者和得利者,而卖方公司(供应商)在订单的压力下则成为履行跨国公司社会责任的被动的成本承担者。因此,一方面,卖方公司缺乏执行责任标准的主动性和利益诱导;另一方面,买方公司在外界压力(如消费者)放松的情况下,可能会和卖方公司勾结,做一些执行社会责任标准的表面文章,而不采取具有实际意义的行动,从而使"社会责任"表面化,并成为搪塞消费者和国际社会的一种工具。

(二)缺乏有效的监督

目前,对跨国公司承担社会责任的监督机制主要体现在两个方面:一是发达国家的消费者和媒体通过对大型跨国公司的社会表现进行跟踪了解来实现监督,并通过消费者运动对其形成自觉承担社会责任的压力,但由于消费者群体的参与动机具有多元化和不稳定的特征,参与方式又具有自发性和流动性,这显然削弱了对跨国公司的影响效力,从而监督的效果也是有限的;二是跨国公司通常雇佣商业公司或非政府组织作为"社会认证师"来承担社会准则认证的功能,以实现对其外部的监督,但由于认证过程排斥了劳工组织和相关非政府组织的直接参与(即便有些准则允许让劳工团体和非政府组织参与监督,其作用的发挥也是非常有限的),"认

---

〔1〕　宋雅杰.跨国公司社会责任问题分析[J].云南财贸学院学报:社会科学版,2004(01):21—23.

证师"在认证过程中出于对自身利益的考虑又存在着违规操作或玩忽职守的可能。因此,当下外部监督机制的有效性值得怀疑。

三、跨国公司履行企业社会责任的建议与对策

为了规范跨国公司在东道国的生产经营行为,使其切实履行应当承担的社会责任,包括国际社会、跨国公司母国、东道国和跨国公司自身在内的各方都应该做出不懈的努力。[1]

(一)国际社会应进一步加强协作

1976 年,经济合作发展组织(OECD)制订的《跨国公司行为准则》是迄今为止唯一由政府签署并承诺执行的多边、综合性跨国公司行为规范,并于 2000 年进行了重新修订;1977 年,国际劳工组织、各国政府和企业三方通过了《关于跨国公司和社会政策原则三方宣言》,制订了国际劳工标准的基本框架;1980 年,联合国贸易与发展会议通过了《关于限制性商业活动的准则》;国际标准化组织于 1995 年建立了一套环境管理系统准则;1997 年 10 月,作为"国际社会责任"组织前身的美国"经济优先委员会认证署"制定的"社会责任 8000"(即 SA8000)成为全球第一个社会责任标准认证体系;联合国环境与发展大会则积极推动了有关环境原则的建立,促使各国政府签署了《里约宣言》和《京都议定书》;另外,世界自然保护同盟、绿色和平组织、沙利文原则等国际民间组织也都在促进国际环境法规、劳工标准和人权发展方面做出了各自的贡献。但同时应该看到,这些规则、运动还存在着许多不足之处,还缺乏对跨国公司社会责任行之有效的国际硬约束。因此,现在各种专门性国际组织的主要任务应该是,以发展为核心,以大量的谈判为手段,促使与跨国公司社会责任有关的诸多问题尽可能纳入到一个相关各方广泛参与讨论的框架中来,并形成一定的硬约束机制,只有这样,才能达成相关各方的共识,提高标准,实现对跨国公司社会责任的有效国际约束。

(二)跨国公司母国应做出努力

经济全球化的趋势使得各国之间的联系日益紧密,东道国经济的发展和实力的增强又增加了其参与谈判的能力,这使得通过母国政府来敦促跨国公司承担应负的社会责任成为可能。母国政府出于自身利益的考虑,在一定程度上会对跨国公司的行为,包括其应承担的社会责任进行约束。比如,当跨国公司的经营行为违背了母国政府根据政治、经济、军事等多种因素而制定的发展目标时,出于对维护与东道国战略关系或本国整体利益等方面的考虑,母国政府会对跨国公司的行为进行约束,迫使其调整自身的行为。而且,母国的消费者运动也会在一定程度上对跨国公司构成压力。从这个角度来看,通过母国政府和公众的努力来促使跨国公司履行其社会责任是可能的。

(三)跨国公司应注意约束自身的行为

跨国公司通过主动约束自我行为来承担应尽的社会责任是解决这一问题的关键。具体来说,应从以下几方面着手,来加强对自身行为的约束:第一,改善公司治理结构,导入由职工代表、消费者代表和用户代表参与决策的制度,以强化社会各方对公司行为的监督与约束;第二,委托基金会(如福特基金会、亚洲基金会等)、非政府组织和顾问公司,开展工人发展能力的综合项目研究,通过提高工人的发展能力,来推行他们的劳工权益和保护工作,以应对来自消费

---

〔1〕　宋雅杰.跨国公司社会责任问题分析[J].云南财贸学院学报:社会科学版,2004(01):21—23.

者运动、国际社会、东道国和自身商业化伦理道德的压力;第三,应建立起符合自身行业特点的企业社会责任内部审核制度,或者就有关问题发表专门报告(包括环境和社会报告),或者建立系统性的独立监督和审查程序,这将有助于跨国公司遵从法律或规制,并依从于各种"柔性"社会控制方式,从而更好地实现自身的发展;第四,东道国采取更为有力的措施原则和标准固然重要,但有效的执行更为重要。为改变跨国公司社会责任的"软约束"状况,切实维护自身利益,东道国一方应采取一些更为实际的行动,包括:第一,东道国政府应重新审视其外资政策,加强监督、环保、劳动等方面的立法,尽量详细地予以规定,并逐步与国际接轨,从而尽可能将属于社会责任范畴的内容纳入法律之中,同时加大执法力度,变"软约束"为"硬约束";第二,按国民待遇原则,东道国政府应建立企业社会责任审核制度,要求跨国公司制定其社会责任活动规划,并定期提交社会责任绩效报告,通过年度社会责任的审核,来监督跨国公司社会责任的实施情况;第三,要强化包括消费者、行业组织和社会舆论在内的社会监督,对跨国公司在本国从事的各项经营活动、他们已出台的有关社会责任方面的各项举措以及其破坏本国社会利益的行为进行监督、约束;第四,东道国政府要加强与国际相关组织(如全球工人与社区合作计划)和跨国公司的合作,通过一定的培训项目来提高本国劳动者的生产、生活技能以及社会和自我发展意识,从而使本国劳动者在整个跨国公司履行自身社会责任的过程中能够发出自己的声音,成为相关利益人中的积极能动者;第五,东道国政府应通过多种方式运用好干预职责,把跨国公司社会责任与合法经营联系起来;第六,东道国政府机构、社区和社团应密切加强与跨国公司的联系,在融洽的合作氛围下,形成良性的互动,增加跨国公司承担社会责任的机会和主动性。

总之,随着跨国公司在全球经济活动中的作用日益突出和在国际关系中的地位不断加强,有关跨国公司承担社会责任的问题也逐渐成为理论界研究的一个热点。解决这一问题,需要各国政府、相关国际组织、相关领域的专家学者和企业管理层的共同努力。而制定综合的全球性跨国公司行为规范,充分发挥母国、东道国政府的作用和加强跨国公司约束自我行为的自觉性将是比较可行的解决办法。

本 章 小 结

本章重点介绍了企业社会责任在我国的实践与特点,从国内企业社会责任的发展历程开始,分别介绍了国有企业、民营企业以及跨国公司的社会责任履行,分析了各类企业社会责任履行的现状、特点以及必然性,阐述了在社会责任履行中存在的问题,并提出了可行性建议。

国内企业社会责任的发展基本经历了三个阶段:一是企业社会责任的概念产生阶段;二是企业社会责任理念的全面辩论阶段;三是我国企业社会责任发展的新阶段,随着国家倡导科学发展观与建设和谐社会的战略推进,中国企业社会责任在法律环境、学术研究、企业社会责任实践和企业社会责任运动四个方面得到了提升。

我国国有企业承担社会责任有其自身的特点:包含更多的积极性责任;更多地着眼于非经济目标的实现,更侧重于提供就业岗位、调节收入分配、维护市场秩序等宏观非经济目标的实现;承担有限的社会责任。在具体实践中,国有企业往往出现以下问题:履行社会责任仅停留在一些公益慈善事业;国有企业承担社会责任的意识有待加强;国有企业承担社会责任表现出急功近利;国有企业履行社会责任缺乏相应的评估考核体系。为此,需要建设具有社会责任感的国有企业文化;建立相应的包括企业社会责任在内的评估考核体系;完善有关企业社会责任标准的法律、法规;建立健全对企业承担社会责任的监督机制。

我国民营企业在社会责任实践方面存在着认知与实践的误区,但是无论从道德资本理论角度看,还是从民营企业社会责任价值角度看,承担企业社会责任是民营企业的必要选择。为此,可以从内部机制和外部机制两个视角来探索民营企业社会责任实现的对策与路径。

随着经济全球化步伐的加快,跨国公司的企业社会责任行为也愈为社会所关注。在具体实践中,一些跨国公司存在以下问题:社会责任表面化;缺乏有效的监督。为此,国际社会应进一步加强协作,跨国公司母国也应做出努力,跨国公司应注意约束自身的行为。

思考题

1.我国企业社会责任的发展经历了哪几个阶段?

2.国有企业在承担社会责任方面存在着哪些问题? 解决这些问题的对策是什么?

3.民营企业在承担社会责任方面存在着哪些问题? 解决这些问题的对策是什么?

4.跨国企业在承担社会责任方面存在着哪些问题? 解决这些问题的对策是什么?

案例阅读与启示

中山华帝燃具股份有限公司的创业理念[1]

中山华帝燃具股份有限公司(以下简称"公司")是国内专注于厨卫产品研发、生产及销售的知名企业,致力于成为国内厨卫领导品牌之一。长期以来,公司秉承"诚信、责任、创新、共赢"的创业理念,在股东、债权人、职工、供应商、客户、消费者等利益相关方权益保护、环境保护、节能减排、社会公益等方面建立健全社会责任制度,积极履行社会责任,并得到了社会各界的肯定和支持。2009年,公司荣获中国青少年发展基金会"希望工程20年杰出公益伙伴""中华人民共和国第十一届运动会厨卫赞助商""中华人民共和国第十一届运动会火炬指定提供商""新加坡亚洲青少年运动会厨具赞助商""香港2009年东亚运动会燃气具独家供应商"称号,以及慧聪网、表面处理网联合颁发的"2008年度节能减排十佳企业"称号。

这是继2008年度首次发布社会责任报告之后,公司再次向社会各界阐述公司践行社会责任的情况以及进一步理解认识社会责任的过程,公司一直坚持以开放的心态与各利益相关方就各项问题进行深入探讨、合作,学习并借鉴优秀企业的先进做法。公司相信,一个致力于积极保护债权人和职工的合法权益、诚信对待供应商、客户和消费者、积极从事环境保护、社区建设等公益事业的企业,才是勇于承担社会责任、得到社会认同的企业,才能够持续发展。

一、股东和债权人权益保护

(一)股东权益保护

1.公司治理情况。公司按照《公司法》《证券法》《上市公司治理准则》《深圳证券交易所股

---

[1]　资料来源:根据"中山华帝燃具股份2009年度社会责任报告"整理.

票上市规则》等法律法规以及公司章程的要求,建立健全公司内部控制体系,持续完善股东大会、董事会、监事会三会运作程序,通过深入开展公司治理专项活动,进一步优化公司治理结构,增强公司董事、监事、高级管理人员勤勉履职意识,不断提升公司治理水平。

2.公司建立了规范的控股股东行为规范,公司人员独立、财务独立、机构独立、资产完整、业务独立,公司的独立性不存在受到控股股东影响的情形。控股股东依法行使权利及承担相应义务,不存在控股股东恶意使用控股权、损害公司及中小投资者利益以及占用公司资金的情形。

3.公司注重保护中小投资者利益,坚持法律面前股东平等的原则,公平对待所有股东,依法保障法律法规赋予的股东获取信息、参与重大决策、取得投资收益和选择管理者等各项合法权益。同时为便于中小投资者行使权利,公司在历次确定股东大会召开时间、地点方面均作综合考量,促使更多股东参加会议。

4.公司严格遵守公平信息披露原则,在进行信息披露时未发生选择性信息披露情形,所有投资者在获取上市公司未公开重大信息方面具有同等的权利。

5.公司严格依照法律法规关于上市公司利润分配的规定,制定并实施合理可行的利润分配方案,以切实回报股东。2008年度,鉴于公司经营业绩下滑并首次出现亏损,公司未实施利润分配。2009年度,以公司2009年度末总股本171,771,600股为基数,向全体股东每10股股份派现金股利1.5元(含税),合计派发现金股利25,765,740元。同时,以每10股股份送红股2股、转增1股的比例向全体股东转增股本。

6.公司严格按照《证券法》《上市公司投资者关系管理指引》等法律、法规、规章的要求,通过投资者专线电话、传真、电子邮件、投资者关系管理网络平台、巨潮资讯网等多种形式,保证公司信息披露渠道的畅通。

(二)债权人权益保护

1.公司为保障资产、资金安全、确保财务稳健,建立了涵盖财务管理、资产管理、资金管理、会计核算管理、票据管理、往来账务管理等在内的系统的财务内控管理体系。

2.在经营决策过程中,公司充分考虑债权人的合法权益,并根据债权人的实际需要,给予积极配合及支持。

二、职工权益保护

公司坚持"以人为本"的用人理念,通过持续建立、规范人力资源管理体系,创设合理的薪酬及激励机制,以吸引和留住优秀人才。公司严格遵守《劳动法》《劳动合同法》等法律法规的规定,通过各项规章制度,明确职工在劳动报酬、工作时间、休息休假、劳动安全卫生、保险福利、职工培训及劳动纪律等方面的权利和义务。

在员工利益保障方面,公司建立了系统的人力资源管理制度以及薪酬绩效体系,赋予员工平等就业权利,禁止因性别、种族、民族、宗教信仰、年龄等在聘用、报酬、培训机会、升迁、解职或退休等方面给予歧视或非公平待遇,并依法给予女职工特殊劳动保护。公司依法规范招聘及用人程序,通过签订公平、明确、真实、合法的劳动合同,规范公司与员工之间的权利义务,并严格遵照执行。公司提倡建立和谐的劳资关系,在发生劳动争议时,主张优先通过劳资双方协商的方式予以解决,在协商无法解决的情况下,保障员工应有的提请仲裁及诉讼的权利。同时,公司遵循按劳分配、同工同酬的原则,禁止克扣或者无故拖欠员工工资,通过不断完善薪酬绩效考核机制,致力于让每一名员工发挥自身专长、创造并提升自身价值。

公司建立并完善了职工代表大会制度,支持职工代表大会依法开展工作,通过定期召开相关会议,及时反馈职工意见,并将涉及员工重大利益的事项提交会议讨论,同时依法根据职工代表大会的选举结果聘任职工监事,以确保职工在公司治理中享有充分的权利。

在安全生产方面,2009年,公司设立了专门的安全生产委员会,负责统一协调与劳动生产相关的所有安全管理事项。目前公司依照法律法规的规定,建立了基本的劳动安全及卫生制度,依法保障职工权益。公司针对不同岗位需求,制定了系统的劳动操作规程,合理界定相关劳动标准及安全控制点,并通过定期或不定期的安全及健康培训,提高员工的安全生产意识和安全生产技能,在日常生产中,公司配备了相应的安全及卫生防护装备,以有效规避劳动生产中的安全及健康隐患。

在职业培训方面,公司建立了系统的人力资源培训体系,并按照国家规定提取和使用职业培训经费。公司倡导职业教育与通用教育相结合、内部教育与外部教育相结合的培训模式,一方面通过集中组织开展员工入职培训、职业素养培训、专业技能培训等,增强员工融入企业、贡献自我的意识。另一方面通过营造良好的学习氛围,鼓励员工依照自身需求,有针对性地开展MBA等后续教育,提升员工的职业层次。

案例讨论:

1.从企业社会责任的角度分析华帝股份的企业行为。

2.华帝股份的哪些行为可以为民营企业所学习借鉴?

第五章

企业社会责任与企业可持续发展

企业社会责任与企业可持续发展密切相关，企业社会责任是可持续发展的重要保证。

——编者语

▶ 本章学习目的

通过本章的学习，了解可持续发展观的产生背景，正确把握企业可持续发展观的内涵与影响因素；清晰掌握企业社会责任与企业可持续发展的作用机理；了解基于企业社会责任的新型发展观；正确识别企业可持续发展过程中的社会责任问题与误区，有效掌握解决问题的措施和方法。

▶ 本章学习重点

企业可持续发展观的内涵与影响因素；企业社会责任与企业可持续发展的作用机理；基于企业社会责任的新型发展观；企业可持续发展中的社会责任问题与对策。

企业可持续发展是企业履行社会责任的重要目标，也是企业社会责任的本质所在。中国已经迈入以转型升级、改善民生和科学发展为主要特征的"十二五"战略机遇期，从国家到地方、从政府到社会、从组织到个人，都面临着理念变革和行为实践的挑战和考验。作为创造价值和推进社会发展的企业而言，走"承担社会责任与实现企业价值互动共赢、平衡发展"的新型发展道路，是企业层面践行科学发展观，实现可持续发展的首要选择。因此，理清企业社会责任与企业可持续发展之间的关系，识别可持续发展过程中的企业社会责任问题，提出解决问题的对策与方法，对提升企业竞争力、促进可持续发展十分重要。

第一节　企业可持续发展概要

一、可持续发展观的产生背景

可持续发展是全人类共同关注的主题，是世界各国共同强调的发展战略。可持续发展观的提出最初旨在倡导保护自然环境、节约资源、建立循环利用型社会，其核心关注点局限于生态环境问题。随着全球化的不断深入和经济社会的不断发展,可持续发展观的内涵衍生出了贫富分化、公平正义等社会问题,也涵盖了金融危机、贸易壁垒等经济问题。与此相对,可持续发展观具备了生态可持续、经济可持续、社会可持续这三个关键要素。明确可持续发展观的产生背景是深入理解企业可持续发展观的前提和基础。

(一)可持续发展观的提出

可持续发展观是一种进步、发展的思维,其形成与完善经历了一个漫长的过程。这种思想可以追溯到远古时代,早在黄帝时期就有了保护野生动物和森林资源的思想,《商君·画策》中记载,"昔昊英之世,以伐木杀兽,人民少而木、兽多。黄帝之世,不卵,官无供备之民,死不得用椁。"黄帝要求人们不杀幼鹿、取鸟蛋,以利禽兽繁衍,规定官员死后不得用棺,以节约木材。[1]《逸周书·大聚篇》中提到了夏朝的自然保护禁令,"禹之禁,春三月,山林不登斧,以成草木之长"。[2]《国语·周语》中阐述了西周有关自然环境与国家兴亡联系的思想,"水土无所演,民乏财用,不亡待何!"[3]春秋战国时期,随着生产技术的发展与社会变革,思想活跃、百家争鸣,环境保护与生态伦理的观念得到了很大发展,如孔子的生态伦理观——《礼记·祭义》书"伐一木、杀一兽,不以其时,非孝也",倡导人们爱护万物,根据时令利用生物资源;孟子的永续经营森林思想——《孟子·梁惠王》书:"斧斤以时入山林,林木不可胜用也。谷与鱼鳖不可胜食,林木不可胜用,是使民养生丧死无憾也。养生丧死无憾,王道之始也。"[4]此外,管子的人与自然关系论、荀子的自然规律论都体现了爱护生态环境、合理利用资源的朴素可持续发展思想。在农耕社会,虽然可持续发展观的出发点是维护君王统治,但这种关注生态、关注自然的理念仍具有前瞻性与预见性。

随着人类文明的不断进步,进入20世纪后,不断有科学家展开对可持续发展的相关研究。1972年,联合国人类环境研讨会上首次提出了可持续发展的概念,此次会议对可持续发展观念的形成与讨论起到了历史性的推动作用。1980年,国际自然保护同盟发表了《世界自然资源保护大纲》的报告,着重分析了生态、社会与经济发展之间的关系,并将"可持续发展"作为一个科学术语提出。1981年,美国学者Lester R. Brown发表了《建设一个可持续发展的社会》一文,提出了以控制人口增长、保护资源基础和开发再生能源来实现可持续发展的观点。1987年,世界环境与发展委员会也发表了《我们共同的未来》的报告,并将可持续发展定义为"既能满足当代人的需要,又不对后代人满足其需要的能力构成危害的发展"。1992年,联合国在里约热内卢召开首届可持续发展世界首脑会议,通过了以可持续发展为核心的《里约环境与发展宣言》《21世纪议程》等重要文件。随后,我国政府编制了《中国21世纪人口、资源、环境与发展白皮书》,首次将可持续发展战略纳入我国经济和社会发展的长远规划。1997年,中共"十五大"把可持续发展战略确定为我国"现代化建设中必须实施的战略"。2002年,第二届联合国可持续发展世界首脑会议召开,回顾了《21世纪议程》的执行情况、取得的进展与存在的问题,并制定了一项新的可持续发展行动计划。2005年,联合国可持续发展委员会在我国江西南昌召开第14次会议,围绕经济社会可持续发展、环境保护、人与自然和谐共处等议题,从深

〔1〕 陈登林,马建章.中国自然保护史纲[M].哈尔滨:东北林业大学出版社,1991:68—69.

〔2〕 江泽慧.中国现代林业[M].北京:中国林业出版社,2000:121—122.

〔3〕 周晓峰.中国森林与生态环境[M].北京:中国林业出版社,1999:108—109.

〔4〕 冷清波,徐小荣.中国古代的林业可持续发展观及其启示[J].世界林业研究,2004(04):54—56.

层次探讨了可持续发展的战略与政策问题。自 20 世纪 70 年代以来,在联合国指导下,世界各国对可持续发展进行了坚持不懈的理论研究与实践探索,正是在理论与实践的互动过程中形成了全新的发展观——可持续发展观。

(二)可持续发展观的界定

1987 年,世界环境与发展委员会将可持续发展定义为"既能满足当代人的需要,又不对后代人满足其需要的能力构成危害的发展"。该界定以全方位视角对可持续发展进行了综合的、广泛的概括。1992 年,这一概念在联合国环境与发展大会上达成共识,成为目前为社会各界广泛接受与认可的定义。

此外,由于可持续发展涉及自然、环境、社会、经济、科技等诸多方面,研究者又从不同视角对可持续发展做出了相关界定。其中,较有代表性的观点有:从自然属性看,可持续发展是"保护和加强环境系统的生产和更新能力";从社会属性看,可持续发展可定义为"在不超出维持生态系统承受能力的情况下,改善人类的生活品质";从经济属性看,可持续发展是"在保证自然资源的质量及其所提供服务的前提下,使经济发展的净利益增加到最大限度";从科技属性看,可持续发展可定义为"采用更清洁、更有效的技术和工艺方法,尽可能地接近'零排放',尽可能地减少能源和其他自然资源的消耗"。

无论是综合性定义还是侧重性定义,可持续发展观念始终以承担环境、经济、社会责任为基础,这一发展理念包含了"生态—经济—社会"系统的内在联系和要求。[1] 生态可持续是基础,经济可持续是条件,社会可持续是目的,三者之间相互联系、相互促进。本书认为,可持续发展观的核心思想体现为三个基本要点:一是可持续发展以保护环境、维护生态为基础,把资源的有效、合理、持续利用作为发展过程中的重要环节;二是可持续发展重视经济的高质量增长,转变高消耗、高污染的经济增长方式,发展循环经济,实现清洁生产与文明消费;三是可持续发展与社会进步相适应,改善人类生活质量,提高人类健康水平,为全社会创造一个良好的生活环境。

二、企业可持续发展的内涵

企业可持续发展观是对可持续发展观从企业层面的延伸与理解,因此,该理念既涵盖了可持续发展观的本质内涵,从环境、经济、社会等视角注重企业的可持续性成长,又体现了企业生产、运营、管理、财务等各个环节的特点与要求。本书认为,对企业可持续发展内涵的理解可以从目的和手段两个角度展开。

(一)目的视角的企业可持续发展观

企业可持续发展是指企业在追求生存与发展的过程中,既要考虑实现企业的经营目标、提高企业的市场地位,又要保证企业在已领先的竞争领域和未来的扩展经营环境中始终保持持续的盈利增长和能力的提高,保证企业在相当长的时间内其整体实力不断增强。[2] 对这一概念的理解可以从以下三个方面进行深化。

1.企业可持续发展的目的是发展

〔1〕 匡海波,买生,张旭.企业社会责任[M].北京:清华大学出版社,2010:219—220.

〔2〕 黎友焕.企业社会责任理论[M].广州:华南理工大学出版社,2010:195—196.

企业生命周期缩短始终是困扰国内大部分企业的噩梦与困境,生存和发展成为企业的首要考虑问题。在哲学定义里,发展可理解为事物由小到大、由简单到复杂、由低级到高级的变化,它不仅表现为量的增加,更表现为质的提高。从该层面上理解,企业可持续发展不仅强调企业经营资源单纯量的增加,如资产的增值、销售额的增加、盈利的提高、人员的增多、固定资产的增加等,也表现为企业经营资源性质的合理变化、结构的有效重构,还可表现为企业创新能力的增强、环境适应能力的提升以及企业总价值的提高。

2.企业可持续发展的核心是可持续

可持续发展是一种注重长远发展的经济增长模式,其中,"可持续"可理解为企业内部支持发展的各种要素在较长的时间内是可接替、可继承的,即潜力巨大、后劲十足。从这个角度看,一个企业如果缺乏良好的发展根基,例如缺少资金流、信息流和物流的有效补充,缺少内部运营、管理、人力资源、营销、财务的有效支持,虽然在短时间内迅速扩张,但由于超越了正常的发展速度,往往会动摇健康成长的基础,缺少了潜力与后劲,最终反而难逃短命的厄运。因此,企业发展最重要的还是要具备长期、有效、健康的成长过程。

3.企业可持续发展的前提是保持竞争优势

激烈的市场竞争既是企业面对的客观环境,又是企业获得优势的外在动力。身处激烈竞争中的企业,只有在与竞争对手的较量中显现、确立并维持强劲的竞争优势,才能持续地生产与发展。企业要保持综合实力的不断提高,不仅要明确自身的愿景使命和长期的发展战略,更要注重企业发展与社会发展、资源利用、环境保护的协调一致。也就是说,企业可持续发展的核心问题是从单一追求经济效益,到以追求社会效益、解决资源的合理利用、积极承担社会责任等多样化追求的统一和均衡,以此促进企业的永续发展。

(二)手段视角的企业可持续发展观

企业可持续发展可以描述为"一种超越企业增长不足或增长过度,超越资源和环保约束,超越产品生命周期的企业生存状态,这种生存状态通过不断创新、不断提高满足市场需求的能力、不断追求企业的可持续增长而达到"。[1] 对这一概念的理解可以从以下三个方面进行深化。

1.与环境保护的关系

从与环境保护的关系看,企业可持续发展通过社会对环境保护的要求,消费者对绿色环保产品的需要,以及消费者环保意识的增强来超越环保约束。在人类生存环境遭遇越来越严重破坏的背景下,环境保护要求企业在生产经营过程中进行污染防治、明确产品责任、发展清洁技术,这些要求无疑都会推动企业朝着可持续发展的方向前进。

2.与资源利用的关系

从与资源利用的关系看,企业可持续发展是企业如何合理节约、利用和发展资源的一个重要问题。科学技术的发展使得资源概念产生了一定变化,核心竞争力成为资源的代名词。有效的公司战略需要"不断投资以保持和维护有价值的资源"或者"对资源进行升级"。因此,只有对资源抱有辩证的态度且能够妥善处理的企业才能够实现可持续发展。

3.与产品生命周期的关系

〔1〕 匡海波,买生,张旭.企业社会责任[M].北京:清华大学出版社,2010:220—221.

从与产品生命周期的关系看,企业可持续发展是企业通过创新使其生命长度超越产品的生命周期。如果一个企业一成不变地生产某种产品,该企业会由于产品的周期性需求变化而呈现出周期性特征,即出现成长、成熟、老化和死亡的阶段性变化。但是,企业可以通过掌握的资源进行不断创新来避免企业的周期性变化,创新是一项赋予人力和物质资源以更好地创造财富的任务,其结果是使企业的整体寿命延长,从而实现可持续发展。

三、企业可持续发展的影响因素

实现企业的可持续发展受到来自企业内部与外部,社会各主体包括政府、媒体、消费者、社区等要素的多重影响。国内外学者针对企业可持续发展的影响因素展开了不同视角的研究与分析,本书对具有代表性的研究成果进行了相关总结,详见表5-1。

表 5-1　企业可持续发展的影响因素研究

年份	学者	影响因素
1999	周文仓	战略资产(有形资产、无形资产、管理资产、智力资产)
2000	刘帮成	企业经营理念、企业经营制度、企业文化、企业客观条件
2001	张怡	交易费用、企业产品、管理创新、人力资源
2002	赵伟	市场需求、资源、人力资源、物质技术、经济实力、创新能力、环境保护、经营管理、社会环境
2008	麦静文	核心竞争力、创新和控制的统一、品牌战略、新的主导业务领域、企业与社会环境的统一

资料来源:根据文献资料整理获得

从表5-1可以发现,研究者对影响因素的认识虽各有侧重,但是其主要观点可以归纳为两类:一是基于企业内部因素与外部因素角度的研究。例如一些学者分析了企业内部的企业经营理念、经营制度、企业文化、人力资源、产品技术、创新能力等,也分析了企业外部的市场需求、环境保护、社会环境等要素;二是基于社会主体角度的研究。例如一些学者提到了政府部门的税收优惠政策、产品质量监督、金融货币政策等要素,以及人口、资源、环境等社会性要素,还包括管理创新、技术进步、企业形象等企业自身要素。企业可持续发展影响因素的分析应该根据不同企业的具体情境展开针对性的、有效的研究,以趋利避害,尽可能地减少障碍性因素对企业健康成长的影响。

第二节　企业社会责任与企业可持续发展的作用机理

在现代经济社会中,社会是企业的依托,企业是社会的细胞。企业在社会经济发展中的地位和作用日益增强,企业能否履行社会责任,关系到企业和整个社会的可持续发展,企业社会责任成为构建企业与社会和谐关系的一种基本理念。在经济全球化和市场竞争日益加剧的形势下,如何厘清企业社会责任与企业可持续发展的关系,明确企业社会责任与企业可持续发展的作用机理,是每个企业都必须深思的重大问题。

一、承担社会责任促进可持续发展的机理

企业社会责任是构成可持续发展的重要领域,它在一定程度上弥补了政府干预和市场调节的不足,是推动经济可持续发展的新力量。企业社会责任的履行与企业实现可持续发展是紧密联系的,企业只有承担应有的社会责任,才能实现可持续发展。企业只有可持续发展,才能实现企业和社会的双赢。两者之间的互动作用机理主要体现为四个方面的转换,如图 5-1 所示。

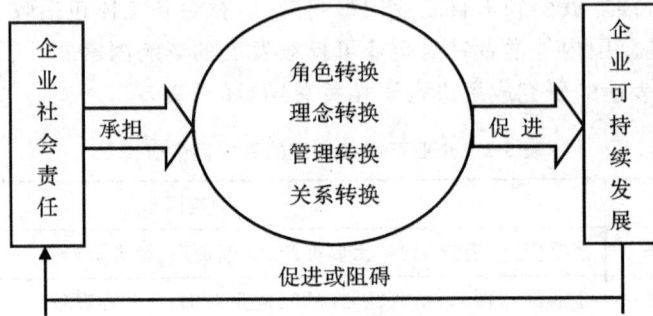

图 5-1　企业社会责任与企业可持续发展的关系示意图

(一)角色转换——由"经济组织"转向"复合型组织"

随着企业目标由利润最大化转为价值最大化,企业在经济社会中扮演的角色趋于综合化、复合化。传统的"经济组织"角色强调企业要追求利润、关注收益,这是企业生存和发展的基础。然而随着新的社会发展阶段的到来,企业作为"社会型组织"角色的重要性不断凸显。企业是社会的基本单元之一,作为"社会型组织",企业必须将自身融入社会中,自觉承担经济责任、社会责任与环境责任,发挥好作为"社会型组织"的作用,以更好地实现经济目标。由"经济组织"到"社会型组织"角色的转换,是企业基于可持续发展目标的具体体现,是连接企业社会责任与企业可持续发展目标的角色联系。

(二)理念转换——由"成本增加"转向"绩效改善"

传统经济学观点认为,企业承担社会责任会在一定程度上加重企业负担、影响企业的经济效益。由于对企业社会责任的薄弱认知以及出于企业运营成本的考虑,企业对承担社会责任一般都抱着消极回避的态度。但是,从企业长远发展来看,企业承担社会责任与企业的经济绩效呈正相关关系。企业承担社会责任、接受社会责任审核,的确会在一定时期和范围内增加企业的成本。但是通过遵循企业社会责任标准,规范企业的生产经营与管理,重新设计企业的流程与机制,能使企业获得更为理想和持续的经济效益。国内外的众多实践也表明,企业进行良好的社会责任管理,不仅可以获得良好的社会效益,而且可以获得长远的商业利益,这一点应该引起国内企业的重视。

(三)管理转换——由"物本管理"转向"人本管理"

企业承担社会责任是落实"以人为本"发展观念的重要手段。在企业可持续发展理念中,要求企业将管理理念由"以物为中心"转向"以人为中心"。在企业经营管理活动中,人是管理活动的主体,也是管理活动的客体。企业通过组织结构的设计、管理幅度的划分、职责的明确

与职权的授予,将企业管理活动"活性化",并明确高层、中层和基层管理人员在企业中的具体定位,使其在一致的企业愿景下协调一致、通力合作,促进企业内部物流、资金流、信息流的顺畅流动。而企业社会责任标准把人本管理、商业道德和精神文明等指标化,使关心人、理解人、尊重人、保护人有了可操作衡量的具体量化标准。[1] 企业在社会责任实践中能够"以人文本",更为关注企业内部员工的力量,在"权责利一致化"的原则下,发挥各层级人员的主观能动性,促进企业承担社会责任的"人性化"与企业可持续发展的"生动化"。

（四）关系转换——由对立转向统一

推行企业社会责任运动可推动企业的可持续发展,两者之间是统一而非对立的关系。企业可持续发展、企业创新的具体落实,首先在于企业的战略目标上,其次在于环境的应变性上,其三表现在竞争的优势性上。[2] 事实上,企业承担社会责任是在日趋激烈的市场环境下企业获得竞争力的可行方法。通过将企业社会责任提升到战略高度,在企业的价值链各环节融入企业社会责任管理的理念与方法,企业能整合内外部可用资源,适应动态变化的宏观环境,从而确保企业可持续发展进程中的安全性。

由此可见,企业社会责任治理与企业可持续发展之间通过角色、理念、管理、关系的转换产生了有机的联系。无论是企业的社会责任治理,还是企业的可持续发展,两者都重视利益相关者的利益、以人为本、生态环境保护和与社会的和谐。企业社会责任是企业可持续发展的一种道德承诺,而企业可持续发展是企业社会责任追求的愿景。推行企业社会责任治理是推动企业可持续发展最有效的手段和路径,有利于企业树立正确的企业发展战略,高效开展企业运营,处理好与利益相关者的关系,并以此提升企业的创新动力和创新能力,从而最终能提升企业的长期盈利能力和可持续发展能力。

二、企业社会责任与企业可持续发展的关系

承担企业社会责任与促进企业可持续发展两者之间存在相互促进、相互制约的辩证关系。企业社会责任在内容上完全融合于企业的可持续发展,是企业可持续发展的内在规定;而企业社会责任又是企业可持续发展的伦理指向和道德内容。[3] 企业社会责任既构成了企业生存、发展的伦理要素,又与生产要素一起推动着企业的可持续发展。

企业社会责任主要体现在企业追求利润最大化(Profit)的同时,坚持"以人为本"(People)、注重生态环境保护(Planet)和社会公益事业。企业社会责任与企业可持续发展间的关系可用图 5-2 表示。

---

〔1〕　张向前.和谐社会企业社会责任管理研究[J].经济界,2005(06):11—13.

〔2〕　兰芳.社会责任运动促进企业可持续发展的机理与对策研究[J].武汉金融,2010(04):27—29.

〔3〕　黎友焕.企业社会责任理论[M].广州:华南理工大学出版社,2010:198—199.

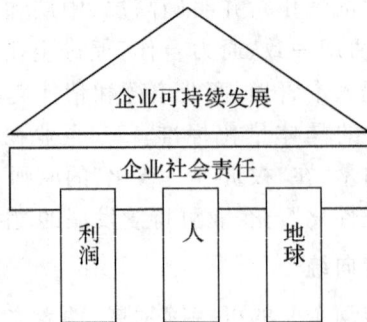

图 5-2　企业社会责任与企业可持续发展的关系示意

资料来源：Erasmus University, Wempe & Kaptein.

(一)企业社会责任对企业可持续发展的推动作用

1. 营造良好的内外部环境

企业作为一个经济组织，其利润的创造是由利益相关者共同完成的。企业要获得可持续发展，必须迎合利益相关者合理合法的需要和期望。[1] 企业社会责任的客体主要是企业的利益相关者，如果企业尽到了对利益相关者的社会责任，将有利于企业的可持续发展。

一是对投资者的社会责任。投资者是企业生存发展的坚实基础，是保持企业正常运作的资金来源。为投资者提供稳定、高额的利润回报，保持企业资产的保值、增值，有利于提高投资者的投资积极性。在目前市场经济条件下，普通股民和投资者也走向了前台，在推动企业社会责任运动走向自觉的过程中扮演了极为重要的角色。他们通过把钱投资于具有社会责任的企业来鼓励公司进行"社会责任投资"，从而有利于企业的稳定和可持续发展。

二是对消费者的社会责任。消费者始终是企业利润的源泉，是企业可持续发展的基础力量。为消费者提供高质量、安全健康的产品与服务，将顾客满意作为企业产品销售的最高目标和价值追求，做好企业客户关系管理，有利于提高消费者对企业、对品牌、对产品的忠诚度，并与消费者保持良好、持续的互动合作关系，从而利于实现企业的经济效益与社会效益。

三是对员工的社会责任。员工是企业可持续发展的中坚力量，严格执行劳动法律、法规，保障员工的人身财产安全，做好员工的福利、培训等工作，是企业健康发展的基础。企业履行社会责任的活动，有助于提升员工的士气和劳动生产率，促进员工的团队精神，改善劳资关系，减少企业的边际成本，利于提升企业产品与服务的竞争力，利于社会的和谐稳定。

四是对政府的责任。政府是影响企业生存与发展的重要因素，政府的政策导向在很大程度上影响了企业的战略方向和业务选择。企业合法经营、按时纳税，积极履行政府的各项政策和义务，既可免受政府部门的惩罚与干预，又可获得一定程度的政府倾向与支持，有利于企业的可持续发展。此外，企业的长期自我利益是通过充满活力的社会责任来实现的，履行社会责任是一种减少或避免公众批评的方法，这种公众批评往往会导致政府的干预。

五是对社会的责任。社会嵌入理论主张企业将自身的经济活动嵌入社会关系中，通过与社会各主体的互动联系，来实现企业的经济目的。企业积极参与社会公益事业，做好慈善捐助

---

〔1〕 李培林.论企业社会责任与企业可持续发展[J].现代财经,2006(10):11—15.

和公益营销,有利于提高企业的声誉,树立企业的良好形象。只有担负社会责任的企业,才能在消费者和公众心目中留下良好的印象,增加产品与服务的附加值,从而利于企业产品的销售和财务绩效的提高。

六是对环境的责任。实行绿色生产和绿色营销是现代企业转变经济发展方式的重要方式,是迎合消费者需求,承担环境责任的重要手段,也是企业实现可持续发展的重要途径。企业维护生态环境,开发环保产品,尽可能地降低和减少污染,积极研发新产品、新技术、新工艺,实行清洁生产、提高效率、降低能耗、节约原材料、降低成本,以形成企业的竞争优势。

2.提升企业的社会形象和声誉

企业的社会形象与声誉是社会公众对企业活动社会影响方面的评价。其影响因素主要来自两个方面:一是企业如何处理自身利益和社会利益之间的关系;二是社会对企业的期望值。良好的社会形象是社会给予企业的最高肯定,也是企业最可贵的无形财富。推行企业社会责任有利于树立良好的企业形象,向社会展示企业的使命感和责任感,有助于赢得广大消费者和投资者的认同,并最终给企业带来长期的、潜在的利益。

欧美国家的一项调查结果表明:"70%以上消费者认为公司对社会责任承诺是他们购买产品或服务时考虑的一个重要因素;50%以上消费者表示他们会对没有社会责任感的公司采取负面行动,包括自己不购买或告诉亲友不购买这种产品。"[1]David Wheeler 和 Maria Sillan-paa(2002)的研究也发现,在英国和美国,20 世纪大部分时间里,实行利益相关者纳入、考虑社会利益的企业在经营绩效上要比奉行"股东至上主义"的企业更胜一筹。[2] 我国的一些上市公司例如中国电网、海尔、阿里巴巴等也因为重视企业社会责任而使业绩蒸蒸日上。

3.吸引和留住优秀人才

在知识经济时代,人才成为企业最重要和最稀缺的资源,企业之间的竞争主要是人才的竞争。企业自身发展的内在动力主要来自三个方面:一是源于企业对先进科学技术的掌握和运用,二是源于企业的经营管理水平,三是源于员工的劳动积极性。在新的现实条件下,形成企业管理者和劳动者之间的共识,是企业激励机制得以建立和运行的基础。而企业履行社会责任,将一种新的平等关系赋予管理者和劳动者,明确规定员工在企业中的地位和权利,规定企业应该提供的经济支持和工作条件。具有社会责任感的企业往往有较高的知名度,会在公众心目中留下深刻的印象,在人才招聘时,更容易招募和留住优秀的人才,由此使得企业能节省招聘、培训及管理费用,降低企业运营成本。

(二)企业社会责任对企业可持续发展的制约作用

1.未承担对员工的责任

企业在经营过程中,若出现如强迫劳动、侮辱、殴打、体罚员工、使用童工等侵犯员工合法权益的违法行为时,会遭到员工的不满和反抗,影响员工的工作积极性,进而影响劳动生产率;若违法侵权行为情节轻微,企业将受到行政机关的罚款,增加企业运营的成本;若侵权行为情节严重,行为人和单位均将受到国家法律的制裁,单位有可能被依法吊销营业执照,企业将无法继续生存。

---

〔1〕 杨继瑞.企业的社会责任与我国企业的自觉需要[J].经济管理,2004(18):14—17.

〔2〕 大卫威勒,玛丽娅.利益相关者公司——利益相关者价值最大化之蓝图[M].张丽华,译.北京:经济管理出版社,2002:89.

2.未承担对消费者的责任

企业若没有尽到为顾客提供高质量的产品和服务的社会责任,如对顾客进行欺诈或提供质次价高的产品和服务,顾客将不再购买该企业的产品或接受其服务;若顾客的合法权益受到侵犯,部分顾客将以法律为武器,通过司法渠道维护自身的合法权益;部分顾客可能呼吁人大代表建议进行有关方面的立法,对企业的不良行为进行法律规制,届时将会增加企业经营成本,减少企业的利润,不良企业将无法继续生存。

3.未承担对股东的责任

企业若没有尽到对投资者的责任,投资者很可能会"用脚投票",即卖掉手中的股票,进而导致企业市场价值的下降,企业将会陷入经营困境或无法继续生存。企业若未能按时分配红利,未向股东及时公开公司经营业绩,未能保持企业健康的发展,未获得可观的收益,将在一定程度上影响股东对企业的信心,影响企业的资金投入以及企业的市场影响力,企业的可持续发展将受到阻碍。

企业的可持续发展涉及经济学、社会学、法学、管理学、伦理学等诸多学科方面的内容,是企业内外部资源和环境共同作用的结果。企业社会责任是现代企业赢得竞争优势和获得可持续发展的源泉之一,它是影响企业可持续发展的重要变量,但不是唯一因素。企业若不承担社会责任,也许能够获得暂时的盈利和一时的发展,但不可能获得可持续性发展。企业是社会的细胞,应主动承担社会责任。只有"取之于社会,用之于社会"的企业,才能使自身发展与社会发展形成良性互动,从而共同实现企业自身与社会的可持续发展。

第三节 基于企业社会责任的新型发展观

企业的可持续发展目标要求企业承担相应的社会责任,而企业社会责任的认知与落实又在一定程度上改变了企业的发展观念。企业承担社会责任是企业可持续发展与社会、经济、生态可持续发展相统一的关键。企业社会责任建设的提出,预示着企业经济活动的行为和方式将发生重大改变。传统的企业成长发展观念在社会责任的引导下,在企业的首要目标、增长方式、利润观念、与资源的关系、产品成本优势来源、发展要素及收益趋势等方面产生了重大改变。[1]

一、在首要目标上,由求生存到求发展

生存与发展是企业成长道路上不同阶段的目标,对现代企业而言,激烈的市场竞争环境和复杂的企业运作机制使得企业生存与发展的压力不断增大。在传统经济条件下,市场相对封闭,竞争相对较弱,企业与环境、社会的互动程度还不十分强烈,企业的生存很大程度上取决于企业自身的战略方向与资源整合能力。周边企业在短期内不会威胁到自己的生存,企业不发展也有生存的可能,因此企业可以先求生存再图发展。然而,在现代社会竞争白热化、规则理性化、制度规范化和程序公正化的社会新环境中,企业除了应对市场的全方位竞争之外,还要

[1] 黎友焕.企业社会责任理论[M].广州:华南理工大学出版社,2010:201—203.

恰当地处理企业生存与发展所涉及的社会责任,企业在起始阶段就要高瞻远瞩,超越生存目标,立足于发展的战略高度。如果再按"先生存,再发展"的演进逻辑进行经营管理,企业不仅不能获得可持续发展,连基本的生存目标也会落空。

二、在增长方式上,由粗放型增长到集约型增长

在"十二五"发展新时期,转变经济发展方式是从国家到企业各个层面需要践行的新型战略目标。作为社会的重要支撑力量,在企业层面转变发展方式,由粗放型增长方式转向集约型增长方式是企业实现可持续发展的必由之路。在粗放型增长方式下,企业偏重量的成长,以低成本、低价格、低附加值赢取市场优势。这种粗放的经营模式,存在着高投入、高消耗、高污染、低产出的问题,严重忽略了企业质的发展。以牺牲环境和忽略人力资本为代价的传统发展模式必须转向以数量增长、质量效益、生态平衡、劳动保护、人文关怀等相协调的可持续发展模式。集约型增长方式通过提高企业的生产效率来谋求企业的发展,节约有限的社会资源,保证经济的持续、稳定发展。

三、在企业效益上,由单纯追求经济效益到经济效益与社会效益相统一

经济、社会、环境的巨大变化,使企业社会公民的角色更加显著,企业不仅是地区经济与社会的基本成员,更是可以直接贡献或破坏自己生存发展环境的重要角色。因此,企业不仅要追求"利润最大化",还要为创造实现"利润最大化"的经济、社会和资源环境而努力。促进就业、带动区域经济发展、保护资源环境、改善维护职工权益、做好社会公益事业,被有远见的企业视为企业发展的新机遇。在可持续发展的理念中,企业仅以追求利润最大化作为终极目标显得过于狭隘和自私,而承担一定的社会责任是可持续发展公平原则的具体体现。企业在创造利润对股东利益负责的同时,还要承担对员工、消费者、社区和环境的社会责任,包括遵守商业道德、生产安全、职业健康、保护劳动者的合法权益、保护环境等。

四、在成本优势上,由压低工资到管理创新

被誉为"竞争战略之父"的 Micheal. E. Poter(1990)指出:"竞争力与廉价劳动力之间并无必然联系。产业竞争中,生产要素非但不再扮演决定性的角色,其价值也在快速消退中。"[1]由此可见,在现代市场竞争环境中,单纯依靠低工资的劳动力以降低成本参与市场竞争显得越来越困难。此外,随着世界社会责任运动的不断壮大,通过压低劳动力工资来降低产品价格的做法越来越受到发达国家消费者的抵制。单一依靠廉价劳工优势来生产和扩大出口已不能为企业带来竞争优势,企业的低成本优势应该建立在高新技术和科学管理上。企业社会责任管理全面改变了企业传统的成本管理战略,从过去更多地依靠降低劳动力成本到企业更多地思考员工的生产效率,重新设计制造成本和改造生产经营流程,将社会责任管理的思想应用到管理体系中。

五、在发展要素上,由有形资本到无形资本

资源基础理论强调企业的竞争优势源于企业的核心资源,而核心资源具备异质性、不可模

---

〔1〕　Micheal. E. Poter. Competitive Advantage of Nations[M]. New York：Free Press,1990.

仿性、不可替代性等特征。这就使得企业竞争制胜的关键不再取决于厂房、设备等实物资源，而更多地依靠技术、人力资本、品牌价值、社会美誉度等无形资源。一个可持续发展的企业必定是异质性程度比较高的企业，这种异质性主要源于无形资产。据权威资产评估机构调查估计，企业无形资产的价值可以是有形资产的 4—5 倍。企业社会责任管理能够提升企业的社会形象、激发员工的创造潜能、增加客户的满意程度、协调社会关系，从而给企业带来丰厚的无形资源价值。此外，企业社会责任还是一种时空要素兼备的多维无形资源。[1] 在时间上，企业社会责任是既能把握企业的今天又可控制企业未来的资产；在空间上，企业社会责任的相关要素可以不断扩展企业发展的空间，从而激活企业的有形资产。企业社会责任通过时间上的持久性和空间上的延展性，以实现企业的可持续经营。

六、在收益趋势上，企业社会责任的投入引起边际收益递增

传统经济学里，边际收益递减规律的基本内容：在技术水平不变的情况下，其他生产要素的投入不变时，一种可变的生产要素投入的增加最初会使产量增加，但当它的增加超过一定限度时，边际产量会递减，最终还会使产量绝对减少。这一规律适合企业的各项投入，特别是企业生产成本的投入。但是，企业用于社会责任建设的投入并不遵循边际收益递减规律，初期的投入可能并不会增加企业的收益，反而会增加企业的运营成本，比如企业对公益事业的资金投入、对员工福利的保障和提升、对绿色生产技术的投入等都会增加企业的成本。但随着投入积累到一定时点上，企业社会责任的投入就会出现边际收益递增，而且越来越具有规模效益和长久利益。

综上所述，在企业社会责任引导下，企业为保持可持续发展的企业目标、发展路径、企业竞争优势的来源正在持续地发生着变化，这种变革的程度决定着企业可持续发展的时间长短。可以说，没有企业的社会责任，就没有企业可持续发展的未来。

第四节　企业可持续发展的社会责任误区与应对策略

自 20 世纪 80 年代引入社会责任概念以来，企业社会责任理念在国内得到了广泛的推崇与实践。然而，需要注意的是，企业社会责任相关理论体系的建立和论证还远远不成熟，企业社会责任理论本身还有许多问题有待澄清。虽然企业的可持续发展需要企业承担社会责任，但以此要求企业放弃明晰的营利目标，转而追求模糊的社会责任，并不具有说服力，用一个目标模糊的口号引导企业的治理，甚至用一个不成熟的理论改变企业的性质，是危险的趋向，只能引起企业行为的混乱，可能使企业良好的成长态势发生逆转。[2] 国内企业社会责任的认识与实践还存在诸多误区与问题，理清这些误区与问题是促进企业可持续发展的基础。

〔1〕　黎友焕.企业社会责任理论[M].广州：华南理工大学出版社，2010：203.
〔2〕　张安毅.关于当前企业社会责任认识误区的偏差[J].商业时代，2010(06)：85—86.

一、企业可持续发展中的社会责任认识误区

(一)认识误区一:企业社会责任＝企业公益活动

将企业社会责任等同于企业公益活动,是在认知上将社会责任片面化、功利化的一种体现。近年来,越来越多的企业家开始重视公益活动,如捐助希望工程、认养山林绿地、设立奖学金、参加赈灾等慈善活动,向社会公益组织提供资金援助等。但是,在肯定企业家积极参与公益活动的同时,不能简单地将公益活动与社会责任画上等号。参与公益活动是企业实现社会责任的一种形式,但企业如果仅仅是出于宣传目的,将参加公益活动当作展示企业形象的一种工具,那就是本末倒置,与企业社会责任的精神背道而驰。因此,企业通过公益活动实现社会责任要摒弃功利性,是否具有功利性是区分炒作和公益活动的主要标准。

此外,公益活动在一定程度上体现了企业对社会责任的承担,但这还远远不够。事实上,企业社会责任的内涵十分丰富。从企业社会责任的层次看,参与公益活动仅仅是企业应承担的社会责任的最高级形式,即自愿责任,而其他较低级的责任从高到低分别是伦理责任、法律责任和经济责任。从企业对社会责任的认识阶段看,支持公益活动只表明企业已处在第四个阶段的认识水平上,其他认识阶段还包括:第一阶段,把所有权人的利润最大化和自己的利益最大化作为唯一经营目标;第二阶段,将承诺对员工负责作为目标;第三阶段,把社会责任目标扩大到特定环境中的相关利益者;在第四个阶段,认识到有责任推动和提高整个社会的利益,持有这种社会责任价值观的企业管理者将积极推动社会公正,保护自然环境,支持社会、文化活动。

这一认识误区的潜在风险,企业可能片面地认为已经做了不少慈善事业,所以已经承担了应该承担的所有社会责任。持有这种认识误区的企业可能会因此忽视具有广泛内涵的社会责任的存在。

(二)认识误区二:企业社会责任＝企业经营成本

许多企业认为,企业社会责任是企业在正常的生产经营活动之外所承受的额外负担。事实上,这种认识是对企业社会责任的浅层次理解。企业积极履行社会责任义务,如扩大对外捐款捐物、投资社区服务项目、投资环保项目等,均会直接增加企业的经营成本。这种开支很难在短期内给企业带来直接效益,因为企业社会责任的贡献对经济业绩的影响存在一个"时滞效应"。但是,从长期看,根据国内外调查和分析结论,大部分都表明企业积极履行社会责任和企业财务效益之间存在正相关关系,企业社会责任贡献度的提高通常会带来更好的企业财务业绩。相反,如果企业追求投资者的经济效益,而不积极承担广泛的社会责任,如在经营中掺杂使假、偷税漏税或破坏环境,将会因此遭到顾客的抛弃或政府的处罚。这样的企业不但不可能有好的经济效益,甚至还会遇到严重的生存危机。

具有社会责任意识的企业在发展过程中会兼顾多个利益相关方的利益,如投资者、员工、消费者、政府、社区、非政府组织等。这些利益相关方中的大部分成员都与企业的日常生产经营活动密不可分。企业的价值链活动一般包含采购、制造、物流、营销、售后服务等,还有为价值链提供支持和服务的活动,包括企业管理与业务发展、人力资源管理、产品的研发等。对任何一家企业来说,在上述活动中总有某项业务与企业社会责任紧密相关,企业需要做的是在每个业务环节中增强企业社会责任意识,加强企业社会责任管理,把履行社会责任贯穿到企业的日常经营与管理中。

　　这一认识误区的潜在危害在于企业可能以履行企业社会责任会加大公司经营成本为理由，拒绝积极履行广泛的企业社会责任，或者以此为借口故意推脱理应承担的各种社会责任。

（三）认识误区三：企业社会责任＝社会责任认证

　　社会责任认证即 SA8000 认证标准，是全球广泛认可的企业社会责任标准。这一标准是保护劳工权益的国际标准，它关注和规范企业对员工的社会责任，但它并未涉及企业对投资人、消费者和环境等方面的社会责任问题。从理论上讲，SA8000 国际认证标准适用于任何企业，但是从实践上说，它主要适合于生产性企业或制造行业，获得这一标准认证的企业很少是银行、保险、证券、咨询等服务性企业，这表明 SA8000 标准并不是可以广泛采用的社会责任标准。[1] 区分 SA8000 社会责任认证与企业社会责任的理由有三[2]：第一，SA8000 认证只是社会责任的一种标准，不能代表社会责任本身，SA8000 认证的本意在于改善劳动者的工作条件和待遇，建立社会责任管理体系；第二，SA8000 认证是一种带有强制性的认证制度，而企业社会责任则强调企业作为事业活动的主体自发地承担一些超出法律范围的社会义务，侧重企业的自觉性，换句话说，即使企业通过了 SA8000 社会责任认证，也并不意味着企业尽到了社会责任；第三，SA8000 并不具有代表性，SA8000 认证的影响并没有媒体宣传的那么广泛。

　　这一认识误区的潜在风险在于企业可能会认为获得了 SA8000 国际认证或国家免检证书，就已经符合并履行了所有的企业社会责任，不需要再考虑其他社会责任义务。以一个不全面或并非完全适合所有行业的标准来评价或管理企业社会责任，必将导致企业履行社会责任义务的偏差。

二、企业可持续发展中的社会责任实践误区

（一）实践误区一：企业社会责任观念淡薄

　　自我国引入社会责任观念以来，学界与商界开始普遍重视企业社会责任的研究与运用。但总体而言，我国企业的社会责任意识还相当薄弱，一些违背社会责任原则的行为依然存在。近年来，国内发生了一些令人深思的现象，如煤矿频繁发生安全事故伤害矿工的生命；建筑企业拖欠员工工资伤害民工的利益；假冒伪劣商品坑害消费者的权益。而刚走出"三聚氰胺事件"的恶劣影响，2011 年，中国消费者再次遭遇"双汇瘦肉精""饮料塑化剂""西瓜膨大剂"等恶性事件的重重冲击，老百姓身心疲惫，直叹"伤不起"。安全生产问题直击要害，企业诚信问题岌岌可危，诸多现象都反映出我国企业社会责任观念存在比较严重的问题。全社会强烈呼吁企业承担社会责任，社会责任教育迫在眉睫。

　　此外，我国实行市场经济改革后，已经真正出现了经济学意义上的独立核算、自主经营的企业。然而，企业在履行社会责任方面，惯性使得政府和企业的社会角色仍纠缠不清。政府因历史旧账所致的待办事项太多而财力有限，也由于意识上的不到位，总希望企业多履行一些社会职能，其主要表现是随意向企业"乱集资""乱收费""乱摊派"。多数企业受财力不足和竞争压力困扰，希望社会职能承担得越少越好，主要表现为偷漏税、不合理裁员、大量使用临时工以减少相应社会性支出等。市场发育本身是一个逐步完善的过程，市场机制固有的缺陷，使得市

---

　　[1]　左伟，朱文忠.当代企业社会责任的认识误区与风险分析[J].金融与经济，2009(08)：16—17.

　　[2]　周卫中.企业社会责任的五大认识误区[J].企业管理，2005(05)：102—104.

场自身无法弥补由于社会责任缺位而形成的空白。由于上述问题的存在,使得当前企业社会责任问题出现一种"三不管"的混沌局面。在此情况下,那些受传统思维影响的企业会出现责任和界限的游移、模糊。

(二)实践误区二:企业社会责任目的功利化

对企业社会责任的片面认知,很容易使其归入一般意义上的公共关系活动范畴,这样一种对社会责任的定位决定了企业社会责任的承担往往是以产品销售、声誉提升为基本目的。因此,一部分企业在公关活动中热衷于组织一些捐赠与赞助,如灾后捐赠、向贫困地区捐赠、希望工程等助学捐赠、体育赛事赞助、影视赞助以及对大众传媒的赞助等。

在社会各界对企业社会责任的关注程度明显加强的今天,有必要警惕社会责任的工具化和功利化。换句话说,要防止企业将社会责任作为追求其他目的的手段。如果企业出于宣传和炒作的目的,将参与公益活动、救助弱势群体、减轻环境负荷等行为作为实现更大利润的"投资"手段,实际上是一种本末倒置的行为,不仅会遭到社会的唾弃,而且从长远上看不利于企业的生存和发展。社会责任与企业目的是一对密不可分的概念。从本质上看,企业是一个由意志主体、行为主体和经营对象组成的管理存在,分别承担着所有与支配、组织与管理、事业与操作等方面相关的职能。企业目的是一个由利润目的、生存目的和社会目的组成的体系。利润目的、生存目的是指企业追求利润、谋求发展的目标,而社会目的意味着企业通过事业完成社会使命。

(三)实践误区三:企业社会责任履行随意性大

目前,许多企业履行社会责任的随意性非常大。在部分企业中,社会责任成为可有可无的事情,讲时重要、做时次要、忙时不要。当然,企业要参与激烈的市场竞争,资源稀缺是永恒的话题,即使是实力雄厚、国际领先的企业,也难免会出现应对竞争相对乏力的时候。但是,企业的可持续发展本身也需要一个健康的、有良好教育和法制的社会环境,社会和谐是企业进一步发展的必要条件。所以,不应谈什么"心有余而力不足",履行社会责任应当成为企业的自觉行为。

另一种情况是企业履行责任与所获权利不匹配。这里的权利指企业获得的来自所有企业利益相关者的社会资源,既包括资金、土地、厂房、设备、社会制度、环境等客体性资源,也包括劳动力、管理、市场需求等主体性资源。例如,作为中国标杆企业之一的华为公司,虽然在对公司员工的责任方面优于国内许多知名大企业,但在华为给予员工的回报背后却是高素质员工对公司更多的付出。由于这种不匹配,导致了2006年5月的"胡新宇事件"。为此,华为公司也招致了社会上对其"没有履行应尽的社会责任"的责难。所以,一方面企业履行社会责任应具有自觉性、主动性和一贯性;另一方面,在目前我国尚缺乏全国性的企业社会责任标准的情况下,企业要从动态和静态两个角度审视自身,承担与自身从社会所获取权利的质与量相匹配的社会责任。

三、基于可持续发展的企业社会责任建设

企业经营成功的关键是把企业社会责任融入企业自身的经营战略、原则和各种经营活动当中,而这恰恰也是成功执行企业社会责任的保证。企业社会责任并不是一门具体的科学,它不是在告诉甚至强制性地要求企业该怎么做,而是一种思维方式和管理方式。

(一)增强企业社会责任意识

在国内企业社会责任意识普遍薄弱的前提下,强化社会责任认知、增强社会责任意识、做

好社会责任教育是企业真正践行社会责任的基础。除了强调正规的企业社会责任教育外,应从两个方面来增强企业的社会责任意识:一是提升企业家的责任品质,二是将企业社会责任上升到战略高度。

企业家是一个企业的精神领袖,是全体员工的精神支柱。因此,企业家的个人社会责任意识和道德修养对整个公司具有重大的影响。企业家作为企业生产经营的决策者,应当对员工、股东、消费者、社区等承担社会责任。企业家应当拥有根据消费者的需求来设计、研制、生产、销售产品的心理,拥有维护消费者合法权益的意识,不能有生产和销售损害消费者身心健康的假冒伪劣商品的意念和行为;企业家应当有以人为本、善待员工的意识,合理利用员工资源,并保障员工的福利和权益。同时,企业在制定战略时,应该考虑对各个主体的责任,并对企业社会责任进行确定和表达,以更好地保证企业社会责任的贯彻和实施,避免把企业社会责任的承担当作一种营销技巧或广告策略,走入短视经营的误区。

(二)强化企业经营行为规范

企业的发展和利润来源于企业的责任,基业长青的优秀企业无疑都是规范经营的结果。合理、合法的经营行为是企业践行社会责任的具体体现,是企业在操作层面细化企业社会责任的基础。为此,企业应从以下两个方面规范经营行为:一是加强企业管理制度创新,实现管理制度的规范化和科学化,打造承担社会责任的新型企业文化;二是规范企业行为,不仅要关注企业利润的增长、承担企业的经济责任,同时要关注企业行为背后的精神内核和对消费者、对社会的责任,做到遵纪守法、合规经营、依法纳税、诚信健康。

(三)注重企业社会形象声誉

企业社会形象与声誉既是企业实施社会责任的重要基础,又是通过企业社会责任实践获得的重要无形资产。企业要实现可持续发展,需要一个良好、宽松的市场环境与社会环境。一个可持续发展的企业的经营目标,不仅是要实现经济效益和利润的最大化,也要重视社会效益,树立企业良好的公众形象。企业应以社会责任为己任,积极参与社会公益事业,用行动倡导诚信和公平,使个人、企业和社会三者共赢发展,进而提高企业、品牌的影响力、竞争力和文化力,保证企业的可持续发展。

(四)关注环境保护与资源节约

保护环境是企业可持续发展的重要议题之一,企业应该在保护环境的问题上保持积极的态度,在提高企业效能和效率的同时,积极建立和实施环境保护的策略。无论企业的经营业务是什么,都应该注重环境保护与资源节约。美国美孚石油公司的总裁说道:"对一个企业而言,良好的环境表现不是一种可有可无的选择,它是一个不可或缺的基本要求。在我们看来,建立绿色企业是唯一出路,也是必然选择。"这一行为既可以树立企业的良好形象,又可以为企业节约资源、降低成本、增加利润。

(五)运用多方社会主体合作

上述关于企业社会责任的各种误区说明,要使企业对社会责任高度负责,单纯依靠企业自身是远远不够的,必须多方配合、多管齐下,构筑以企业为主体,辅以市场约束、政府监管、行业自律、社会机构监督以及社会舆论引导的多层次、多渠道、全方位的企业社会责任约束体系,如图 5-3 所示。

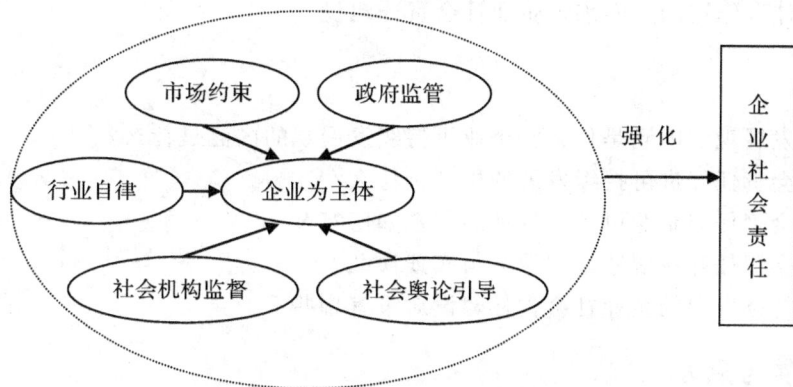

图5-3　企业社会责任约束体系示意图

资料来源：马燕翔.企业社会责任误区的厘清与约束体系构建[J].高等财经教育研究,2011(01).

　　企业应在履行社会责任中发挥主体作用,积极探索有利于社会和谐的发展模式;要建立规范有序的市场体系,增强市场约束力;要加强政府引导与监管,增强法律与行政的约束力;要发展行业自律组织,增强行业内部约束力;要培育非政府组织,增强社会机构约束力。

本 章 小 结

　　本章重点介绍了可持续发展观的产生背景,由古代可持续发展思想的提出,演进到现代的可持续发展理念。各种研究成果和联合国会议使可持续发展思想完善起来,并得到了世界各国的广泛认同与积极实践。可持续发展观可以定义为"既能满足当代人的需要,又不对后代人满足其需要的能力构成危害的发展"。企业可持续发展理念是对可持续发展观从企业层面的延伸,可以从目的视角与手段视角对企业可持续发展的内涵进行全面理解。

　　其次,本章详细阐述了企业社会责任与可持续发展的作用机理,从四个转换:角色转换——由"经济人"转向"社会人";理念转换——由"成本增加"转向"绩效改善";管理转换——由"物本管理"转向"人本管理";关系转换——由"独立"转向"统一",理解承担社会责任促进可持续发展的机理。从企业社会责任对企业持续发展的推动作用和制约作用两个角度理解企业社会责任与企业可持续发展的关系。

　　再次,本章介绍了六种基于企业社会责任的新发展观:在首要目标上,由求生存到求发展;在增长方式上,由粗放式增长到集约式增长;在企业效益上,由单纯追求经济效益到经济效益和社会效益相统一;在成本优势上,由压低工资到管理创新;在可持续发展的要素上,由有形资本到无形资本;从收益趋势上看,用于社会责任的投入会引起边际收益递增。

　　最后,本章介绍了企业可持续发展过程中的社会责任误区和问题,并提出了基于可持续发展的企业社会责任建设对策。企业社会责任存在三大认识误区:企业社会责任＝企业公益活动,企业社会责任＝企业经营成本,企业社会责任＝社会责任认证。三大实践误区:企业社会责任观念淡薄,企业社会责任目的功利化,企业社会责任履行随意性大。因此,可以从增强企业社会责任意识,强化企业规范经营行为,注重企业社会形象声誉,关注环境保护资源节约,运用多方社会主体合作这四方面加强企业社会责任建设。

思考题

1. 可持续发展观的内涵是什么？企业可持续发展观的内涵是什么？
2. 承担社会责任促进可持续发展的机理是什么？
3. 企业社会责任与企业可持续发展的关系如何？
4. 企业社会责任存在哪些认识误区与实践误区？
5. 基于可持续发展的企业社会责任建设对策有哪些？

案例阅读与启示

吉利控股集团：实现责任与发展最大程度双赢

　　浙江吉利控股集团有限公司（以下简称"吉利"）是中国最早、也是最大的民营汽车生产企业之一，自1997年进入轿车领域以来，凭借灵活的经营机制和持续的自主创新，取得了快速的发展。同时，吉利秉承"源于社会，回报社会"的一贯宗旨，除了完成一个企业所应该承担的基本责任外，还一直热衷于捐资助学、扶助贫困，参加了抗击SARS、抗震救灾等一系列慈善公益活动，积极用爱心回报社会，尤其对支持中国教育事业的发展做出了很大贡献。在履行企业社会责任过程中，吉利获得了良好的经济效益与社会效益，为公司的可持续发展注入了新的动力。

一、"未来工程"——吉利责任先行，资助教育事业[1]

　　吉利董事长李书福认为，教育是为社会培养人才的公益事业，绝不能以盈利为目的。吉利在坚持发展自主品牌的同时，致力于回报社会，助力于国内慈善教育事业的发展。通过实施"吉利教育资助计划"（光彩吉利教育资助行动），"吉利行天下，慈善中国行""吉利未来人才基金"助学工程等项目，设立专项基金，帮助贫困学校改善环境，为贫困学生实现大学梦想，为中国希望工程做出了很大的努力。

　　除单向的慈善教育投入外，吉利还投资8亿元建立北京吉利大学，一方面为社会培养高素质的人才，另一方面保障了公司本身对汽车类专业人才的需求，同时还帮助解决了部分学生的就学与就业问题，创造了多重价值。北京吉利大学是北京市首批A类办学资格学校、国家紧缺人才培养基地，先后获得了"毕业生就业工作进步奖""21世纪就业明星院校""毕业生最具竞争力的教育机构""人民满意的大学""教育教学质量二十强高校""北京最具影响力教育机构"等数十项荣誉称号。与此同时，北京吉利大学还荣登"2002年中国十佳民办高校"之列。吉利对教育中心除了前期投入外，每年还将追加1000万元以上的资金用于增添仪器、设备，设立奖学金。此外，瞄准市场开设专业、设计课程，吉利大学发挥私立大学机制灵活的优势，深入500多家知名企业调查，根据人才需求趋势，针对性地开设紧缺专业、开设课程。如根据汽车产业发展需要，重点建设了汽车类专业，还开设了武术专业，设立了影视学院。2008年，在京

---

　　[1] 资料来源：吉利控股集团社会责任之"未来工程". http://www.geely.com/general/project_hope.html.

城首家开设了草坪管理专业。游戏与动漫、新媒体技术、影视动画、演艺事业经营与管理等专业均已被列入学校发展重点。通过不懈努力,吉利为中国教育事业的发展注入了新的活力!

二、"扶贫、救助"——吉利应尽责任,促进社会和谐[1]

吉利在扶贫、救灾、助残等方面也有良好表现,为构建社会和谐发展做出了不懈的努力。2003 年,吉利捐助工厂周边的农村 200 万元,捐助慈善总会 200 万元;2004 年,吉利捐助工厂周边的农村 100 万元;2007 年冬天,吉利捐助抗冰救灾 100 万元……2008 年 5 月 12 日,汶川地震发生后,吉利组织了系列救助行动,通过上下发动,激发了广大干部、员工以及供应商、经销商、服务商救助灾区人民的极大热情,在吉利总部、各大生产基地以及各地经销、供应商、服务商中,展开捐资、献血和捐助部分车辆等系列救助和赈灾活动。

此次救助活动,吉利携经销商、供应商、服务商、企业员工向灾区人民共捐款近 1600 万元,其中李书福董事长个人捐资 120 万元。同时,吉利启动"未来吉利教育基金"和"李书福资助教育基金",出资 1250 万元,委托浙江职业技术学院、浙江吉利汽车工业学校在 2009 年秋季招生中,面向四川地震灾区,重点帮助因灾而成为单亲家庭子女和家庭生活发生严重困难的学子,定向招收 800 名应届初、高中毕业生,并为他们提供学习期间的全部学费,毕业后在四川吉利生产基地安排工作。作为企业公民的一员,吉利在国家和民族碰到困难的时刻,肩负起了社会责任和民族道义,为创造和谐社会贡献了自己的力量。

三、"绿色环保"——吉利延伸责任,促进环保事业发展[2]

吉利高度认识到"十一五规划"提出的建设资源节约型、环境友好型社会和实现可持续发展的重要性,并充分认识到企业在节能减排上应承担的责任和使命。吉利于 2007 年进入战略转型期,努力"造最安全、最环保、最节能的好车,让吉利汽车走遍全世界"。为此,吉利始终如一地履行着社会责任,在绿色环保技术方面不断进行探索、创新,并在安全、节能、环保技术上实现重大突破,研发出了两项科研成果:爆胎监测与安全控制系统和电子等平衡技术。前者解决了高速爆胎后的安全控制问题,有效避免灾难事故的发生,为全球首创技术;后者解决了节能降耗问题,与同排量汽车比较,城市路况节油可达到 35% 以上,同时还降低了汽车行驶噪音,此项技术为世界先进技术。

几年来,吉利狠抓节能和清洁生产工作,转变企业员工的固有心态,通过各种宣传渠道和培训使得清洁生产理念深入人心。企业是节能减排的主体,职工是节能减排的主力军,要从岗位做起,从自身做起,从点滴做起,积极投身节能减排活动。因此,吉利创建了以"增强员工节能环保意识,降低办公消耗"为主题的绿色办公室,特制定并颁发《浙江吉利控股集团有限公司绿色办公管理办法》,从应用节能产品、节电、节油、节水、节材、资源重复利用等方面提出具体要求,倡导节约资源的办公习惯,开展资源循环利用活动。目前,宁波基地列入宁波市第一批清洁生产审核验收合格企业,还获得"宁波市节水型企业""宁波市节能先进单位""浙江省绿色

〔1〕　资料来源:吉利控股集团社会责任之"扶贫、救助". http://www.geely.com/general/rescue_help.html.

〔2〕　资料来源:吉利控股集团社会责任之"绿色环保". http://www.geely.com/general/green_environmental_protection.html.

企业"等多个荣誉称号。

吉利本着"总体跟随、局部超越、重点突破、招贤纳士、合纵联横、全面领先"的发展战略,持续进行技术创新和管理创新,积极参与国际竞争与合作,以先进的技术、优质的产品和细微的服务,为中国汽车工业自主品牌的崛起,为实现"造最安全、最环保、最节能的好车,让吉利汽车走遍全世界"的美好理想而拼搏奋斗,为全球的节能降耗减排工作作出应有的贡献!

案例讨论:

1.吉利如何实现企业社会责任承担与企业可持续发展的有效结合?

2.吉利的"双赢"行为对企业承担社会责任有些什么启示?

第六章

企业社会责任与企业竞争力

── 责任竞争力：未来中国企业的核心竞争力所在。

──编者语

▶ **本章学习目的**

通过本章的学习，了解和掌握企业社会责任与企业竞争力的关系，把握基本的企业责任竞争力理论；了解企业责任竞争力的构成要素与形成；清晰把握企业责任竞争力提升途径与对策选择。

▶ **本章学习重点**

企业社会责任与企业竞争力的关系；责任竞争力的概念；责任竞争力的形成因素；责任竞争力的提升途径和对策选择。

本文首先阐述了企业社会责任与企业竞争力的关系，再结合企业社会责任和企业竞争力的理论对责任竞争力进行界定，并清晰掌握责任竞争力的内涵与特点所在，认为责任竞争力就是指企业利用自身专业能力或专业优势，合理承担其社会责任，并获取某些优势的能力。它是企业的一种综合竞争能力，具有整合性、持久性、间接性和战略性的特点。责任竞争力的提出使众多企业意识到培养与企业自身利益直接相关的竞争力以外的能力的重要性。在对责任竞争力进行界定之后，本文又从企业的外部因素包括企业声誉、企业关系和企业国家市场认可三个方面和企业内部因素包括企业产品、企业制度和企业文化三个方面阐述责任竞争力的形成。最后通过归纳总结，得出企业竞争力的提升途径与对策。

第一节 基于企业社会责任的企业竞争力

一、社会责任和核心竞争力

"企业社会责任"由谢尔顿（Oliver Sheldon，1924）于《管理哲学》中提出之后，其内涵不断变化演进。一般企业社会责任的核心是指企业在满足股东获得最大利益的同时，对其他利益相关者(包括整个社会)还应当负有增进其利益的义务和责任。企业社会责任是企业在经济全球化背景下对企业各种行为的道德约束,即要求企业在为社会提供产品或服务以获得利润目的的同时,也应兼顾"公平",把企业的活动与员工利益、社会利益等有机地结合起来,从而实现可持续发展,构建和谐社会。从历史发展看,在经历了资本的原始积累和资源的优化整合阶段之后,企业已步入"企业公民"这一全新竞争阶段。在这个阶段,企业竞争优势的资源正在发生新的变化,成本、质量、市场份额、服务已经成为市场竞争的传统标准,而道德标准和企业的社会形象则发展成为企业竞争优势的重要因素。提升企业的社会责任,是增强企业核心竞争力、实现持续健康发展的必然要求。

企业竞争力是指在竞争性市场条件下,企业通过培育自身资源和能力,获取外部资源,并综合加以利用,在为顾客创造价值的基础上,实现自身价值的综合性能力。企业竞争力是指在竞争性的市场中,一个企业所具有的能够比其他企业更有效地向市场提供产品和服务,并获得赢利和自身发展的综合素质。国际著名的兰德公司经过长期研究发现,企业的竞争力可分为三个层面:第一层面是产品层,包括企业产品生产及质量控制能力、企业的服务、成本控制、营销、研发能力;第二层面是制度层,包括各经营管理要素组成的结构平台、企业内外部环境、资源关系、企业运行机制、企业规模、品牌、企业产权制度;第三层面是核心层,包括以企业理念和企业价值观为核心的企业文化、内外一致的企业形象、企业创新能力、差异化个性化的企业特色、稳健的财务、卓越的远见和长远的全球化发展目标。第一层面是表层的竞争力;第二层面是支持平台的竞争力;第三层面是核心的竞争力。可见,从不同层面分析,企业竞争力都决定了其在企业发展中的战略地位。以实现经济利益为目的的企业,在组建和发展过程中,必须从自身发展阶段特点出发,汲取社会外部环境对企业的要求,逐渐形成自己的核心竞争力战略,才能得到社会的认可,从而持续、高效地实现物质到资金的增值转换。

二、企业社会责任与企业竞争力的辩证关系

(一)企业社会责任是企业竞争力的基础和前提

当今的国际竞争是综合实力的全面竞争,是社会经济运行环境、资本和资金运用能力、人才、自然资源、市场能力、技术开发能力、生产能力、物流等全方位的竞争。一个没有社会责任的企业不可能有竞争力,有竞争力的企业必定是以履行社会责任为基础和前提的[1]。

1. 履行企业社会责任,是塑造形象的基础

履行社会责任的企业,将会拥有良好的社会形象,社会形象的好坏对企业的发展和经营有直接的影响[2]。一个有社会责任感的企业,在其经营活动中可能会得到更为有力的市场环境,如环保型企业、节约资源型企业、优质型企业都会得到消费者认同及政府和社会的支持等,这些都有可能转化为企业发展的资源,其产品和服务就有可能获得更大的市场份额。而那些不注意环保和违反道德底线的企业即使没有被政府或监管部门惩罚,也会因为投资者和消费者的不满而在市场上受挫,丧失竞争力。2001年一项对欧美消费者的调查表明,70%的人认为企业对社会责任的承诺是他们购买商品和服务时考虑的一个重要因素;50%的人表示会对没有社会责任的企业采取负面行动;20%的人表示已对没有社会责任的企业采取了"惩罚"行

〔1〕　陈登林,马建章.中国自然保护史纲[M].哈尔滨:东北林业大学出版社,1991:68—69.
〔2〕　江泽慧.中国现代林业[M].北京:中国林业出版社,2000:121—122.

动。可见,在注重企业与社会协调发展的今天,只有当企业遵守了基于道义的社会责任之后,才可能赢得社会的认同,从而提高社会形象和品牌声誉,企业才有可能进一步发展、壮大。

2.实施企业社会责任,是储备人才的途径

在知识经济时代,人力资源成为企业最重要的资源之一。企业的生存和发展越来越依赖员工的主动性与创造性。提高人才素质、保留和吸引人才、激发员工积极性和创造性是提高劳动生产率的重要途径。一方面,企业社会责任的推行有利于改变目前人力资源管理受制于资本的情形,因为企业社会责任着眼于对员工权益的保护,将有助于企业规范用工,完善员工福利保障,加强员工培训,改善员工的激励机制,建立和谐的劳资关系,增进员工的忠诚感和归属感,最大程度地调动员工的积极性并留住核心员工[1]。这样,在提高了人力资源的可持续发展能力的同时,也充分提升了企业的竞争力。另一方面,一个企业只有得到员工的认同,才能留住优秀的专业人才。而员工是否对一个企业认同,不完全取决于在经济上的回报到底有多少。与一般企业相比,经常参与社会责任事业的企业,会更具知名度,更易获得人们的好感,当然也更易招聘到并留住优秀人才。目前,超过四分之三的美国人在找工作时会考虑未来雇主的社会形象。美国对为《可信赖的企业》杂志工作的学生进行了一项针对美国顶级商学院学生的调查,50%的受访学生表示,即使工资较低,也愿意到负有社会责任的公司工作,而43%的学生不愿意为一家未展现出良好形象的企业工作(卡罗尔等,2004)。

3.实施企业社会责任,是吸引顾客的根本

随着社会的进步,文明程度的提高,许多消费者特别是欧美顾客,社会意识逐步增强,不单单注重产品能否满足自己的关键购买因素,如价格、质量、安全、便利等,更关心产品是如何生产出来的。英国某媒体曾报道某商场销售非洲童工生产的服装,许多消费者纷纷取消到该商场的购买行为,商场生意一落千丈。2003年,美国的一项问卷调查结果显示,当美国人了解到一个企业在社会责任方面有消极举动时,高达91%的人会考虑购买另一家公司的产品和服务,85%的人会把这方面的信息告诉他的家人、朋友;83%的人会拒绝投资该企业;80%的人会拒绝在该公司工作。众多的研究成果表明:企业越是注重社会责任,其产品和服务就越有可能占有更大的市场份额。

4.实施企业社会责任,是进入国际市场的通行证

在当今经济全球化的浪潮中,企业之间的竞争日益激烈,对企业社会责任的关注成为现代企业竞争的新潮流。对于从事跨国经营的企业来说,社会责任意识的增强无疑有利于产品的出口,尤其是最近几年,国际社会兴起了一项新的国际贸易标准即社会责任标准(企业社会责任),这个社会责任标准的宗旨是"赋予市场经济人道主义"。它规定了企业必须承担的对社会和利益相关者的责任,对工作环境、员工健康与安全、员工培训、薪酬、工会权利等具体问题规定了最低要求,例如禁止雇佣童工和必须消除性别或种族歧视等[2]。它要求企业或组织在赚取利润的同时,必须主动承担对环境、社会和利益相关者的责任。

国际社会越来越看重社会责任,社会责任已成为对一流企业高标准严要求的公认指标[3]。目前,大多数欧美跨国公司已实施社会责任政策,采用独立的方法监督供应商的劳工

〔1〕 周晓峰.中国森林与生态环境[M].北京:中国林业出版社,1999:108—109.

〔2〕 冷清波,徐小荣.中国古代的林业可持续发展观及其启示[J].世界林业研究,2004(04):54—56.

〔3〕 匡海波,买生,张旭.企业社会责任[M].北京:清华大学出版社,2010:219—220.

问题,特别是一些大型的零售商和品牌公司,如沃尔玛、家乐福、耐克、通用电气、迪斯尼、雅芳等,有的甚至声称只与 SA8000 认证企业开展业务。我国作为"世界工厂"处于全球资本和产业链的末端,目前对我国影响最大的纺织业、服装业、玩具和鞋业等劳动密集型消费品行业自然成为企业社会责任的重要实施区域。据估计,自 1998 年以来,我国沿海地区已有 12000 多家企业接受了跨国公司的社会责任审核,超过 5000 家企业随时准备接受检查,有的企业因为表现良好获得了更多的订单,部分企业则因为没有改善诚意而被取消了供应商的资格。可见,发达国家将社会责任与国际贸易挂钩已经成为不可逆转的趋势,违反或者不执行劳工标准的国家和企业将会遭到国际社会的谴责和制裁,而实施社会责任的企业将会拿到进入国际市场的通行证,突破蓝色贸易壁垒[1]。

5. 承担企业社会责任,是提高财务绩效的保障

国内外的实践都表明,企业进行良好的社会责任管理,不仅可以获得良好的社会效益,而且可以获得长远的商业利益。与传统经济学理论认为的企业承担社会责任会加重企业负担而影响其利益相反,企业承担社会责任与企业的经济绩效呈正相关关系[2]。设在美国的企业社会责任促进会指出:多项研究显示,能够平衡兼顾各个休戚相关方面利益的公司,其业务增长率是其他公司的 4 倍,就业增长率是其他公司的 8 倍。结合中国企业的现实情况,从长期动态的角度来看,承担社会责任有利于推动中国企业竞争优势的转型,即使企业目前未受到企业社会责任认证的冲击,中国的低劳动力成本优势也是很难永远保持的,仅靠低劳动力成本优势的企业将陷入"比较优势陷阱",无法获得长期的竞争优势。推行企业社会责任将有利于最大限度地争取市场份额,进而在长期内达到利润最大化的目标,实现企业的可持续发展。

(二)基于社会责任的企业竞争力是企业发展的战略选择

当前,企业社会责任已经成为企业核心竞争力的重要影响因素,企业只有主动承担社会责任才能实现可持续发展。中国人民大学教授刘俊海指出,未来的企业竞争是社会责任品牌的竞争(刘俊海,2007)。基于社会责任的核心竞争力之所以是企业发展的战略选择,是因为它是从社会对企业更高的具体要求中抽象出来的价值取向,凝聚企业自身竞争力,并和社会形成持续的利益和能量的转换渠道,具有核心竞争力的战略特点。基于社会责任的核心竞争力为企业发展提供了如下战略优势。

1. 提升企业的认同感

企业是以盈利为最终目的的,盈利的前提是企业能够创造出对消费者和社会有价值的产品和服务。从根本上说,企业社会责任能够保证产品质量的安全,满足顾客的使用价值需求,实现资金回收,企业运转,股东资本得到增值。同时,随着生活水平的提高,人们对产品的需求已经不仅仅满足于外观、功能,产品是否环保,企业是否具有社会责任感都会在一定程度上影响顾客的选择。企业把文化内涵和道德因素凝结到产品和服务中,使其具有内在化的价值因素,同时承担起对法律的认同和遵守、对环境的保护等责任,可以使企业的外部正效应最大化,增进全社会的价值。

2. 保障企业发展的持续性

企业的存在和发展以社会为基础,想要保证企业的可持续发展,企业必须首先对社会负

〔1〕 黎友焕.企业社会责任理论[M].广州:华南理工大学出版社,2010:195—196.

〔2〕 匡海波,买生,张旭.企业社会责任[M].北京:清华大学出版社,2010:220—221.

责,对供应商负责,对消费者负责。同时,社会的进步、供应商的发展、消费者的忠诚会对企业产生一个推动作用。企业与各种利益相关者是相互的责任关系。企业的社会责任就是企业在争取自身的生存与发展的同时,面对社会需要和社会问题,对社会履行的职责、应做的奉献和应尽的义务,表现为企业对社会的适应和社会发展的参与。只有企业和各种利益相关者共同和谐发展,才能保证企业自身的持续成长。

　　3.构建企业优势的战略性

　　战略优势是指企业在较长时期内,以长远利益为基准,在关系全局经营成败的关键方面拥有强大的实力、丰富的资源和优势地位。它是企业在激烈的竞争中制胜的法宝。通过承担社会责任,企业对社会施以最大的积极影响,会同时收获最丰厚的商业利益。从长远考虑,企业承担社会责任不仅仅是要避免做出危害社会的行为,也不仅仅包括向当地慈善机构捐款、为救灾工作出力,或者救济社会穷困人口,更多的是企业在运营活动和竞争环境的社会因素这两者间找到共享价值,从而促进经济和社会发展。把承担社会责任看作创造共享价值的机会,而非单纯的危害控制或者公关活动,这需要我们具备全新的战略思维方式。履行企业社会责任是企业全面、长远发展的一种战略部署,是企业获取持久竞争优势的必由之路,最终实现企业利润的战略性,实现企业的基业长青。

第二节　企业责任竞争力的概念

一、企业责任竞争力概念的提出

　　伴随经济全球化的过程,企业管理实践经历了质量管理(标志是 1987 年发布的ISO9000)、环境管理(标志是 1997 年发布的 ISO14000)到以社会责任管理(标志是 2008 年发布的 ISO26000)为核心的全面管理(以上三者融合的全面管理体系)三个阶段,市场竞争内容也随之发生变化。在质量管理阶段,企业管理的重心是产品,竞争的手段主要是改善产品质量,价廉物美是最有效的竞争规则,获得 ISO9000 认证是获得顾客和消费者信任的重要手段;在环境管理阶段,除了保持产品质量要求和关心顾客的需求外,还要顾及环境的要求;第三阶段在质量管理、环境管理基础上,又提出了对企业社会责任管理的要求,企业要从更广泛的公众利益和社会发展的角度考虑问题,自觉接受社会和公众对自己的监督、检验和认可。企业要实现经济、环境和社会效益平衡发展,对产品质量、顾客、环境、社会等所有的利益相关者负责[1]。企业已经进入了全面责任竞争的时代。虽然中国企业大多数目前仍然处于质量和环境竞争阶段,但全面责任竞争已经对中国企业发出了严峻的挑战。在全面责任竞争中,中国企业必须进行积极有效的探索,将自己的专业优势与社会某一问题的解决有效地结合起来,不断地提高责任竞争能力,方能在全面责任竞争时代中立于不败之地。

　　管理大师波特认为,将社会责任与经营策略结合起来,是企业未来新竞争力的来源[2]。

---

〔1〕　张向前.和谐社会企业社会责任管理研究[J].经济界,2005(06):11—13.
〔2〕　兰芳.社会责任运动促进企业可持续发展的机理与对策研究[J].武汉金融,2010(04):27—29.

通过富含社会责任的企业品牌文化,赢得消费者乃至社会公众对品牌更为广范的认同,已成为企业一种深层次、高水平的竞争选择。企业的竞争规则正在发生改变,员工福利、工作环境越来越成为企业所关心的问题,很多不相关的细节也越来越成为主导企业经营成败的关键。企业竞争越来越遵循一个新的包含企业社会责任因素在内的竞争规则,不适应这个规则,企业很可能就会被排斥在商业游戏之外。当前企业需要关注的竞争力要素已经不仅仅局限于人才、技术、管理等方面,责任要素正变得越来越重要。

由此可见,企业社会责任与竞争力具有一定的相关性。责任竞争力(Responsible Competitiveness)正是基于这一理念而产生,它最先由欧洲企业社会责任协会(CSR Europe)提出,主张把企业社会责任融入企业经营的过程当中,将其视为企业战略的重要组成部分,视为企业生存和长远发展的重要前提。国内学者王志乐也提出了软竞争力的理念,殷格非(2006)等认为责任竞争力是"企业运用自身的专业优势,解决社会、环境、员工等某一方面的问题,使得企业在履行社会责任的同时,经济效益也得以同步提升"[1]。这是企业与社会的双赢之路。

二、企业责任竞争力的界定

责任竞争力虽然已经提出,却没有人对其做出严格的界定,人们对它的理解不尽相同。本文通过对企业社会责任和企业竞争力理论的研究,结合分析责任竞争力的有关观点,提出了对责任竞争力的理解。

(一)从责任与竞争力的关系上理解责任竞争力

从这个角度出发有三种理解方式。第一种方式,责任就是责任,竞争力就是竞争力,两者不仅在词义和形式上完全不同,在本质和内容上也大相径庭。责任是企业所支付的额外成本,不仅不会提高企业的核心竞争力,反而会削弱企业的核心竞争力。第二种方式,责任与竞争力有关系,提高企业的竞争力就必须讲责任,讲责任的目的就是提高企业的核心竞争力,两者是手段和目的的关系。第三种方式,责任和竞争力是一个紧密的整体,两者相辅相成,共生共存,责任是企业竞争力的重要组成部分,没有社会责任的企业不可能有核心竞争力,有核心竞争力的企业必定以履行社会责任为基础和前提[2]。

(二)从企业竞争方式的角度上认识企业责任竞争力

该观点把企业承担社会责任看作一种企业的"软竞争力"。此种观点认为,公司责任是企业的"软竞争力"。经济全球化带来企业竞争环境和竞争规则的改变,国际企业把公司责任视为一种竞争力,称之为"软竞争力"。在现代工商文明发展的新时期,公司之间的竞争已经从硬件竞争上升到软件竞争,理念以及道德水准成为企业制胜不可或缺的一种"软竞争力"[3]。

(三)从企业竞争力来源的角度来认识企业责任竞争力

这种观点认为现代企业的竞争力已经包含了企业社会责任因素,是否具有社会责任感是决定企业能否在全球化运作中成功的决定性因素之一。企业认真履行企业职责,自觉承担与之相关的社会责任将可以提高获取经营资源和社会认可的能力,企业社会责任成了新时代、新

〔1〕　黎友焕.企业社会责任理论[M].广州:华南理工大学出版社,2010:198—199.

〔2〕　李培林.论企业社会责任与企业可持续发展[J].现代财经,2006(10):11—15.

〔3〕　杨继瑞.企业的社会责任与我国企业的自觉需要[J].经济管理,2004(18):14—17.

环境下企业竞争力的来源。这种观点以企业社会责任（上海）国际论坛上所提倡的"责任竞争力＝企业社会责任＋企业的专业化优势"为代表。

显然从第一种角度出发来理解责任竞争力，有三种方式。第一种方式是过去企业社会责任和企业利润对立的一种观点。第二种方式和第三种方式符合企业责任和企业竞争力趋同的一种现代企业发展趋势，也符合现代社会责任竞争的发展潮流，强调了责任对于企业竞争力的重要作用。这种理解指出了责任与竞争力之间的关系，但并没有说出责任竞争力到底是什么。事实上，"软竞争力"是从竞争方式的演变出发，来理解责任竞争力。所谓"软件竞争"是指责任理念和公司道德水准方面的竞争，"硬件竞争"是指质量、技术与制度等方面的竞争。软竞争力强调的就是责任理念和公司道德水准。

"责任竞争力＝企业社会责任＋企业的专业化优势"，即企业运用自身的专业优势，解决社会、环境、员工等某一方面的问题，使得企业在履行社会责任的同时，经济效益也得以同步提升。企业社会责任是责任竞争力必不可少的一个要素，企业的责任竞争力是企业社会责任和企业专业优势的有机结合，形成强大的责任竞争力，就必须在这两者上面做好功夫。显然这种理解抓住了社会责任和企业的专业优势，比前两种定义进步了很多，但没有体现出竞争力的本性——市场盈利性，没有体现竞争力的动态性，是静止的描述。

（四）本书对企业责任竞争力的界定

本书认为，企业责任竞争力就是企业结合自己的专业能力履行企业应该承担的社会责任，在这一过程中形成企业内外各个环节的竞争优势，从而在市场竞争中表现出来的一种综合能力。从责任竞争力的定义来看，它既强调了企业的专业能力（专业优势），又强调履行其合理的社会责任，既体现了其盈利性和自身发展的目的，也强调了这是一个持续动态的过程。从社会责任的内容来看，社会责任涉及企业的利益相关者，企业在履行社会责任的过程中必然会对企业的资源包括那些构成企业竞争力的要素产生影响。这样看来社会责任的履行对企业竞争力的影响是多维的，企业要全面提升自己的竞争力，必须注意企业各自内部的实力，同时也不能忽略企业外部环境对企业的影响。企业不能游离于市场之外，更不能游离于社会的整体环境之外，与单一竞争要素所形成的竞争力相比，责任竞争力是更为全面的综合能力。它不仅要充分利用企业的各种内部力量，还要考虑企业的各种利益相关者关系，使企业具有更强、更持久、更独特的综合竞争力，它是一种竞合能力。企业责任竞争力的外在表现就是通过自身的能力履行企业社会责任后在市场竞争中表现出来的优势，这种优势是责任竞争力的外在结果。

企业的责任竞争力使众多企业意识到，除了企业自身利益要实现外，还有更崇高的社会利益也要企业来实现，而且也逐渐让企业认识到只有大社会环境不断向前发展，才会有企业的不断向前发展和成长。责任竞争力告诉企业要把社会公共利益和企业自身的发展结合起来，要把企业的专业化优势和某一社会问题结合起来，它强调的是企业要与社会、经济、环境共同和谐发展，它是从更高的社会发展层面来思考企业的发展，体现企业与大众社会共生共存的一种具有远见的战略思想。责任竞争力道出了企业竞争的最高层次的内容不是打败市场竞争对手，而是与全球的环境、社会利益的共同发展相一致。

三、企业责任竞争力的涵义

首先,责任竞争力的本质涵义是关于公平和效率的问题[1]。这里的责任就是组织对其利益相关方的责任,其本质涵义是对利益相关方的利益实现和期望满足,特别是利益和期望的平衡问题。责任就是一个组织要公平地对待每个利益相关方,同时平衡好对各利益相关方的利益实现和期望满足,所以责任的本质是一个公平范畴的课题。所谓竞争力的本质,其实是一个效率的问题,它是组织在利用人财物资源上的有效程度的比较问题,谁能更有效地利用自然资源和社会资源,谁就应该或者能够占有更多的自然资源和社会资源,为社会提供更多的产品和服务。公平和效率的问题是任何一个组织都必须面临和考虑的问题,如上所讲,责任和竞争力问题也是每个组织必须面临和考虑的问题。因而,从本质上讲,责任竞争力是关于公平和效率的问题,也就不仅仅对企业而言,而是对所有组织而言都有同样意义。

其次,责任竞争力的本质意义是一种关于可持续发展的理念。简单地说,一个组织有责任没有效率,只考虑利益相关方的利益和期望,而不考虑自身的发展,即使容易为利益相关方接受,自身也难以生存下去,也难以得到社会的全面认可;反之,一个组织不关心利益相关方的利益和诉求,只关心自己的利益,即使暂时有些效益,终究不会为利益相关方认同,也很难在社会责任时代长久发展下去。而责任竞争力则强调平衡好各利益相关方利益和期望的同时,也要注重自身的效率和效益,要求两方面的平衡兼顾。惟有如此,组织才能较好持久地发展,同时也通过促进利益相关方的发展,进而促进全社会的可持续发展。因而,从与可持续发展相通的意义上,责任竞争力也是每个组织实践可持续发展可资借鉴的一种新理念。

最后,责任竞争力也是组织社会责任概念和体系的深化和具体发展。在最新发布的ISO26000 社会责任指南中,组织社会责任可被理解为:组织通过透明和符合伦理道德的方式,将利益相关方的期望(包括法律的和国际行为规范的要求等)整合到组织的各项活动之中,以使组织的各种决策和活动贡献可持续发展,包括贡献整个社会的健康发展和福利。这里既包括组织社会责任的目的(促进可持续发展),也包括组织履行社会责任的方法(将社会责任理念和要求融入到组织决策和活动中)等。其实,责任竞争力理念也正是这个概念的深化和具体发展。责任竞争力既是组织履行社会责任促进可持续发展目的的具体化,也是组织将社会责任要求融入组织各项决策和活动的具体衡量标准。

四、企业责任竞争力的特点

(一)整合性

在现代市场竞争中,企业若专注于强化市场竞争优势而忽视社会责任,会受到来自各方面的压力,并对企业的竞争力产生影响,甚至是导致企业被市场淘汰。所以企业责任竞争力是利用自己的专业优势结合某社会问题,从而给企业带来社会与利益上的双赢,充分体现了其整合性。

(二)间接性

责任竞争力的间接性是指责任竞争力在市场竞争中总是以某种具体的竞争要素比如产

---

〔1〕 大卫威勒,玛丽娅.利益相关者公司——利益相关者价值最大化之蓝图[M].张丽华,译.北京:经济管理出版社,2002:89—90.

品、管理效率、声誉竞争优势等体现出来。履行社会责任的企业可以获得社会利益相关者的认同、社会的肯定，良好的社会声誉、关系资本等异质性资源，这些资源会帮助企业在市场竞争中体现其竞争优势。反过来，市场竞争中的成功又会促进企业履行社会责任。所以说责任竞争力具有很强的间接性。

（三）持久性

责任竞争力是企业通过长期利用自己的专业实力，去解决某一责任问题而获取的，是一个企业长期在社会责任方面良好行为积累的结果，只要公司在经营过程中不出现重大的失误，特别是在社会责任方面不出现不可原谅的行为，企业的这种责任优势就不会轻易失去。只要企业从广泛的利益相关者出发考虑，妥善解决责任危机，企业最终还是会被社会接受。从众多成功企业的成长经历来看，那些企业都经历过责任危机，但都通过良好的补救措施以及以后的预防手段逐步壮大了。

（四）战略性

从企业长远发展的角度来讲，一个企业必须考虑未来它靠什么在市场竞争中立足，必须从企业发展的角度来培养其竞争力，以前市场竞争的重点是产品质量，是技术，那么企业就要在质量、技术上建立足够的竞争能力。而现在企业市场竞争不仅仅考虑这些因素，也要考虑包括社会责任在内的综合性因素，因此企业必须在这个全球企业发展的趋势、潮流下，站在战略发展的高度，构筑企业在未来市场竞争时的强大责任竞争力，这样才能在未来的全球化竞争中立于不败之地。

第三节　企业责任竞争力的构成要素与形成

企业社会责任的盛行、建立和谐社会的要求、可持续发展战略的实施等诸多现象说明了责任竞争时代的到来，在新出现的责任竞争环境下，企业的竞争规则必然是以责任竞争为焦点，责任竞争力必然会成为企业获胜的关键。

一、企业责任竞争力的构成要素

根据企业竞争力理论，企业形成竞争力一般是从企业外部和企业内部因素来寻求竞争力来源。从这个角度讲，企业责任竞争力的形成要素也可以从企业内外两个方面来分析获得。根据本文对责任竞争力的理解，责任竞争力的形成要结合企业的社会责任和企业的专业能力。所以，本节同样根据这个定义来分析获取责任竞争力的构成要素。所谓竞争力的构成要素是指能给企业带来竞争优势的某种资源。

（一）企业责任竞争力的外部构成要素

从已有的社会责任对企业竞争力影响的研究文献来看，社会责任对企业外部竞争力的影响都是从企业声誉、社会形象、客户关系、责任认证带来的差异化，突破国际壁垒、供应链关系等方面进行阐述。本文结合企业社会责任的内容，发现企业承担社会责任而获取的企业声誉、企业关系、社会责任认证这三方面可以整合所有的外部竞争要素。所以责任竞争力的外部构成要素是企业履行社会责任而获得的企业声誉、关系资本和国际市场的认可。企业承担社会责任从这三个方面来增强了企业的责任竞争力。

（二）企业责任竞争力的内部构成要素

国际著名的兰德公司经过长期研究发现，企业内部竞争力可分为三个层面：第一个层面是产品层，包括企业产品生产质量控制能力、企业服务、成本控制、营销、研发能力；第二层面是制度层，包括各种经营管理要素组成的结构平台、企业运行机制、企业规模、企业产权制度等；第三层面是文化层，包括以企业理念、企业价值观为核心的企业文化。企业社会责任从企业内部的这三个层面来增强企业的竞争力，企业要拥有企业责任竞争力就要在这三个层面上来履行合理的社会责任，从而形成强大的竞争优势。所以责任竞争力的内部构成要素是体现了企业社会责任的产品、制度和企业文化。本文称之为责任型产品、责任型制度和责任型文化。

二、企业责任竞争力的形成

按照企业竞争力理论，一般是从企业外部和企业内部因素来研究竞争力形成。从这个角度讲，企业责任竞争力的形成也可以从企业内外两个方面来分析。一方面，企业通过履行社会责任可以积累良好的社会声誉、优良的关系资本，赢得国际市场认可，这些企业外部竞争要素对于一个企业的竞争力提升与构建来讲都是非常重要的，而这些都与企业社会责任的承担密切相关，从外部形成与其他企业的差异。另一方面，企业通过履行社会责任对企业内的产品、制度、企业文化也起到提升的作用，这是企业对自身的升级。

本节着重从社会责任角度探讨责任竞争力的形成，所以本节存在这样一个潜在的前提，即企业履行社会责任是指企业结合其自身的能力去实现社会责任。下面对责任竞争力的形成进行具体的分析。

（一）企业责任竞争力形成的外部因素分析

1.企业声誉、形象

企业声誉是企业在与其公众（主要有顾客、协作者、投资者、员工、政府、新闻界、社区等）的社会交往中自然形成的，是企业行为能力与公众认知两方面相互作用的结果，它是公众在对企业的各种因素认知基础上所留下的一个总体印象，它对社会、政府、消费者都产生重要的影响。

在现代市场经济中，企业承担社会责任之所以能提升企业的竞争力，是因为企业承担社会责任能形成良好的企业声誉。而良好的企业声誉是企业所拥有的最独特的、价值最大的异质资源，它能提升企业竞争力、提升企业整体价值。企业承担社会责任而形成的企业社会声誉，可以为企业创造一个良好的生存和发展环境，相对于其他企业来说更有利于企业的成长和发展，因而相对于其他企业来说，就更具有竞争优势，这表现出来的就是我们所说的企业责任竞争力。

企业的竞争正在由产品、服务的竞争转向企业社会公众形象的竞争。而企业社会公众形象的建立与企业承担的社会责任是有关系的。在市场经济体制下，因社会责任方面的负面新闻对企业家、企业产品形象会产生超过想象的伤害，一个原本发展得很好的企业常常因为在外界看来很小的一件事情而发生戏剧性的滑坡，甚至如大厦轰然坍塌。企业经营的最终目的是盈利，但如果忽视了社会责任就不算成功的企业。只有注重社会责任的企业，才能在长远的发展中树立自身的品牌，只有给予社会最优质的产品，社会才会对企业给予认同及回报，在这样的良性循环下，企业自身才是最终的受益者。企业越是注重社会责任，其产品和服务就越有可能获得更大的市场份额。现在的顾客,社会意识逐步增强,不单单注重产品能否满足自己的关键购买因素,如价格、质量、安全、便利等,更关心产品是如何生产出来的。对于消费者来说,接受一件由剥削童工、妇女或囚犯所制造出来的商品已变得不可思议。可见在注重企业与社会协调发展的今天,只有当企业遵守了基于道义的社会责任,它才可能赢得社会的认同,提高品牌声誉,并赢得众多的顾客,企业才有可能进一步发展、壮大。正如星巴克的 CEO 奥林·史密斯(Orin Smith)所言,星巴克的最大成就之一,就是说服顾客支付 3 美元的高价,购买一杯"有社会责任的咖啡"。世界管理大师彼得·德鲁克认为:"企业并不是为着自己的目的,而是为着实现某种特别的社会目的,并满足社会、社区或个人的某种特别需要而存在的。"

企业社会责任是形成企业声誉一个相当重要的因素,在新的竞争环境下,可以说是最为主要的影响因素。因为未来的竞争逐渐会从有形的产品、服务、技术等硬性资源的竞争,转移到无形资产领域的竞争,企业声誉将成为企业成功的持续驱动力。在实践中,企业利用社会责任行为建立社会声誉和增强竞争优势的模式已得到广泛认同。企业的声誉就是竞争力的一种构建因素[1]。Miles 和 Covin 通过对竞争优势来源的分析,发现企业声誉是企业一种非常有力的无形资产,企业可以用其树立积极的社会形象,来提高自己的竞争优势[2]。

2.关系资本

所谓企业关系资本,是指对企业与内外部的对象(包括组织与个人)之间经过长期交往、合作互利行为所结成的一系列认同关系进行投资和运营使之持续增值并给企业带来新的竞争优势的一种无形资产[3]。在本文当中主要是指企业对利益相关者负责而形成的良好的社会关系。

关系资本是企业利润来源的关键资产之一,其不可模仿性和不可替代性使企业的竞争优势得以维持下去。关系资本不同于普通的实体资本,一般性资本可以被竞争者在市场上简单地购买而得到,而关系资本是无法在有形的市场上交易的,因为这种特殊资本的所有权是被人所共享的,是所有者集合签订的心理契约,并随着企业的发展而不断变化。而且,成功地复制企业文化和人际关系是非常复杂的,这些复杂的社会过程可能会受到管理能力的限制。正是这种不可模仿性和不可替代性造就了企业关键资产的显著特征,它们不仅为企业带来竞争优势,而且还能使这种优势得以维持下去。

关系资本经营的出现打破了传统的资源配置形式,传统的资源配置方式是靠市场的调控,企业要获得自身发展成长所需的各种资源必须通过市场机制,但是企业通过履行社会责任而形成的关系资本会为企业带来额外的好处。比如企业与政府之间的关系,就可能给此企业带来更为优惠的政策条件,从而比其他企业获得更大的优势,而与投资人的关系,会为企业带来潜在相当大的资金来源,与合作者的关系资本会为企业带来更小的交易成本、合作管理成本等。关系使企业同时获得了外部市场的利益优势和内部组织控制的成本优势。当内部组织交易成本小于通过外部市场来组织交易的成本,说明内部化具有成本优势。一旦内部化的收益小于其成本,这时纯粹的内部化是不利的。关系资本的存在则刚好弥补了这一不足,因为企业能够通过自己的关系网利用外部市场来组织内部交易成本,即利用外部市场来组织一项交易时所获得的较大收益值来替代同样的活动在内部控制组织时获得的较小收益值,从而使该企

---

[1]　黎友焕.企业社会责任理论[M].广州:华南理工大学出版社,2010:201—203.

[2]　Micheal. E. Poter. Competitive Advantage of Nations[M]. New York:Free Press,1990.

[3]　黎友焕.企业社会责任理论[M].广州:华南理工大学出版社,2010:203—204.

业同时获得外部市场的利益优势和内部组织的成本优势。而这些优势可以为企业带来足够强的竞争力。

企业的发展壮大在很大程度上取决于拥有良好的社会关系。若逃避社会责任，企业将受到社会的鄙视，消费者不屑购买其产品的结果必然导致该企业的消亡。相反，企业注重履行对利益相关者的社会责任，就是在进行关系资本的投资。企业长期关注并承担社会责任，可以为企业积累具有独特性、持久性的关系资本，从而使企业在很大程度上摆脱物质资源有限性的约束。这种关系资本能够形成企业的责任竞争力，为企业注入持久的生命活力，保证企业具有持续的竞争优势，使企业在市场竞争中能长盛不衰。

3. 市场认可

市场认可主要指的是国际市场认可。承担社会责任不仅可以提升企业的社会形象，为企业积累雄厚的关系资本，还能使企业获得国际市场的认可，获得进入国际市场的通行证。

企业社会责任已经成为企业在全球化运作中成功的关键因素之一。在经济全球化背景下，社会责任已经成为衡量成功企业的公认指标。特别是跨国企业，社会责任的履行已经被列入公司议程，越来越多的投资者在购买其股票时会对其社会责任状况进行分析，拒绝投资那些直接或间接违反劳工标准的公司，要求公司实施社会责任政策，甚至监督供应商、零售商的劳工问题。美国在 1997 年推出的 SA8000，1999 年推出的"道·琼斯可持续发展指数"，以及英国在 2001 年推出的 Footsie for Good 等说明，国际社会越来越看重企业社会责任，并使之标准化。

长期以来，中国企业一直习惯专注于经济效益，认为企业社会责任可有可无。随着中国逐步介入全球化，全球"500 强"等各大公司纷纷在中国设立机构，中国正在成为"世界工厂"。在这个过程当中，中国的劳工问题等企业社会责任方面的问题也日益突出，为国内外所关注。一些海外的劳工组织和跨国公司针对中国的劳工问题，还制定了专门的"工厂守则"，要求中国的出口企业遵守。由美国国际劳工权利基金、全球交流组织等 21 个劳工组织、消费者组织、人权组织联合起草，并有多家跨国公司签署的《中国商业原则》宣称："我们要确保我们在中国的商业活动尊重国际劳工组织制定的基本劳工标准、联合国《经济、社会和文化公约》规定的基本人权标准、中国政府签署的《公民和政治权利公约》以及中国法律。"从事企业社会责任认证的国际组织也相继在中国登陆。2009 年 8 月，在首届中国企业社会责任年会第一分论坛"走向规范的中国企业社会责任建设"上，法国必维国际检验集团认证部总经理张万泽宣布了即将与南方周末企业社会责任研究中心合作，联合推出中国企业社会责任认证（CCSR）的消息。"绿色壁垒"之后，我国企业正面临一道无形的贸易壁垒——社会责任标准认证。曾经属于精神文明范畴的道德，将以"标准"的形式出现，并作为一种竞争规则、一种市场的力量来加以强化。这是刚走近"社会责任标准"的中国企业所面临的挑战。

中国企业在面对国际市场之时，要转变经营观念，积极主动地履行社会责任，使企业获得各种各样的社会责任认证，从而突破贸易壁垒，同时实现自我开发，提高企业竞争力，这符合企业内在与外在的要求，是责任竞争力的重要体现。

（二）企业责任竞争力形成的内部因素分析

1. 责任型产品

责任型产品即产品的本身及设计、生产、销售等方面都体现出企业的社会责任，满足了消费者健康、安全、环保、人权等方面的需求，符合人类社会环境和生态环境的要求。

企业的社会责任应该体现在整个产品链的各阶段。首先，产品必须符合国家、行业标准，具有较高的质量和安全性。其次,产品的设计应该寻求资源的高效利用和循环利用,符合社会的需求。再次,产品的生产在符合废弃物排放等有关规定外,还应该注意产品的生产环境,员工待遇,要符合国家关于童工、工时等方面的规定,甚至是生产材料的来源以及供应商的社会责任状况。最后,产品的营销也必须注重社会责任的履行,产品宣传时不能打虚假、夸张广告,销售时不能使用传销、赌博性质的有奖销售等非法销售手段。企业在整个产品链上的社会责任的履行,最终会以一个整体形成企业的责任竞争力,使产品得到消费者的认同,在市场上创造差异化优势。

2.责任型制度

制度层竞争力,它包括企业组织结构、产权制度、运行机制及各种管理要素组成的结构平台等。责任竞争力要在长期处理企业竞争力和股东、供应商、消费者等利益相关者的利益关系,持续地为企业提供驱动力,就必须将对企业社会责任的要求在企业内以制度形式加以规范实施。通过在制度层面上对企业社会责任进行强化,这样对企业员工以及合作者都会产生良好的规范作用,可以优化产权结构,对治理结构产生良好的影响。从被动执行社会责任的要求,到积极主动地履行社会责任,再到在制度层面上固化企业的社会责任,我国企业在这一过程中还有很长一段路要走,应尽快为责任竞争力提供制度上的保障。

3.责任型文化

与产品、技术和市场等因素相比,企业文化对企业的影响更全面、更持久、更深刻。它是企业长期生产经营中形成的为企业成员所认可和遵循的价值观、行为规范和思维模式的总和。责任型文化即在企业文化中强调社会责任,注入持续发展的理念,使企业文化更适合企业的持久发展,与社会、环境等共生共存。

从成功企业的发展经历来看,正是由于这些企业解决了企业生存和发展的基本命题,成功打造了自身的核心价值观和企业文化,影响了企业的管理制度、人力资源制度、激励奖惩制度等,并最终影响所有企业成员的行为,才得以从根本上促进企业在市场竞争中不断发展壮大。而只有将社会责任纳入企业文化之中,才能使企业在真正意义上积极主动地履行社会责任,并在承担社会责任的过程中反过来促进企业自身的发展,在责任竞争力的作用下实现良性的循环。

三、内外因素共同作用下的企业责任竞争力模型

对前两节的分析进行总结合并后,可以得出一个企业内外因素共同作用形成企业责任竞争力的模型:

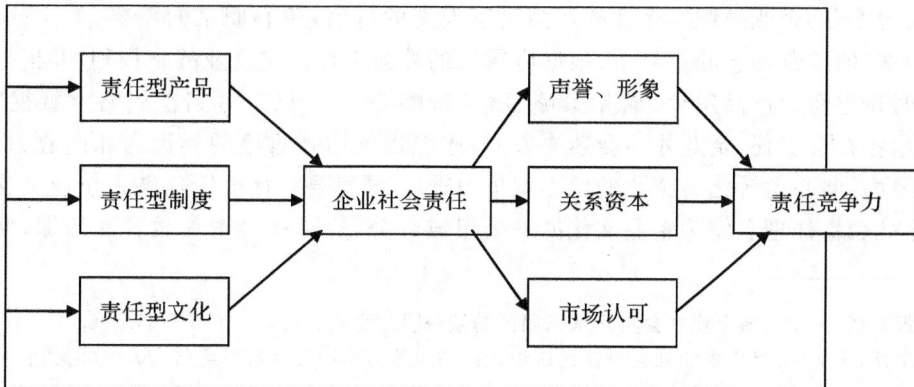

图6-1　内外因素共同作用下企业责任竞争力模型

企业的责任型产品、责任型制度、责任型文化等内部要素持久地促进企业社会责任的履行,在这一过程中为企业带来声誉、关系资本、市场认可等外部要素,最终由企业的这些内外要素共同形成了企业的责任竞争力,并且企业责任竞争力在形成之后,反过来会更进一步地促进企业各内部要素的形成,这是一个良性的循环过程,有助于实现企业和社会的共同发展。

第四节　企业责任竞争力的提升途径与对策选择

一、企业责任竞争力的提升途径

(一)增强意识,把企业责任转化为核心竞争力

首先,企业要增强社会责任意识。企业应该明确,企业要想获得大发展,必须根据科学发展观和构建社会主义和谐社会的要求,转变观念,树立正确的企业社会责任观[1]。企业要从"社会公民"的角色出发,充分认识到企业是社会的一分子,应该在法律、道德允许的前提下赚钱,同时要对社会有所回报。这既是社会发展的需要,也是企业自身发展的需要。可以说,未来的企业只有具备高度的社会责任意识,并自觉承担必要的社会责任,才能获得更大的生存和发展空间,才能实现持续、健康的发展。其次,企业要强化社会责任投资理念,将社会责任转化为商机。企业长期坚持履行企业社会责任及重视企业科技创新与学习成长的做法,在带来巨大社会效益的同时也会获得企业形象的提升。

(二)借助媒体,加强企业履行社会责任的宣传

媒体有巨大的信息放大作用,是企业开展公关活动的良好工具,企业要根据行业特点、专业特长,选择合适的媒体,以企业社会责任事件如关心弱势群体、关注教育事业、支持社区建设、支持公益事业、帮助贫困地区发展等为契机进行公关策划,传播组织形象及产品和服务的信息,将承担社会责任转变为企业品牌投资、企业信誉投资、企业形象投资。在媒体宣传的同时,要注意不能仅仅把履行社会责任作为一种商业手段,而应该从企业根本价值理念出发,把履行社会责任看作企业反馈社会的义务所在。

(三)构建战略,树立"以人为本"的理念

"以人为本"的企业强调本企业的产品对于人类的价值,关心职工的需要,关注社会福利。在"以人为本"的经营理念的指导下,根据应履行的社会责任制定企业战略规划,并根据企业社会责任及时调整企业产品策略、营销策略、服务策略等[2]。只有做到在战略上重视"以人为本",敢于承担社会责任,企业才不会迷失方向,才能逐渐增强自己的凝聚力和向心力,并最终将这种凝聚力、向心力转化为企业的核心竞争力[3]。同时要将社会责任纳入企业文化建设系统,将企业社会责任理念作为企业文化的一个组成部分,通过社会责任教育和培训,使企业全

---

〔1〕 张安毅.关于当前企业社会责任认识误区的偏差[J].商业时代,2010(06):85—86.
〔2〕 左伟,朱文忠.当代企业社会责任的认识误区与风险分析[J].金融与经济,2009(08):16—17.
〔3〕 周卫中.企业社会责任的五大认识误区[J].企业管理,2005(05):102—104.

体员工统一认识、一致行动,通过软环境的建设使社会责任贯穿于企业的整个发展中。

(四)参与慈善,实现经济效益与社会效益双赢

慈善事业与利润并不是相互冲突的,企业通过积极参与环保、健康、文体、教育、交通安全、文化遗产保护等公益慈善活动,一方面可以扩大企业的知名度,提高企业的美誉度;另一方面可以推广品牌文化和价值观,形成品牌效应,使顾客对品牌更加忠诚,并积极推荐给新的顾客、传播对企业有利的信息,使企业获得更大的市场份额,为企业赢得良好的企业形象和品牌形象,从而使企业比竞争者更有竞争力。企业参与公益慈善事业,从另一个角度来看也是一种长远投资,这种投资不仅是一种经济效益的投资,更是一种社会效益的投资,是一种品牌竞争力的投资。

(五)认证标准,取得国际市场的通行证

SA8000 (Social Accountability 8000)社会责任标准,是以改善劳动环境和条件,保障劳动者权利等作为重要目标,涉及童工、强迫劳动、结社自由和集体谈判权、歧视、惩戒性措施、工作时间、工资报酬、健康与安全、管理体系 9 项核心内容[1]。据统计,截至 2005 年 6 月,全世界共有 45 个国家的 720 家企业获得 SA8000 认证证书,其中中国仅有 99 家,占总数的 13.75%,而且这 99 家企业当中的大多数都是由于跨国公司生产链的推动而被动申请认证的。而据美国相关商会组织调查,目前有 50% 以上的跨国公司和外资企业表示,随着 SA8000 实施,将重新与我国企业签订采购合同。所以我国企业要把 SA8000 社会责任标准看作加强企业自身建设的基本条件,应积极参与 SA8000 认证,取得国际市场的通行证,增强和提高国际竞争力[2]。

二、企业责任竞争力的策略选择

以责任竞争力的理念为前提,本文认为我国企业应当用基于战略系统的视角去承担社会责任。在具体对策方面,借鉴国外成功企业在社会责任方面的表现,主动地承担内部利益相关者特别是对员工的责任,改善雇佣关系,来实现新的竞争优势来源,以此去吸纳流动性因素。这对我国不同性质企业具有不同的策略含义。

(一)国有企业的策略选择

对比国外研究结论与国有企业责任表现,有学者认为国有企业应当主要承担促进公平就业、提供有意义工作等内容。国有企业在工作与家庭平衡、职业健康与安全等方面的表现总体优于民营企业,而由于承担社会目标与被管制下导致的效率与公平失衡问题则难以消除。因为国有企业作为宏观经济运行的稳定器,长期以来的就业与工资管制导致劳动市场分割现象日益严重。具体来说,一是企业内部市场刚性,无法有效地激励员工。二是企业内外部市场的链接不畅,收入差距与社会公平问题日益严重。实现公平就业,并提供有意义的工作则有利于解决上述问题。具体对策方面,一是要确保内部员工获得平等的就业机会,通过无歧视的就业、公平的晋升和受训、同工同酬等,促进国有企业内部员工的多样性。二是企业应该重新组

〔1〕 曲建忠,刘国华. SA8000—全球化经济中的企业竞争新要素[J].软科学,2004(05):21—23.
〔2〕 王丽萍,吴建江,蒋兰陵. SA8000 与企业国际竞争力的提升:新制度经济学视角[J].世界经济与政治论坛,2005(04):110—113.

织工作场所,进行工作设计,提供具有挑战性并尊重个人自治权的工作,侧重于员工内在的工作满足,塑造一种基于公平的激励或职业满足,让员工感到组织对其成就的认可。

(二)民营企业的策略选择

民营企业的责任竞争力策略选择,首先,要分析外部环境要求。著名的战略管理公司博斯公司对中国制造业的调研(2009)显示,全球经济危机改变了几乎所有中国制造业的未来业务战略假设[1]。企业变革趋势要求我国民营企业培育新的竞争优势源泉。其次,需要考虑其适用性。战略社会责任在国外被诟病与非议,主要是由于能够制定并实施社会责任的经理人的短期任期制与社会责任的长期效应存在着矛盾和不一致。但是我们认为我国的民营企业不存在这种矛盾,因为民营企业经营管理者具有家族世袭的长期性。

然而,现实中大量的民营企业管理者往往忽视了企业对外部客观因素的选择与内部资源与能力的培养,不是主动地通过可控制的主观因素,而是被动地诉诸中性因素,工作的重心直接作用于企业外部中性因素上,把中性因素主观化,致使企业陷入风险与危机之中[2]。这是由于民营企业缺乏战略理念,过分强调社会责任的直接经济绩效,促使企业首先承担消费者责任的短期非理性行为,导致社会责任的功能被局限于企业声誉,而忽视了社会责任更积极的作用,如人才管理方面的内部资源与能力建设等决定竞争优势的功能。2007年中国企业家成长与发展的调查报告验证了这一理论困境:在我国企业经营者看来,企业履行社会责任的首要动因是"提升企业品牌形象"(71.3%),远高于排在第二的"为社会发展作贡献"(38.9%)的比重,"建立持续竞争优势"(33.4%)也仅仅排在第四位。同时,企业对内部员工承担责任的认识与实践则存在较大的差距,在认识上更多地把员工责任等同于法律与伦理责任,在实践方面东部地区的小型私营企业的员工责任表现最差[3]。可见,我国大部分企业特别是民营企业,还停留在短期市场决定论上,并把市场地位建立在员工的低成本优势上,在雇佣关系上力求降低劳动力成本,增加灵活性并提高产出。与中性因素主观化相对,我们把这种策略称为主观因素中性化。中性因素主观化与主观因素中性化都是在特定背景下企业做出的选择。我国民营企业依靠低成本(土地、劳动力成本)、低附加值取胜的发展战略来获取竞争优势的时代已经结束,企业必须从根本上进行改变。

笔者认为,民营企业应当在战略上通过转变理念,结合国有企业的责任实践,加强员工工作与家庭的平衡。帕萨姆(Parasuraman)等研究者发现:员工需要在工作与家庭中和谐地生活,良好的家庭关系也有助于员工工作绩效的提高。奈尔森提出了组织实现家庭工作平衡的策略主要有两大类,即弹性策略和支持计划。弹性策略包括弹性时间、弹性操作和弹性边界;支持计划包括提供信息、托管孩子、照顾老人和家庭生活咨询与培训[4]。这些管理策略已经在国有企业得到一定程度的实践,许多民营企业也已经意识到这些问题的重要性,如东部沿海

---

[1] 博斯公司大中华区.中国制造业竞争力研究[J].中国物流与采购,2009(07):24—27.

[2] 易开刚.民营企业社会责任:内涵、机制与对策——基于竞争力的视角[J].经济理论与经济管理,2006(11):65—69.

[3] 中国企业家调查系统.企业家看企业社会责任——2007年中国企业家成长与发展报告[M].北京:机械工业出版社,2007:79—80.

[4] TR. Nielson. The Supportive Mentor as a Means of Reducing Work-Family Conflict[J]. Journal of Vocational Behaviour,2001(59).

民营企业在经历民工荒后,开始借助于情感投入,为特殊困难的员工提供适当的家庭照顾福利,如夫妻房、解决小孩入托入学等问题,以此来激励员工和提升员工的忠诚度,实现用人与留人。

本 章 小 结

本章首先阐述了企业社会责任与企业竞争力的内在关系所在,提出企业社会责任是企业竞争力的基础和前提。如何理解呢? 第一,实施企业社会责任,是塑造良好社会形象的基础;第二,实施企业社会责任,是建立和谐劳动关系、争夺一流人才的途径;第三,企业社会责任意识的增强有助于顾客忠诚度的增强;第四,实施企业社会责任,可获得进入国际市场的通行证;第五,企业社会责任意识的增强有助于提升企业财务绩效。在此基础上,认为基于社会责任的企业竞争力才是企业发展的战略选择。

欧洲企业社会责任协会(CSR Europe)首先提出,主张把企业社会责任融入企业经营的过程当中,将其视为企业战略的重要组成部分,视为企业生存和长远发展的重要前提。责任竞争力(Responsible Competitiveness)正是基于这一理念而产生。在此基础上,本章主要通过责任与竞争力的关系、企业竞争方式、企业竞争力来源三大角度对责任竞争力进行了明确的界定,并提出企业责任竞争力就是企业结合自己的专业能力履行企业应该承担的社会责任,在这一过程中形成企业内外各个环节的竞争优势,从而在市场竞争中表现出来的一种综合能力。从责任竞争力的定义来看,它既强调了企业的专业能力(专业优势),又强调履行其合理的社会责任,既体现了其盈利和自身发展的目的,也强调了这是一个持续动态的过程。

而后,本文又从企业的外部因素包括企业声誉、企业关系和企业国际市场认可三个方面和企业的内部因素包括企业产品、企业制度和企业文化三个方面阐述责任竞争力的形成。

最后介绍了责任竞争力的提升途径,主要分为:树立把企业责任转化为竞争力的意识;借助媒体,加强企业履行社会责任的宣传;树立"以人为本"的理念,把承担企业社会责任纳入企业战略规划;积极参与公益慈善事业;积极参与 SA8000 认证,取得国际市场的通行证。最后又从国企和民企两个方面探讨了提升责任竞争力的对策选择。

思考题

1.企业社会责任与企业竞争力的关系如何?

2.企业责任竞争力的概念是如何提出的? 文章分别又是从哪些角度对责任竞争力进行了界定?

3.责任竞争力的基本含义是什么? 有哪些特点?

4.责任竞争力是如何形成的?

5.责任竞争力有哪些提升途径?

6.举例说明责任竞争力的具体表现。

案例阅读与启示

李宁公司:社会责任助推竞争力[1]

随着中国经济的不断发展,企业社会责任也更加受到中国企业的重视。

但是,体育产业与传统产业存有较大的区别,因此如何实现企业社会责任与体育产业的成功融合,形成长效机制,对于中国体育产业而言尚需自主探索。李宁公司则在此探索的道路中开辟出了一条特色之路。

企业社会责任(Corporate Social Responsibility,简称CSR)的正式定义虽经国内外论坛多次讨论,却仍莫衷一是。目前国际上普遍认同CSR理念:企业在创造利润、对股东利益负责的同时,还要承担对员工、对社会和环境的社会责任,包括遵守商业道德、生产安全、职业健康、保护劳动者的合法权益、节约资源等。

创建和谐营销环境

企业CSR行动的深入展开,迫切需要开展真正的战略CSR行动。只有如此,企业才能够深刻影响到其核心受众群,为建设可持续发展的和谐社会作出贡献,同时在推动CSR的过程中,创建属于自己企业的和谐营销环境。

2009年3月19日,李宁公司在香港发布2008年度财务报告的当天,也公布了另一个重要的年度报告——2008年度《企业社会责任报告》,表达其对于社会责任的积极担当与持续关注。据悉,这是李宁公司首次发布其企业社会责任报告,也是国内体育用品行业的第一份企业社会责任报告。

基于全球金融危机的背景之下发布的这两份报告,无一不显示出李宁"逆势而上"的决心和实力。李宁公司在财务报告中称,其2008年营业额为66.9亿元人民币。自从2004年在香港上市以来,李宁公司保持稳定快速的发展态势,业绩一直以30%以上的速度快速增长。而2008年更是抓住奥运营销的机遇,业绩增长达53.8%。同时,其极富中国特色的企业社会责任报告,也表达了李宁公司希望通过CSR(企业社会责任)提升核心竞争力,推动和谐营销并获得竞争优势持续改善的信心。

这份沉甸甸的报告形式上极具中国特色,分为金、木、水、火、土五个篇章,内容上全面涉及了过去几年中,李宁公司与各利益关联方的持续对话,从李宁的财务状况、公益活动、奥运成就、价值链关系等多个方面展示了李宁在企业社会责任方面的持续努力:一是致力于体育事业,在打造民族品牌方面取得的突出成就;二是李宁公司在取得成就后积极主动地承担社会责任,比如持续开展"一起运动"项目、对四川汶川地震灾区的紧急救援、对中华健康快车的持续支持以及与联合国世界粮食计划署(WFP)的合作等。

李宁公司目前旗下拥有品牌包括:李宁(LI—NING)、艾高(AIGLE)、新动(Z-DO)、红双喜(DHS)以及乐途(LOTTO)。经过十多年的探索,"李宁"已逐步成为代表中国的、具有东方元素的国际领先的体育用品公司。李宁公司以"致力于体育产业、回报于社会"为原则,形成了李宁公司长期坚持企业社会责任的核心策略。

李宁公司发言人、政府及对外公共事务总监张小岩在接受记者采访时表示:"李宁公司一

---

[1] 案例来源:梁瑞丽.李宁公司:社会责任助推竞争力[J].东方企业文化,2010年3期.

贯将致力于体育产业,回报于社会作为企业社会责任工作的基础,而未来的发展方向也都是基于这一核心价值观。作为中国体育用品行业的领军企业,我们必须做出对于社会的长期承诺。只有这样,我们才能履行我们的企业社会责任,做一个优秀的企业公民。"

打造价值链的共赢

独特的企业文化,是李宁公司每个部分紧密协作、奋力向前的接力棒,使所有的供应商、经销商、服务商成为合作伙伴。李宁公司致力于改革传统供应链模式,打造以需求为导向的供应链管理模式。"厚土共生""合作共赢"一直是李宁公司对待其合作伙伴的基本态度。

此外,为使供应链布局更贴合市场,对市场做出更快的反应,同时缓解成本上涨的压力,李宁公司正邀请核心供应商于湖北省荆门市工业园建立生产基地。2008年12月18日,李宁公司与合作伙伴、荆门市政府共同建立了"李宁(荆门)工业园",发展集服装、鞋、配套、物流一体化的生产和配送基地。据了解,李宁(荆门)工业园位于荆门经济开发区,由李宁公司主领,湖北福力德鞋业有限公司、湖北动能体育用品有限公司共同投资。李宁公司7家核心供应商将分别组建服装集团和鞋业集团,在该工业园内从事服装和鞋类生产,李宁公司将在工业园内投资建设物流产业园。李宁(荆门)工业园建成后,将成为华中地区最大的体育用品生产基地和物流集散地,每年可实现产值50亿元左右,同时可以解决4万至5万人的就业。预计到2011年,将有不少于50%的鞋订单、30%的服装订单在新生产基地制造。

除了对于合作伙伴的关怀之外,如何回报员工,李宁公司也在考虑怎样以更多的关怀回报"李宁人"。2006年10月18日,李宁中心举办了奠基仪式,2008年9月全面竣工。全新的李宁中心通过建筑形象表达出公司的企业文化和运动精神,除行政中心外,重点承担研发、市场两大核心职能。李宁总部不仅使员工能够释放工作压力,放松精神,提升工作快乐指数,同时,没有遮挡的蓝天更是激发了员工的创新与探索精神。

社会品牌的提升

重视CSR是企业迈向成熟的表现。业内专家认为,企业对社会责任的承诺和推行也会成为企业竞争力的组成部分。只有这样,才能真正让企业重视和持之以恒地履行社会责任。

有针对中国企业的调查报道称,86.2%的被访企业会将社会声誉作为选择合作伙伴和交易对象的考虑标准。而这一点在成熟市场体系里表现得更为明显。美国的企业社会责任促进会指出,能平衡兼顾社会各方和企业利益的公司,其业务增长率是其他公司的4倍,就业增长率是其他公司的8倍。这项调研还发现,职业道德形象不佳,可使公司的股票价格下跌至少6个月。

事实上,李宁公司CSR的开展,也和企业品牌、业绩成长成正相关的关系,两份几乎同时推出的年报就是最好的力证。张小岩说:"我们在不久前的全国经销商大会上,做了一个问卷统计,当被问及是否会和更愿意关注企业社会责任的公司合作时,大多数经销商都给了4分(满分为5分)以上的答案。另外,我们将李宁参与公益活动的影像在各城市的旗舰店播放等,对提高消费者的品牌认同,从而促进销售也起到了正面的作用。"

张小岩还强调,在多年来从事公益事业的实践中,李宁公司一直在探索以行业社会责任为前提和背景的最有效的捐赠模式,探索运动品牌与人性关爱最契合的方式。李宁公司并不认为社会公益应该只停留在对弱势群体的关注上,而应该借助顽强拼搏、不屈不挠为象征的体育精神的输出,促进全民生活观念、生存方式的正向提升,也就是从发展社会公益走向凝聚公共精神。

去年在联合国世界粮食计划署（WFP）庆祝与中国合作30年的纪念仪式上，奥运冠军、"体操王子"李宁被任命为中国首位"WFP反饥饿亲善大使"。作为反饥饿亲善大使，李宁于2009年年底访问孟加拉国，考察和了解WFP在当地使用中国捐款的情况。李宁曾经提到，在提供基本粮援的基础上，对贫困人口进行生活方式方面的教育，同时引导他们进入可持续的经济活动中同样重要。

作为李宁CSR的核心活动之一，"一起运动"从2006年启动至今已成功举办了4年，免费培训国家贫困县农村中小学体育老师千余人，惠及国家贫困县50万农村中小学生。"一起运动"由李宁公司发起，并与中国扶贫基金会合作成立"一起运动"专项基金，共同管理实施的公益项目。它的主要宗旨在于推动贫困地区中小学体育教学发展，提高农村体育教学水平；帮助农村体育教师提高业务技能；让农村的孩子们享受到运动的快乐和权利。2009年，李宁公司旗下的NBA球星巴朗·戴维斯来到中国，在李宁公司的安排下来到北京光爱学校，亲自教导孩子们进行专业运动，并分享自己的运动历程，鼓励他们要追求自己的梦想，并坚持到底。

业内专家指出，随着社会的发展和进步，公众对企业应该承担社会责任的期望在急剧增长，公众支持并赞许企业在追求经济目标的同时也追求更多的社会目标。企业的行为如果与公众期望一致，则必然能赢得良好的口碑，树立良好的企业形象，赢得更多的顾客，为企业营造良好宽松的销售氛围。同时，从营销的角度来看，社会责任的承担还能直接增加产品的销量，获得利润。事实上，作为市场经济条件下的市场主体一方，企业的许多社会行为不排除直接功利性的目的，它虽然是由利润动机驱动，但它也是双赢的一种活动；再者，企业通过承担社会责任，获得"更高层次"的形象，不仅有利于融洽企业和消费者的关系，还有利于融洽企业和社会公众、社会组织、政府机构的关系，有利于企业的各项公关活动，并获得较多的发展机会。

张小岩亦表示，李宁公司也正在探索从做产品本身到做企业品牌，再到做社会品牌的过程中，希望能将企业社会责任与其体育企业的事业紧密相连，为今后中国体育事业的蓬勃发展开启新的道路。

案例讨论：

1.李宁的责任竞争力体现在何处？

2.通过对本章的学习，你认为提升李宁责任竞争力的途径和对策还有哪些？

第七章

企业社会责任的主要维度

——| 对企业利益相关者负责实际上是对企业自身的利益负责。

——编者语

▶ 本章学习目的

通过本章的学习,掌握企业社会责任的七大维度,即企业对消费者、员工、股东、合作伙伴、社区、环境和政府应该承担起的社会责任;了解各个维度提出的相关背景,以及有关的重要概念;在此基础上,从这七大维度出发,清晰把握企业社会责任在这些利益相关主体上的具体内容和体现。

▶ 本章学习重点

消费者维度的企业责任;员工维度的企业责任;股东维度的社会责任;社区维度的企业责任;供应链维度的企业责任;政府维度的企业责任。

企业社会责任维度,即从利益相关者视角展开对企业社会责任的具体内容进行研究与探讨。企业作为市场经济的主体,其产生与发展离不开股东的有形投入与无形支持,离不开员工的辛勤生产与企业建设,离不开顾客的需求发现与消费满足,离不开政府的政策支持与行业导向,也离不开社区、环境的关怀与支持。因此,企业必须对这些社会主体承担社会责任。从社会嵌入理论角度理解,这是企业作为“经济人”追求经济价值的手段,也是企业作为“社会人”实现社会价值的方式,是企业将经济活动嵌入社会网络以实现目标的有效工具。从企业长远发展而言,也是企业作为社会细胞实现可持续发展的必由之举。因此,本章对企业社会责任的维度进行了较为详细的理解与探讨。

第一节 消费者维度的企业社会责任

2009 年,中国消费者协会秘书长杨红灿在研讨会上谈到“企业最重要的责任是对消费者的社会责任”。市场经济从某种程度上来说就是消费者经济,消费者始终是企业的利润之源。企业利润来源于消费者的信任,而消费者的信任又源于企业对社会责任的承担,尤其是对顾客责任的承担。实践证明,真正承担起顾客责任的企业才会有长远的发展。反之,那些视消费者权益为儿戏,严重损害消费者权益的企业,最终会失去消费者的信任和支持。为此,我们需要首先探讨企业社会责任的第一维度,即企业对顾客的责任。

一、企业承担消费者责任的提出

企业承担消费者责任的提出与消费者运动两者间存在着密切的联系。消费者运动源于19世纪的英国,在工业革命的推进过程中,商品的多样化和丰富化在提升消费者生活品质的同时,也带来了众多困惑消费者的产品和服务问题。广大消费者逐渐产生了维护自身权益的意识,并有组织、有目标地团结起来,开展相关活动来反对企业的侵权行为。由此,消费者运动应运而生。

随着全球化的推进,消费者运动的范围、形式在不断变化,其影响力也在不断扩大。因此,各个国家开始成立相关组织、颁布相关法律来保障消费者的权益。如1898年,美国成立全球第一个消费者组织;1960年,国际消费者联盟组织成立;1962年,美国总统肯尼迪在《关于保护消费者利益的总统特别国情咨文》中,率先提出消费者享有的4项基本权利,即安全权利、了解权利、选择权利和意见被听取权利;1969年,美国总统尼克松进而提出消费者的第五项权利——索赔权利。消费者权利的提出,使消费者运动进入了新的阶段。我国于1984年成立中国消费者协会,与世界其他国家一起加入了轰轰烈烈的维护消费者权益的运动。

透视消费者运动的本质,我们发现,消费者运动实际上是一种呼吁企业承担起对消费者责任的体现。消费者对企业的压力本质上在于掌握退出权,特别是在买方市场结构下,消费者的联合退出对企业是致命性的打击,这种消费者的联合维权被称为消费者运动。[1] 消费者运动具备以下三个特征:以维护消费者的权益为出发点;以批评产品与服务的提供者为主要路径;以消费者有组织地参与为重要手段。由此可见,消费者运动是在市场经济条件下,消费者为了维护自身利益,自发地或者有组织地以争取社会公正、保护自己合法利益、改善其生活地位等为目的,同损害消费者利益行为进行斗争的一种社会运动。它是从消费者视角呼吁企业社会责任的一种行动体现,因此,消费者运动是引发企业承担对消费者责任的直接推动因素。

二、企业承担消费者责任的内容

权利和义务是一对共生体。因此,对企业而言,消费者享有的权利即企业应该承担的责任。为此,可以从两个角度来理解企业承担消费者责任的内容,一是消费者的权益,二是企业的责任。两者既有区别又有联系,为全面、客观地说明企业对消费者的责任,本书将从消费者的三大基本权利:知情权与自由选择权、安全权、索偿权,来对责任内容进行补充和完善。

(一)保护消费者的知情权和自由选择权

顾客的知情权和选择权是密切相连的,只有全面的知情权才有自由的选择权。任何顾客在购买产品之前都有权对产品的可靠性、性能等方面的知识进行全方面的了解,企业有责任通过真实的产品广告、宣传资料和产品说明书以及人员介绍等途径向顾客传递产品信息,以使顾客在琳琅满目的商品中选择到满意的商品。企业如果在产品的广告、宣传材料和说明书中过

---

〔1〕 匡海波,买生,张旭.企业社会责任[M].北京:清华大学出版社,2010:121—122.

分夸大产品的功效、隐瞒不足之处、提供虚假产品的宣传、出现说明书或标签与实际内容不符等行为,都是侵犯了顾客的知情权和自由选择权,不尊重顾客、对顾客不负责任的表现。

(二)保护消费者的人身财产安全与信息安全

消费者购买一件产品,最主要也是最重要的期望是产品质量安全,也就是通常讲的"保质保量保安全"。产品不但要货真价实,还要确保品质可靠,保证消费者在使用时能够安全无害。首先,企业应向顾客提供安全、可靠的产品,这是企业对顾客最基本的责任。顾客购买产品是为了满足自己的物质需求和精神需求,如果企业向顾客提供有安全隐患的产品,不仅顾客的消费需求得不到满足,甚至还可能为此付出人身伤害和财产损失的代价,构成企业的违法责任。其次,企业应保护顾客信息安全。企业在销售过程中有机会掌握大量的顾客信息,比如购买信息和会员信息等。在日常生活中,顾客信息泄露的事件屡见不鲜,不仅侵犯了顾客的隐私权,也容易招致诈骗等严重的社会问题。因此,企业应该加强对消费者信息的管理,通过政策渠道收集消费者信息,在使用过程中严格遵守保密制度,不得随意泄露消费者信息,更不能有偿、无偿地进行信息转让。

(三)保护顾客被尊重与被公平对待的责任

尊重和公平对待消费者,建立良好的客户关系、提高客户满意度是企业履行消费者责任的第三个重要基点。具体表现为以下三个方面:首先,提供便利的获取产品信息的途径。企业应通过网络、免费热线等渠道确保顾客在购买产品后,能够就使用方面遇到的问题进行咨询,提出意见。尤其是对操作上有一定复杂性的产品,除了提供详细的说明书之外,还应当专门设立客户服务机构提供帮助,尤其对需要被特殊照顾的群体。其次,建立健全的售后服务体系。售后服务是企业提高产品市场竞争力的重要手段,加强售后服务力量,建立健全的服务网络、忠实履行对用户的服务、实现售后服务的规范化是当今市场经济竞争机制下对企业的客观要求。最后,妥善处理顾客的投诉。客户对企业的产品及服务的意见是企业最珍贵的信息,所以不仅要设立应对投诉的便捷部门,积极地对可能发生的投诉加以关注并及时处理,同时还应针对顾客的投诉改进企业的服务和产品。

三、企业承担消费者责任的推进

企业对消费者的社会责任的实现同其他道德实现的方式相一致,一是需要企业自身内部力量,自觉履行对消费者的社会责任;二是需要外部力量,需要政府的推动和消费者的互动,来提升企业对消费者的社会责任。[1]

(一)企业自律

首先,企业应当充分认识到对消费者的社会责任,提高产品质量,为消费者负责。企业经营者及企业管理者,应当将质量追求融入企业发展战略,视质量安全教育为企业之灵魂,树立企业员工的"第一责任人"意识,突出质量控制在管理制度中的作用,将企业的质量安全理念内化为企业的核心文化。质量把关上不可有一日一时的懈怠,扎实提高质量以确保消费者使用

---

〔1〕　何小平,曾庆平.从"三鹿事件"谈企业对消费者的社会责任[J].井冈山学院学报,2009(11):203—204.

安全是基础。[1] 其次,要加强企业伦理建设。所谓加强伦理建设,是指通过建立企业的思想准则和行为规范来协调企业与各利益相关者的关系。企业离终端消费者的距离越近,越需要注重企业伦理建设。因此需要通过企业伦理来完善对利益相关者关系的管理,尤其是对直接利益相关者——消费者的管理。最后,企业在售后服务中应该真诚地对待消费者。事实上,任何一个企业在其发展过程中,都会不可避免地面临一些突发性负面事件,这些事件若处理不好,足以毁掉一个企业。因此,对于大部分没有犯原则性错误的企业来说,除了要尽最大能力防止这样的危机发生外,更重要的是在危机发生后,思考如何将负面影响降至最低。企业只有用真话消除信息的模糊性,尊重消费者对自身利益的关切,才能避免消费者的"二次创作",避免谣言的软伤害。

(二) 政府监督

中国目前正处于经济转型期,政策和法规的不完善为众多企业投机倒把提供了可乘之机。假货泛滥、诚信缺失等现象严重侵害了消费者利益,而消费者作为受害人却投告无门。由此看来,单纯寄希望于国民素质的提升和企业经营者的自觉并不能有效地改善如今企业道德风貌参差不齐的现状,更难以立竿见影地消除权益受损的消费者群体的疑虑。因此,政府及其职能部门的重视和监管变得尤为必要。在社会主义市场经济体制下,加强政府监管本身就是政府的重要职能之一。因此,杜绝假冒伪劣商品,维护消费者合法权益也是强化政府监管的应有之义。尤其在当今国内众多知名品牌连续爆出质量或安全问题的情境下,政府更应该增强自身的使命感和责任感。首先,完善法律法规,加大对违法违规企业的惩处力度,保证各项措施都有法可依,有章可循;其次,利用政策优惠强化企业的履责意识,保证企业履行社会责任后得到的物质利益和精神激励可以弥补企业履责所增加的成本,从而有助于企业的长远发展;再次,加强《消费者权益保护法》的宣传力度,促进消费者协会等社会组织的发展,创新、简化维权方式,降低维权成本,为广大消费者解决困难,树立信心;最后,政府要与各个监管部门及媒体通力合作,做好企业产品质量问题的披露工作,为社会民众创造一个关注产品质量安全和消费者切身利益的舆论环境。[2]

(三) 消费者自我保护意识与能力提升

消费者要提高自我保护意识与能力,通过多方面的信息渠道了解企业的生产及其产品。同时,及时反馈消费安全信息,把自身消费安全与公共消费安全结合起来,做到个人消费与社会消费的信息互动,让忽视消费者利益及权利的企业及产品无法立身于市场。从消费理念及消费价值观上、从社会舆论导向上引导社会关注和重视企业的社会责任,营造并推进企业社会责任的良好氛围,从而积极地促进企业社会责任水平的提高。

第二节　员工维度的企业社会责任

---

[1]　于德清.食品安全危机后警惕公权肆意扩张. 2008. http://hi.baidu.com/huakutou/blog/item/e34e073d5db86606baa16791.html.

[2]　裴敬伟,潘磊.企业环境社会责任的法制化[J].世界环境,2008(05):78—79.

一、企业承担员工责任的提出

要求企业承担对员工的责任源于企业内外部"压力与动力"的双重思考。从内部动力角度看，员工是组成企业的基本单位，是推动企业成长的不竭动力，也是实现企业目标的主要力量。因此，企业在追求"利"的过程中应当"以人为本"，除在经营管理过程中关心员工的工作和生活，为员工创造更加人性化的工作和生活环境之外，还应关心员工的全面发展，帮助员工实现自身发展的目标。员工只有得到了劳动的快乐，分享了劳动的成果，才能促进企业内外部的和谐，成就企业更大的发展。

从内部压力角度看，企业工会组织的存在从第三方视角要求企业正视员工利益、保障员工权益。单个员工基本没有和企业讨价还价的能力，因为单个员工的退出不会对企业产生大的影响，所以员工只有组织工会来增强与企业博弈时的谈判能力。在欲成为企业社会责任主要对象的前提下，员工往往是通过组建工会以及集体谈判来促使企业承担社会责任，就劳动关系中的矛盾和劳动问题与雇主一方进行交涉，诸如在劳动工资、劳动工时、劳动待遇等方面为维护员工的权益而开展活动，保护员工的利益。

就外部压力角度看，企业承担对员工的责任是法律对企业的客观要求。2008年1月中国政府新出台实施《中华人民共和国劳动合同法》，涉及了劳资双方的利益，提高了企业在承担对员工责任方面的要求。新的《劳动合同法》的颁布，扩大了劳动合同法的保护范围，加大了对违反劳动法企业的惩罚力度，促使企业对员工承担更多的责任，为企业管理者指明了企业在承担员工责任方面的法律责任。

二、企业承担员工责任的内容

企业对员工的责任属于内部利益相关者问题。企业必须以相当大的注意力来考虑雇员的地位、待遇和满足感。[1]

（一）营造良好的工作环境

企业的首要责任是为员工提供安全和健康的工作环境。工作环境的好坏直接影响到员工的身心健康和工作效率。企业不仅要为员工营造一个安全、关系融洽、压力适中的工作环境，而且要根据本单位的实际情况为员工配备必要的设施。而一些企业劳动环境恶劣、加班时间长、不签劳动合同、不缴社会保险、安全事故屡有发生，甚至出现了车间温度太高，热死工人的事件，是名副其实的"血汗工厂"。以此为鉴，企业必须多与员工沟通，多为员工着想，创造良好的工作环境和企业文化。

（二）提供规范的职业培训

有社会责任的企业不仅要根据员工的综合素质，把他们安排在合适的工作岗位上，做到人尽其才、才尽其用。同时，在工作过程中，要根据情况的需要，对他们进行培训，既满足了员工自身发展的需要，也满足了企业发展的需要。要想使企业继续发展，不但要创造好的工作环境，还要尽可能地改造员工，对他们进行定向培训，给他们应得的待遇，从而形成稳定而可靠的劳动力资源，真正做到以环境留人、以待遇留人、以感情留人。

---

〔1〕 李淑英.利益相关者理论视野中的企业社会责任[J].中国人民大学学报,2008(06):44—50.

（三）维护员工的合法权利

我国《劳动法》明确规定："劳动者享有平等就业和选择职业的权利、取得劳动报酬的权利、休息休假的权利、获得劳动安全卫生保护的权利、接受职业技能培训的权利、享受社会保险和福利的权利、提请劳动争议处理的权利以及法律规定的其他劳动权利。"法律规定工人应享有的最基本的权利，也是企业应履行的最基本的义务，是每一个企业必须遵循的社会责任的底线。

（四）尊重员工的人格尊严

现代企业的一个显著特征是员工队伍的多元化，为了调动各方面的积极性，企业要平等对待所有员工，不搞三六九等。企业要为员工提供民主参与企业管理的渠道，为员工提供自主管理企业的机会。员工属于劳动者，传统观念上属于被管理者的地位。但事实上，员工也应有参与企业的经营决策、企业的未来发展等重大问题的权利。企业只有尊重员工民主管理企业的权利，重视员工的意见和要求，才能有效调动员工的劳动热情和工作积极性，从而促进员工工作效率的提高。

三、企业承担员工责任的推进

（一）明确企业自身的社会责任所在

企业在遵纪守法方面应做出表率，遵守所有的法律、法规，包括《生产安全法》《社会保障法》《消费者权益法》和《劳动法》等，履行所有合同规定的义务，带头诚信经营、合法经营。同时还要带动企业的雇员共同遵纪守法，共建法治社会。其次，企业要从战略的高度出发，把社会责任贯穿于企业的整体经营过程中，"企业只有在不把利润看得高于一切的时候，才有可能采取具有远见卓识的行动"。承担社会责任是企业获取社会公众好感的基本条件，也是赢得社会尊重的重要前提。承担社会责任或许会使企业的短期利益受损，但换来的却是比损失的短期利益要多得多的长期利益。因此，企业的社会责任行为与其利润取向是一致的。

（二）健全外部制度环境，加强对企业行为的监管

如果仅寄希望于企业的自觉，而缺乏有效的外部监督，则很难使所有的企业都自发地承担社会责任。具体来说，必须加强法制建设，其中政府扮演的角色是最重要的。调查显示，六成消费者认为政府是普及企业社会责任意识的主要力量。政府，作为社会主义市场经济的调控者和管理者，在企业或市场经济环境尚不完善时，要发挥其宏观调控的作用。例如，针对安全生产问题，国家要加大对安全标准的检查力度，同时要对违反安全标准或为富不仁的企业给予"一票否决"式的大力惩处。针对我国在经济发展中的"强资本"和"弱劳动"现象，政府部门更应该摆正自己的位置，维护广大就业者的利益，绝不能错位、缺位。

（三）发挥社会舆论的监督作用

除了政府的监管行为之外，社会舆论的监督作用也至关重要。在社会舆论有效监督的大环境下，给予履责企业褒奖，给予道德缺失企业谴责。企业为了自身的利益会更好地把自己的行为跟社会的利益结合在一起。企业的美誉度与企业的生存息息相关，社会公众对那些积极承担社会责任的企业认同度会更高一些，形成比较好的品牌认知。也正因为如此，当遇到社会舆论的谴责时，有些企业会真心诚意地采取补救措施，承担应负的责任以挽回声誉。但还有一

些企业把"功夫"花在了别处,动用一切手段千方百计展开危机公关,试图"摆平"政府、媒体和消费者,为自己正名。但是,以逃避责任为目的的公关活动只会加速企业美誉度的丧失,公众的认可也会随之失去。所以,加强社会舆论的监督,可以促使企业把追求利润的行为跟社会的利益紧密结合起来,使企业自觉承担应负的社会责任。

(四)增强员工的维权意识

员工也要积极维护自身的合法权益,对那些不负责任的企业要勇敢地拿起法律武器做坚决的斗争,妥协、放任等于漠视自己的权利。事实上,维权斗争也能从外部迫使企业树立强烈的社会责任意识。但是,当前在一些地方,很多企业员工缺乏基本的法律知识,维权意识较弱。同时,维权的成本也太高,出于无奈,当自己的权利被侵害时,往往只能大事化小、小事化了、忍气吞声、自认倒霉。据有关部门反映,众多采取投诉或申请劳动仲裁措施的员工缺少基本的法律知识,不了解法律程序,缺乏证据,致使许多投诉难以立案。因此,仍需培养他们的法律知识和权利意识,增强他们维护自身权利的信心。

第三节 股东维度的企业社会责任

一、企业承担股东责任的提出

20世纪70年代,经济学领域提出了企业契约理论,并得到了广泛应用。匡海波等(2010)指出,从企业契约理论被使用的目的性上讲,主流的契约理论所支持的是公司以股东为中心的概念,即在公司中,管理者的任务就是只为股东的意愿服务。[1]

主流企业契约理论的主要特征在于它的三个相关的规范命题:一是股东应该拥有控制权;二是管理者对只为股东利益服务具有信托的责任;三是企业的目标应该是股东财富最大化。主要理由:股东出资兴办企业,所投入的资本固化为专业性资产,若企业出现财务危机,首先遭受损失的便是专业性资产。按照风险与权益相匹配的原则,股东便是企业的所有者,其他要素所有者,如债权人、雇员等,由于不承担资产受损的风险,因而只能成为固定收入者,不属于企业的剩余索取者。将公司内部治理结构定位为股东与管理者的委托代理关系,其效率标准是股东利益最大化。

受公司契约理论的影响,我国2006年新的《公司法》将公司章程提高到股东之间自治契约的地位,多处出现"公司章程另有规定的除外""全体股东约定……的除外"的授权性条款。股东可以通过公司章程对公司转投资、经理职权等做出自愿安排,大大强化了股东对内的权力安排和权利配置功能,这是股东权制度向契约自由方向发展的表现。由此可见,契约理论强调了企业对股东承担社会责任的必要性,尤其是《公司法》对企业应该向股东负责的规制。

二、企业承担股东责任的内容

企业首要的责任是维护股东的利益,承担代理人的角色,保证股东利益的最大化,这也是

[1] 匡海波,买生,张旭.企业社会责任[M].北京:清华大学出版社,2010:114—115.

最基本的责任。中国目前很多企业所谓的社会负担过重,实际上就在于企业把最基础的东西丢掉了,它在承担外围的企业责任,即所谓的对政府、对社区、对整个社会的责任,忽略了对股东的责任。保证股东的利益实际上是企业或企业家实现承担社会责任的基础,这是一个基本命题。虽然企业追求股东利益最大化并不能保证企业其他利益相关者的利益最大化,相反,企业如果不能保证股东利益最大化,其他利益相关者的利益也将无法得到保证。也就是说,追求股东利益最大化是实现企业其他利益相关者利益的必要条件。

在市场经济下,企业与股东的关系事实上是企业与投资者的关系,这是企业内部关系中最重要的内容。随着市场经济的发展,人们从单一的货币投资转向股票、债券、基金和保险,投资股票直接成为企业的股东。现代社会,股东的队伍越来越庞大,遍布社会的各个职业和领域,企业对股东的责任也具有了社会性。主要包括以下几个方面:

第一,企业对股东最基本的责任是对法律所规定的股东权利的尊重。法律规定是每一个企业必须遵循的伦理底线,超出了这个界限就构成了企业的不道德行为,企业违背法律规定侵犯股东的权益是对股东严重的不负责任。

第二,企业要对股东的资金安全和收益负主要责任。投资人把资金托付给企业运作,希望通过企业的运作获得丰厚的回报,企业应当满足股东这个基本的期望。企业不得用股东的资金去做违法的、不道德的事情,更不能将股东的资金任意挥霍。企业所从事的任何投资必须以能给股东带来利润为基本前提。

第三,企业有责任向股东提供真实的经营和投资方面的信息。企业向股东提供信息的渠道有财务报表、公司年会等,由此投资人可以了解到公司的经营品种、经营业绩、市盈率、资产收益率、资产负债率等情况。公司必须保证所公布信息的真实性、可靠性,任何瞒报、谎报企业信息,欺骗股东的行为都是不道德的,企业对此要负道德和法律双重责任。

总而言之,企业经营者必须对股东以及董事会负责,向他们通报公司的经济状况以及未来计划。但是,股东无权单独要求管理者为其短期利润负责,经营者必须同时考虑到公司的长远利益。

三、企业承担股东责任的推进

股东利益最大化与企业履行社会责任是相辅相成的。前者是后者实现的基础,是强大的经济后盾。企业正确履行对股东的责任,不仅体现企业经营者个人的道德水准,更能够促进企业自身发展。在大多数情况下,人们会担心企业承担社会责任会有损于经营业绩,影响股东收益,因为社会责任活动意味着企业要支付额外成本,从而损害了短期利益。但长期看来,企业在力所能及的范围内进行一些社会责任活动相当于进行投资,未必对股东的长期利益造成伤害。虽然短期内这种投资看似牺牲了企业的经营业绩,但从长远来看,这种投资由于改善了企业在公众心目中的形象、吸引了大量人才等,可以增加收益,而增加的收益足以抵补企业当初所额外支付的成本。从这种意义上讲,企业在利他的同时也返利股东。现实生活中,当企业履行了对股东的责任时,它同时也会得到社会相应的回报,树立良好的公众形象,这宝贵的无形资产将利于企业获得更多的利润。

第四节　环境维度的企业社会责任

一、企业承担环境责任的提出

企业环境责任是企业社会责任的一种,是指企业在经营活动过程中,除了要考虑投资人的利益和企业其他利益相关方的利益之外,还应该考虑对自然环境和社会环境所产生的影响。企业环境责任源于企业社会责任,是指企业在生产经营过程中在谋求自身经济利益最大化的同时,还应合理利用资源、采取措施防治污染,对社会履行保护环境的义务。企业环境责任不仅关系到企业长远发展,也关系到社会的可持续发展。企业承担环境责任的经济依据是经济学中讨论比较成熟的部分。通常认为,因为企业不当的经济行为而对自然环境产生损害进行补偿的经济依据包含了自然环境价值理论及稀缺理论、自然环境使用行为的外部性理论和可持续发展思想。

(一)自然环境价值及稀缺性

传统的主流经济学将稀缺性局限于能用货币计量的,可用于交换和转让的,具有私有财产权的物质财富,其稀缺程度决定了它的价值。自然环境无处不在,无时不有,取之不尽,用之不竭,人们尽可以就地取材,而不必用货币进行交换,因此它不具备稀缺性的特点,也就不具有价值。然而这种观点随着自然环境和经济发展矛盾的深化而逐渐瓦解。人们开始意识到,自然环境的承载能力有限、恢复弹性有限,再丰富的自然资源也无法满足人类的贪婪。在被过度利用和大肆污染之后,自然资源的重要性和稀缺性才被人类深刻地认识到:自然资源不但具有经济价值(比如作为企业生产产品的原材料),而且还具有精神价值(比如作为旅游资源或人们的居住地)。自然资源不但具有价值,甚至能够成为国家、企业获得核心竞争力的关键。

(二)自然环境使用行为的外部性

自然环境使用行为的外部性包括正外部性和负外部性。正外部性行为表现为对外界环境的建设优化,负外部性表现为对外界环境的损害。自然环境建设的正外部性是指优质的生态和良好的环境为社会提供了利益,处在该环境中的受益者无偿享用了该利益,而对于内部行为者来说,他们为提供此种利益必须付出一定的成本,而且此成本大于行为者自身享用该利益所应该付出的成本。自然环境损害的负外部性源于自然环境价值和利益主体的多重性,它是指自然环境的受害者无法无成本地回避毁坏的环境所带来的影响,而自然环境的破坏者却不必支付造成的损害赔偿。

正因为如此,行为者的积极性会大大降低,于是便需要利用某些经济的、法规的手段,通过调整关系双方的利益而使负外部性影响减少、正外部性影响增加。

(三)可持续发展思想

可持续发展是指既满足当代人的需要,又不削弱子孙后代满足其需要能力的发展。[1] 可

---

〔1〕　中国科学院:《中国可持续发展战略报告》[M].北京:科学出版社 1999 版号.

持续发展的内涵随着我国国情的发展变化不断得到充实。例如,2006 年国家提出了建设"资源节约型、环境友好型"社会的概念;2009 年提出应对气候变化,发展低碳经济的对策;2011 年倡导实现绿色的经济转型。我国企业要面对自身与其他国家企业相比发展相对粗放的客观事实,加强企业的环保科技创新投入,将粗放型发展转变为集约型发展,为自身的可持续和社会、国家的可持续发展尽一份力。

我国共建和谐社会执政理念的提出,意味着自然环境和社会环境的协调和共同发展已经被提上了议程,表明政府对环境问题的重大关切。企业作为社会主义市场经济的细胞,是对环境产生重大影响的主体之一。企业应当意识到自身行为对可持续发展战略的重要影响,真正树立对环境的责任意识。在倡导和谐共存、持续发展的大背景下,企业对环境的尊重和保护,不但可以直接地优化身边环境,同样会成为企业获得社会尊重和喜爱的重要举措,为企业赢得良好的声誉。[1]

二、企业承担环境责任的内容

科学技术的飞速发展在促进人类进步的同时,也带来了诸多负面效应。例如,大幅度的开发对环境造成了巨大破坏,环境的污染、土壤的沙化、稀缺物种的减少,引起了世界各国科学家的关心和重视,环境保护成为人类面临的迫切而严峻的问题。企业生产活动对生态环境有着重要影响。因而,企业在消除环境污染,保护环境上肩负着不可推卸的责任。

首先,企业需要树立正确的价值观,正确认识到资源环境对企业乃至全人类可持续发展的重要性,将自然环境上升到利益相关者的高度,树立"尊重自然、保护自然、合理利用自然资源"的意识。由于 19 世纪末英国第二次工业革命让人类看到了自身对自然界的统治力量,于是人类开始了对大自然的掠夺式开采。100 多年来,当所谓"取之不尽、用之不竭"的自然资源变得所剩无几时,全世界的人民都面临环境恶化、资源短缺的时候,人们开始反思人与自然的关系;从以人类为中心的自然观向以互利共生为中心的人本观转变,达到人与自然和谐共处的境界才是人类发展的长久之道。我国作为发展中国家,一方面,看到发达国家从粗放的经济增长方式走来,付出了巨大的环境代价,可以以此为鉴,防患于未然,避免走别国走过的老路;另一方面,我们的科研水平和绿色环保技术受到限制,难以达到西方发达国家的环境保护水平,工业化进程面临严峻的挑战。而企业对于环境社会责任的正确认知,则是学习、创造先进模式,改进企业发展方式,为环境优化发展作出贡献的基本前提。

其次,企业要以绿色价值观为指导,实施绿色管理,积极倡导绿色产品和绿色消费。绿色价值观是当今环保事业的新型价值理念,它以人与自然的和谐为宗旨,号召尊重自然、爱护自然以及与自然和谐相处,反对破坏自然和谐的任何态度和做法。[2] 实施绿色管理,是指在管理过程中贯彻绿色价值观和绿色角色意识,比如优化工艺流程以减少有害物质的排放;提高产品技术含量以增加原材料的利用率;将环境评估纳入财务指标以得出毁坏环境的潜在成本;倡导绿色营销以引导消费者购买使用环境友好型产品;等等。

此外,企业应严格自律,把绿色审计作为企业管理的重要内容,实行环境责任的自我管理。绿色审计强调企业进行具有公允性、合法性、真实性的认证审计监督。具体来说,即为了确保

〔1〕 贺红艳.企业环境责任的理论分析[J].会计之友,2008(26):14—15.
〔2〕 王红.企业的环境责任研究—基于系统辩证学的视角[D].同济大学,2008-08-01.

企业环境责任的有效履行,根据环境审计准则对企业等被审计单位在履行环境责任方面进行公允性、合法性、真实性的鉴定。绿色审计在一定程度上解决了传统会计核算失真,未考虑企业活动对资源环境影响的弊端。实施绿色审计,需要企业主动地去审查自身对环境责任的实施情况,而不是在社会其他部门或群体的监督下才去考虑环境问题,等待别人的检查。这样的企业行为,才能真正保证自身有效地承担对环境的社会责任,而不是披着华丽的绿色外衣进行自我宣传的公关手段。

三、企业承担环境责任的推进

(一)政府部门应采取的措施

1.完善环境保护的体系

第一,我国应尽快修订《环境保护法》,进一步完善环境保护组织体系和制度框架,规范政府环境行为;进一步优化、细化环保部门统一监督管理、各部门分工负责的环境管理体制;进一步整合相关环境管理制度;进一步明确企业、公民的环境权利、义务。[1]

第二,完善环境保护基本法的相关规定。由于我国现行法律中没有关于企业的环境责任的规定,为了贯彻实行可持续发展战略,立法的主流方向应该是在法律中明确而又详尽地规定有关企业环境责任。作为最主要的污染预防法律的《环境保护法》《环境影响评价法》应当明确企业承担的法律责任,以增强法律约束力,以利于环境保护和可持续发展目标的实现。

第三,制定各种引导刺激性制度。企业追求利润和趋利避害是其生存的必要条件。在要求企业履行环境社会责任时,追求利润和趋利避害的天性可能会导致企业增加产品或服务的成本,让消费者为企业的履责行为买单。在商品价格弹性较大的情况下,这无疑会影响企业履行环境责任的积极性。此时可以通过引导刺激性制度使企业获得额外的利益,在国外,政府通常会给予减税或财政援助。而在我国,政府尚未建立一个非常完善的机制去引导和支持企业对生态环境的履责行为,这需要用细化的各项规章制度去充实纲领性的政策规定。[2]

2.加大对环境违法的处罚措施

第一,完善处罚形式。2010年环保部修订的《环境行政处罚办法》明确了行政处罚的形式有7种:警告;罚款;责令停产整顿;责令停产、停业、关闭;暂扣、吊销许可证或者其他具有许可性质的证件;没收违法所得、没收非法财物;行政拘留。相比之前的处罚形式,多出了三种,即责令停业关闭、责令停产整顿、行政拘留。责令停业关闭、责令停产整顿、行政拘留,对违法企业不论是在财产性损失方面,还是在企业当期发展方面,都会造成很大的影响,大大加强了对企业主环境违法的威慑力度。这三种措施实施的主体不是环保部门,所以环保部门要借助政府和其他部门的行政处罚权,主动予以移送。

第二,在法律适用方面使用从重原则,特别强调了当事人的一种违法行为同时违反两个以上环境法律、法规或者规章条款,应当适用效力等级较高的法律、法规或者规章;效力等级相同的,可以适用处罚较重的条款。这种从重原则客观上对企业经营者起到了警示作用,促使其在实施企业正常的经营行为时考虑到环境违法的后果。

---

〔1〕 张全.环境立法应强化违法惩处力度.新华网.2008. http://news. xinhuanet. com/environment/2008-03/17/content_7806464. html.

〔2〕 企业环境责任的理论分析.2010. http://club. topsage. com/thread-1533703-1-1. html.

第三,在罚款的力度方面,可以借鉴美国的"以日计罚"的制度,该罚多少就罚多少,不要人为地规定最高限额。

(二)企业应该采取的措施

从国外的实践来看,企业愿意主动承担自主性责任的理由主要在于:一是宣示环境友好性和社会公益性,以提升企业的国际影响,从而有利于国际贸易;二是迎合消费者高涨的绿色消费意识;三是节省能源和资源,削减能源资源采购方面的成本;四是事前规避环境风险,预防因环境污染而引起的巨额赔偿。中国企业要在承担自主性责任的同时,积极承担法律中规定的责任。

1.树立企业承担环境责任的正确理念,强制企业环境成本内化

整体而言,我国企业的环境责任意识普遍淡薄,很多企业缺乏承担环境责任的主动性。可以借助国家推行发展循环经济之力,通过各种方式向企业疏导循环经济的发展理念,使循环经济的理念成为企业发展的一个重要组成部分,以此彻底改变以往重开发、轻利用,片面追求经济利益、忽视环境利益的传统经济发展理念。

环境成本内化就是将环境成本纳入生产成本,即对环境外部成本进行估价,并将他们内化到出口商品或劳务的真实成本中,消除其外部性。近年来由于绿色消费观念的树立,人们更加注重安全、健康的消费,企业为了维持自己的竞争优势,减少成本,应该将环境成本纳入到生产成本之中去。企业承担环境责任要抛弃片面的经济绩效决定论的观点,打破过去掠夺式的生产经营模式,使企业发展走上可持续发展之路,除严格企业管理,最大限度地提高资源、能源的利用率外,淘汰那些落后的技术工艺,采用先进清洁的生产工艺,无疑是解决环境成本过高的一条有效途径。这也符合国家推行循环经济的本质要求。

2.制定长远、灵活与可操作的环保责任目标

企业承担环境责任要抛弃片面的经济绩效决定论的观点,打破过去掠夺式的生产经营模式,使企业发展走上可持续发展之路。但这些并不是一蹴而就的。在经济资本、社会资本与文化资本的合理配置、现有员工生产生活的转变的过程中,企业难免会遇到重重障碍,与此相对应的企业环保目标与实施策略也应不断地变化。

(三)完善规制企业履行环保责任的监督体系,鼓励企业自愿承担环境责任

在政府力图解决环境污染外部性问题和企业日渐重视环境责任的背景下,我们应充分发挥监督力量。一是政府监督。保障社会公众及时知晓企业环境信息,不断完善环境信息披露制度;政府应建立一套企业环境责任实施的评价指标,定期对企业环境责任的履行状况进行评估,强化对失信企业的惩戒机制,加强对履行环境责任的企业的表彰。二是社会监督。增强社会团体和社会公众的环保责任意识,保证公民参与和监督的积极性;充分发挥新闻媒体、行业工会、国际组织的作用,形成多层次、多渠道的监督体系。将政府监督与社会监督结合起来,鼓励企业主动地承担环境责任。

第五节　社区维度的企业社会责任

一、企业承担社区责任的提出

企业是国民经济的细胞,是市场经济活动的主要参加者;企业是社会生产和流通的直接承担者;企业是推动社会经济技术进步的主要力量。可见,企业在社会工作生活中承担着多种角色,是社会的重要"公民"。而企业社区责任的提出源于"企业公民理论"与"企业公民运动"。

波士顿学院企业公民研究中心将企业公民定义为"一个企业将社会基本价值与日常经营实践、运作和策略相整合的行为方式"。企业是社会的细胞,社会是企业利益的来源,承担社会责任是"企业公民"的重要职责。进入 21 世纪以来,发达国家一些公司开始公开声称要做企业公民,企业是国家的公民,要为社会发展作出贡献,从而带动了一大批企业竞相开展企业公民竞赛。

企业在现代市场经济中有着重要的影响,而且企业在自身经营和发展过程中累积了很多的资源,包括人才、资金、科学管理方法等,而这些资源都可以用来建设社区。这些作用则主要体现在以下几个方面:

一是满足居民愿望。从国际来说,20 世纪 60 年代以来,社会期望企业做的越来越多,很多人都希望企业能够追求经济和社会的双重发展目标。虽然有一些企业对于"社会"这一概念并不是很了解,还不如社区那么实在和可行。所以,企业参与社区建设是居民对企业的期望。

二是增加长期利益。大部分的研究表明,企业的社会责任行动不仅不会有损于企业的长期利益,而且还会取得更多可靠的长期利益,这是由于企业的社会责任行为带来了良好的社区关系和企业形象。

三是改善社会环境。企业参加社区建设能够提高公众的生活质量,并改善社会环境,而这种良好的社会环境对企业的生存和发展都有极大的好处。

四是拥有资源。和社区不一样,企业拥有着社区不能相比的财力资源、技术人员和管理才能等,企业从社会获得了集中资源,当然也应当承担社区建设的责任。[1] 企业是现代社会经济活动不可或缺的重要的单位,社区建设是一个包括企业在内的各主体之间合作互动的复杂的系统工程。按照嵌入性理论的分析框架,企业的发展和社区建设的状况是相互嵌入的。企业发展所需的人才、政策扶持、公众支持、形象塑造、文化建设等无疑都会受到社区建设的影响。社区建设是各主体协调、互动合作的过程,企业作为一个重要的建设主体,其对社区建设的参与,带来的不只是资金等物质资源,还包括企业的文化、现代经营理念等重要的无形资源。尤其是企业和社区建设在文化的相互渗透、嵌入方面,甚至可以说企业文化和社区优秀文化是相互促进的。

---

〔1〕　周三多.管理学[M].北京:高等教育出版社,2000:66—67.

二、企业承担社区责任的内容

企业积极主动参与社区的建设活动,利用自身的产品优势和技术优势扶持社区的文化教育事业,吸收社区的人员就业,救助无家可归的流浪人员,帮助失学儿童等活动,不仅为社区建设作出了贡献,而且也为企业的发展打下良好的基础。企业为社区建设所做出的努力,会变成无形的资本对企业的经营发展起到不可估量的作用。企业积极支持社区的文化教育事业,提高了企业未来员工的素质;企业为消费者服务的宣传活动,拉近了企业与消费者的距离,可以产生大量的回头客;企业热心于环保和公益事业,可以塑造良好的企业形象。企业积极承担社区责任,扩大企业的知名度,提高企业的良好声誉,所有这一切都会作为企业的无形资本在企业的经营中带来巨大的效益。

企业通过社区架起了连接社会的桥梁,企业为社区所做的一切有益的工作都会对社会产生重大影响。企业积极参与社区活动履行了企业公民的职责,为社会的和谐、进步和发展尽了一己之力。企业对社区的社会责任主要表现为以下方面。

(一)慈善捐赠

企业慈善捐赠行为是企业自愿将财、物捐赠给与企业没有直接利益关系的受捐者,用于慈善公益事业的行为。我国自古以来就有"乐善好施"的文化传统,以民间或官方形式存在的慈善捐赠活动由来已久,但是真正意义上的企业慈善捐赠却是在1984年国有企业改革开始之后才开始逐渐发展起来的。

20世纪90年代之前,我国企业的慈善事业一直发展得比较迟缓,但随着SA8000企业社会责任认证体系在我国的推行,还有"企业社会责任"理论、"企业公民"理论等在我国的逐渐推广,企业慈善事业有了较快的发展,而且企业参加的慈善活动也日渐增多,捐款的规模也是与时俱增,越来越多的企业也开始成立自己的慈善基金会。从2005年我国第一家企业发起的慈善基金会——中远慈善基金会成立后,很多家大型国有企业也纷纷开始成立自己的慈善基金会,如国寿慈善基金会、宝钢教育基金会、南航"十分"关爱基金会、人保慈善基金会等。然后,紧接着大型国企之后的是中国的民营企业,2007年中国第一家民营企业"奥康集团"成立的以其董事长王振滔命名的"王振滔慈善基金会"也开始正式运作。这之后,相继有远东控股集团、万科集团、厦门建安集团、腾讯集团等多家民营企业也纷纷建立了自己的企业慈善基金会。和上个世纪末我国企业慈善事业严重落后的局面相比,现在我国企业慈善事业已经取得了很大的发展。[1]

(二)参与社会组织合作

伴随着全球企业社会责任的不断发展,在社会贡献活动中,企业与社会组织合作已经十分常见,这是在与利益相关者的对话中进行企业社会责任活动的结果。社会组织代表了一定的利益相关者,利益相关者的社会问题解决方案应该和社会组织有效地结合在一起。企业协会是社会组织的一种重要形式,也是企业积极参与社会管理、发挥社会功能的重要手段。同时,企业通过参与企业协会组织的活动,能获取丰富的行业信息,加强本行业企业间的交流沟通,也能在企业协会指导下规范经营、规范管理。所以,这对企业和社会都是有益的参与行为。

[1] 张传良.中外企业慈善捐赠状况对比调查[J].中国企业家,2005(06):28—30.

　　总之,企业应该加入与其经营业务或者社会责任实践相关的社会团体,积极参与社会组织活动,为行业成长和社会发展贡献自己的力量。在行业中具有一定影响力的企业可以主动参与行业标准、规范建设,促进行业进步,推动全行业提高履行社会责任的水平。近年来,中国的一些大企业先后加入了联合国"全球契约",这是在国际上推动企业社会责任的实践。

三、企业承担社区责任的推进

　　企业与社区之间是一种相互交叉的你中有我,我中有你的关系,二者相互影响、不可分离。建立和谐的企业与社区关系对企业的生存发展和社区的进步繁荣具有重要意义。在推动企业社会责任的履行过程中,最重要的措施是推动企业慈善捐赠行为的规范管理。

(一)加快慈善事业立法进程,调动企业参与慈善事业的积极性

　　慈善事业法律的不完善导致企业放慢了履行社会责任的脚步。建立和健全慈善事业的相关法律,是慈善事业的发展有法可依,是促进慈善事业和企业慈善发展的必然选择。我国在慈善立法上尚无充分经验,因此可以借鉴国际通行做法,与国外慈善团体多展开交流。2011年10月,全国人大内务司法委员会报告指出,我国将制定慈善事业法以推进慈善事业的持续健康发展,这意味着慈善事业法制化已是大势所趋。除了进行慈善的立法之外,也应该尽快完善慈善财税制度,包括统一慈善的税收标准,规范慈善组织的免税权利等。为了调动企业参与慈善事业的积极性,也应当建立慈善税收激励机制。

(二)完善慈善机构建设,增强企业参与慈善的信心

　　增强企业参与慈善的信心,首要的是提高慈善机构的公信力。公信力是慈善的生命,与其他组织相比,慈善组织最大的优势就是具有更强的公信力。目前我国慈善机构的组织建设亟待标准化,慈善组织的运作需要透明化。透明化可以从以下几个方面改善:一是将慈善机构与政府机构脱离,回归民间,增强独立性;二是定期公布接受的捐赠、款项的去向以及使用的效果;三是接受舆论的监督,听取大众的意见。企业需要与慈善机构一起把慈善事业做好,回馈社会。

(三)增强企业慈善意识,使其成为企业文化的一部分

　　我国企业既要学习跨国公司的成功理念,又要根据国情和自身情况形成具有企业特色的慈善文化,把慈善融入企业发展的愿景与战略中,将其上升为企业自主、自觉的社会道德行为,并细化为与企业市场开发相结合的策略,形成可持续的制度化运作机制,从而使企业在为慈善事业贡献力量的同时,也可以获得自身的收益。[1] 此外,还需要加强与媒体的协助与配合,发挥其宣传、监督和引导作用。

---

〔1〕 王小青,刘海锋.浅析企业慈善的必要性及其实现[J].中国集体经济,2010(08):16—18.

第六节 供应链维度的企业社会责任

一、企业承担供应链责任的提出

近几年来,"瘦肉精""染色馒头"等食品安全事件屡见不鲜,这些事件大多涉及国内的一些著名企业。虽然从调查的结果看,主要问题是由上游供应商的不负责任造成的,可是这些事件都对这些企业的品牌与形象造成了巨大的伤害。而类似的事件时常发生则提醒着企业,不仅要关注自身的社会责任,也要关注和控制供应商的社会责任。因为几乎所有的消费者只能接触到品牌企业的产品,而不会去关心原料和半成品供应商是谁,所以,事情一旦发生,受损最大的往往是品牌企业。而随着社会分工的逐渐深入,仅仅靠着退货来经营和控制整个产业链以控制供应链的风险,这对大多数公司来说是非常不合适的。企业需要通过对供应链进行管理和对风险进行控制来避免供应链的风险延伸到企业中去,企业不仅要履行好企业内的社会责任,也要管理好企业外的社会责任风险。所以也可以这么说,供应链责任管理也是公司发展战略中的一个重要的组成部分。[1]

随着社会的进步,社会和公众对企业的要求不断提高,消费者和投资者要求其承担相应社会责任的压力也日渐增强,追求良好品牌形象的驱动力也迫使大型企业必须开始补上这一课。企业应该首先增强自身对供应链责任的意识,不仅仅是自保型的商业策略,更应采取积极进取、前瞻性的态度。为此,企业需加大人力、物力的投入,切实保证供应链上下游的检查。这样做,短期内看似会给企业带来额外的成本,但品质及声誉的增值却能给企业带来更长远的利润。利润的增加将弥补支出而有余。有前瞻性的企业应尽早重视这一块,因为这不仅可以帮助企业减少很多风险,企业还可以因此建立竞争优势。所以,供应链责任将是中国企业必须重视和亟待补上的一课。

从企业层面来讲,及时发现供应商违反守则的行为并解除订单固然是避免社会责任最便捷的方法,但这可能导致供应商破产和工人的大量失业,可能造成不好的社会影响。因此,一个履行社会责任的公司应给供应商留以改进空间,并给予必要的资源支持。企业还可与学术界、研究中心等其他利益相关方推出合作项目,利用这种关系了解发展的新趋势。像需要承担废旧产品回收责任的家电产业还可采取行业合作模式,共同建立回收设施来分担过高的成本。

二、企业承担供应链责任的内容

企业供应链责任(Supply Chain Responsibility,简称 SCR)是指企业重塑内部治理结构和管理程序,调整采购、制造、销售和服务行为策略,采用与供应商、制造工厂、分销网络和客户等充分沟通与合作的方式,鼓励其遵守社会责任与有关的法律法规和准则倡议,并促使其实施有效的管理和服务方案,遵守行为系统化。[2] 供应链责任是涉及多方主体,包括供应商、企业员

---

〔1〕 徐天舒.企业社会责任被忽视的一环[J].供应链中国,2011(04):23—25.

〔2〕 郭相春.浅析企业供应链责任之评估[J].华北水利水电学院学报:社科版,2008(06):50—52.

工、客户甚至竞争对手在内的共同行动。它首先要求企业自身履行社会责任,并将社会责任行为嵌入到治理和管理框架中去。供应链责任进而表明,社会责任不是某一家企业的独立行为,它需要在广泛的供应商、员工和顾客范围内扩散。因此供应链责任准则是从整体上看待企业的社会责任行为,它是对只在自我范围内履行社会责任,而不顾及对上下游企业社会责任承担能力的企业的根本否定。企业的供应链责任基本包括以下几个方面:

(一)产品设计企业必须承担设计质量责任

众多事件表明,劣质商品充斥市场,不仅给消费者带来不便,而且极大地干扰了市场经济的运行。产品质量80%是由设计决定的,所以,承担质量责任是设计部门运行的重点。进行产品设计时,应本着提高质量的思想,选择合适的材料,通过科技创新设计出合理的结构和符合顾客要求的功能。

(二)供应商必须承担社会道德责任

作为零部件来源的提供者,供应商必须诚实守信,按时、足量地为制造商提供高质量的零部件或材料,为进一步的质量安全提供可靠保证。这样,供应商就承担了社会道德方面的责任,这方面的责任也包括他们对供应链其他成员的信任和维持良好的关系。而优秀的供应商,可以将信用变成自己的竞争优势。

(三)制造企业必须承担生产质量和保护劳工权益责任

若将制造企业看作供应链上的核心企业,它所承担的社会责任范围就更大一些。现在我国制造业企业普遍存在产品质量低下、工作环境较差、侵犯劳工人格和权益、不重视生产安全等问题。因此,制造企业在承担生产质量、劳工权益问题等社会责任上必须花费一定的气力,严防事故,以免使整个供应链的责任平衡受到影响。在生产过程中,制造者常常为了谋取私利而偷工减料,盲目提高加工速度而生产出一些生产质量低下的产品。由于一些假冒伪劣产品对消费者造成了极大的伤害,所以承担生产质量责任事关消费者身心健康,是制造企业的头等大事。劳工权益、生产安全归根到底体现了企业对人权的重视,也是社会很关注的问题。企业若能自觉遵守《劳动法》,切实加强员工保障建设,实行人性化管理,那么,企业将有可能在社会上树立高大的形象,获得巨大的社会效益。

(四)零售商必须承担与顾客和社会的沟通责任

零售商是供应链的重要一环,他们直接面对顾客,产品品牌、企业口碑的形成都要依靠零售商的有效运作。零售商可以通过举办公益活动、参与慈善事业等提升企业形象,使顾客愿意承担企业因履行社会责任而增加的成本,从而使企业在获得经济利益的同时加强继续承担社会责任的意愿。那么,处理好与顾客和社会的关系,就是零售商必须承担的社会责任。在现今的供应链中,零售商对大量消费者形成控制,甚至在供应链中处于支配地位。所以,零售商能否很好地承担社会责任,与顾客形成和谐的关系成为供应链管理的重要组成部分。为赢得忠实的客户,杰出的营销手段、重视顾客反馈和良好的售后服务是十分必要的。

三、企业承担供应链责任的推进

(一)供应链主导企业让渡价值与创新

供应链责任的执行需要有一家主导企业。在企业实践中,往往是控制市场、拥有领先技术和品牌核心竞争力的采购商成为供应链的领导者。它们在传统的供应链管理体系中已经建立了规模庞大、技术先进、成本优良的供应链网络。它们有能力在现有的供应链管理中嵌入社会责任的因素，从而改善自己的采购行为和供应商的社会责任表现。供应链责任要求主导企业调整策略，重塑企业的治理结构、管理程序和采购策略。企业必须放弃原来过度追求低价采购和及时供应的方式，而适度为供应链责任让出空间，让供应商有能力、有时间改善社会责任行为。供应链责任是对主导企业提出的更高要求，多重目标的融合要求企业有坚定的社会责任信念和出色的制度创新能力。

（二）加强企业伙伴的交流，增进信息反馈

企业的供应链体系需要现代化的通信技术进行优化管理。可以通过 EDI（电子数据交换技术）将供应链上的所有企业连接起来，共享信息，共同完成供应链上的业务。通过建立上下游企业间先进的反馈机制，可以相互规范业务处理流程，有效地降低供应链上因社会责任缺失而埋下的风险，亦可在风险不可避免时通过信息平台的交流通知其他成员企业，及时采取相应的管理措施，形成统一的风险处理办法，制止风险的传播蔓延，将损害程度减至最低。

（三）择优选择伙伴，减少社会责任缺失风险隐患

供应链合作伙伴的选择对企业的成败影响重大。选择履责意识强的伙伴成员有助于企业自身履责意识的增强和履责能力的强化，也有利于降低企业的经营风险。供应链上的企业是一个有着复杂博弈关系的利益共同体，若其中有些成员企业不能满足要求，整个供应链履行社会责任的能力就会大打折扣，同时也会增加社会责任缺失的风险隐患。因此，选择负责任的成员企业对供应链实现降低社会责任缺失风险的目标具有重大意义。以沃尔玛为例，它为了从源头上减少碳排放，要求所有供应商必须通过其所在地的法规及社会环保标准的认证，包括减少不必要的包装，减少水和能源的消耗，提高物流配送和运输效率等。同时，沃尔玛的供应商则由于受到强大采购商的履责影响力而强化了自身的履责行为，从而提高了整条供应链的竞争力。[1]

第七节　政府维度的企业社会责任

一、企业承担政府责任的提出

在现代社会中，政府和企业是最有力量的两大机构，两者之间的关系既是统一的，又是矛盾的。企业的发展离不开政府，国家的发展也离不开企业，这决定了企业与政府之间是统一的。企业从自己的利益出发，以利润最大化为目标，政府从整个社会的利益出发，追求的是社会福利的最大化，这又决定了它们之间必然是矛盾的。然而，从整个社会来看，政府的整体利益中包含着企业的局部利益，而企业既是经济组织，也是社会组织，不仅要实现企业效益，同时还要实现社会效益。因此，企业与政府应该求同存异，实现双赢。

〔1〕　胡继灵,杨丽伟.论供应链企业间社会责任缺失风险的传导[J].企业管理,2010(05):101—102.

企业作为社会的细胞,是国家、社会的成员和重要组成部分;政府作为管理者,对企业这个社会成员实施宏观上的管理、控制和组织协调,保证社会秩序的良性循环。企业、政府是社会制度架构中的重要组织层次,在不同的制度体制下企业和政府的关系不同,履行责任的方式和内容也不同。在计划经济条件下,企业和政府是上下级的绝对服从关系,企业很少或者根本没有自主经营和决策的权利,一切按照国家的计划办,企业履行责任的方式是对上的绝对负责。在现代市场经济条件下,企业和政府的关系逐步由单纯的管理、控制走向监督、协调和服务。在现代社会,政府逐渐演变为社会的服务机构,扮演着为企业、公民提供服务和实施社会公正的角色,在这样一种制度框架下,企业对政府的责任表现为"合法经营、照章纳税",这是企业作为"社会公民"应尽的最基本的社会责任。

二、企业承担政府责任的内容

企业对政府的社会责任主要内容包括依法经营、按章纳税、配合宏观调控、促进就业、稳定社会等。

(一)依法经营

企业应通过自己规范的经济行为进行经济活动并进入社会,企业对政府的首要责任是自觉依法经营,开展公平竞争,维护市场经济秩序。所以说社会良好经济秩序的实现需要依靠企业。企业要学会运用法律武器,自觉地运用法律来治理企业、发展企业,做到自觉依法经营,依法从事各种经营活动,依法参与市场竞争,依法维护企业的合法权益。

(二)按章纳税

企业是社会生产的一种基本组织形式,应当在分担社会运行成本方面承担一定的责任,应当遵循社会分工的原则。因为政府提供的物品和服务主要是具有公共物品性质的东西,政府也不可能像经营性企业那样直接从消费者那里获得补偿,所以,税收就是企业分担政府社会运行成本的一种最常见的形式。

从目前来看,社会上的逃税现象十分严重。为了逃税漏税,增加企业的利润,有些企业想方设法地偷逃税款,而且许多商家为了减少税金,有时候虚开发票,甚至是不开发票。有些企业甚至在财务报表上做文章,修改账本基本凭证,使得企业财务报表和实际报表完全不一致,给财务人员和经营管理带来很多的麻烦。有些企业为了增加自身的私利,扩大成本开支项目,将本属专用资金支付的款项硬性列入成本,或是虚列成本,转移资金。企业这种逃税漏税的行为严重损害了企业名声,还会影响到企业贷款、开发项目等工作的进展,同时也给当地政府造成了很坏的印象。

著名企业家王石也曾说过,按章纳税是企业公民的基本底线。在市场经济条件下,主动按章纳税是依法经营的重要组成部分,是企业基本的行为准则之一,也是企业的最好招牌。它既包含着热爱祖国的道德内涵,又体现着有法必依的法制观念。所以,企业必须转变观念,深刻认识到按章纳税是每一个企业和公民应尽的义务。

(三)配合宏观调控

宏观调控是指政府为了保证整个国民经济协调的发展,运用各种经济手段对整个社会经济运行进行计划、组织、指挥、监督和协调的活动。而对国民经济进行宏观调控,是政府最基本的经济职能,是关系到整个国民经济体系能否健康发展的根本性问题。企业作为国民经济的细胞,应当积极配合政府的宏观调控,这不仅对企业自身的长远利益有利,而且对国家和社会的整体利益都具有相当大的作用。企业配合政府的宏观调控主要表现在以下几个方面:

一是服从规范与管制。市场缺陷的存在使商品交换、供求平衡和竞争发展等市场机制不能充分地发挥作用。所以,政府对市场失灵问题要采取各种相应的措施加以管制和规范,而市场经济的主体,也就是企业的活动将受到市场和政府这两只手的共同调节。政府对企业的规范管制既有利于提高企业和社会的经济效益,同时又能够促进社会公平的实现。

二是接受引导和指导。因为企业的市场行为常常和社会的公共利益不一致,所以政府要对企业进行宏观引导和指导。这主要包括持续的宏观经济政策,如财政政策、货币政策间接地引导企业的市场行为,以此来稳定经济、增加就业、抑制通货膨胀。

三是接受援助和服务。政府会通过各种途径向企业提供各种如财政、行政服务、减免税收等方面的援助,以此来促进企业的快速、健康发展,从而实现企业和社会共同的社会经济目标。[1]

(四)促进就业,稳定社会

企业应根据其规模大小、技术水平和发展状况等状况,适时从社会上吸收社会劳动力到本企业就业,这是企业应承担的责任。在市场经济条件下,政府虽然承担解决社会就业问题的责任,但政府只能通过制定合理的就业法律法规和政策,创造有利的就业环境来间接履行这一职责,而不可能直接为劳动者提供就业岗位,直接为劳动者提供就业岗位的主体仍然只能是企业。吸收劳动力就业既是企业履行其责任的需要,也是其自身运行和发展的需要。

我国正处于社会经济结构大调整的时期,城乡经济的二元结构正在逐步被打破,农村劳动力大规模向非农产业和城市转移,新增劳动力和企业富余劳动力同时增加,社会就业压力超过新中国成立后历史上任何时期。所以,企业应为职工提供充分的就业岗位,将裁员数量降低到最小程度,减轻社会的就业压力。同时,在经济发展,企业规模不断扩大的前提下,应尽可能地提供新的劳动岗位,最大限度地缓解国家和社会的就业与再就业压力,吸收社会更多劳动力以促进社会就业率的提高。

三、企业承担政府责任的推进

企业对政府责任的承担一方面基于企业自身经营守法的自觉性,但在很大程度上取决于政府对企业的政策引导与规范。政府应该在企业社会责任的承担过程中担当规制者、推进者和监督者的功能角色

政府可以从以下几个方面推动企业社会责任的承担:第一,成立国家层面的社会责任推进机构,加强对企业社会责任工作的领导,将推进企业社会责任建设列入重要议程。从制度建设、专业管理、试点工作等方面,有序推进我国企业社会责任建设工作。第二,制定企业社会责任推进规划,明确我国企业社会责任发展的总体战略目标和阶段目标,确定不同时期推动社会责任的优先重点,分阶段逐步推进企业社会责任工作,使企业社会责任建设有计划、有步骤地推进。第三,推动建立符合中国实际的企业社会责任标准体系。企业社会责任标准是规范企业社会责任行为的主要依据。目前我国尚未建立统一的社会责任标准,但部分地方政府和行

〔1〕　张春敏,刘文纪.从国有企业的性质看国有企业的社会责任[J].前沿,2007(12):45—47.

业已经进行了有益实践。我国政府应当参照有关国际标准,立足国家和地区经济社会发展实际,考虑行业、企业的发展多样性,建立统一普遍适用的中国企业社会责任标准原则性要求和规范,便于我国企业和行业组织在一致的原则框架内制定具有系统性、指导性、实用性的责任标准,建立国家和地方层面的企业社会责任标准原则。第四,建立健全企业社会责任信息披露机制。为促进企业真实、准确、完整、及时地披露社会责任信息,加强社会监督,切实推动企业履行社会责任,相关政府部门应在《环境信息公开办法》《上市公司信息披露办法》等已出台的基础上,积极探索建立企业社会责任信息披露机制,推动企业主动承担社会环境责任。第五,逐步构建企业社会责任评价体系。企业社会责任评价体系是引导和规范企业行为,督促企业改善社会责任表现的重要工具。我国建立社会责任评价体系,必须依据我国的法律法规,坚持分类指导的原则,确保评价体系的科学性、适用性。

本 章 小 结

　　本章主要介绍了基于企业社会相关利益的社会责任七个主要维度,分别为消费者、员工、股东、环境、社区、供应链与政府。七个维度相互联系、相互促进,内化于企业的社会责任内涵中。

　　企业对消费者的社会责任源于消费者运动的开展,随着消费者自我权益保护意识的增强,开始有组织、有方向地开展活动来呼吁企业承担消费者责任。权利和义务是一对共生体,因此,对企业社会责任而言,消费者享有的权利即企业应该承担的责任。为此,本章从消费者的三大基本权利:知情权与自由选择权、安全权、索偿权,来对责任内容进行补充和完善。通过企业自律、政府监督以及消费者自我保护意识与能力的提高来推进企业承担消费者责任。

　　现代社会强调"以人为本",员工已成为企业最重要的资产,企业承担对员工的社会责任是企业价值实现的重要手段。企业对消费者的社会责任包括了营造良好的工作环境、提供规范的职业培训、尊重员工的人格尊严、维护员工的合法权利。通过企业明确自己的社会责任;健全外部制度环境,以加强对企业行为的监管;发挥社会舆论的监督作用;增强员工的维权意识等手段来提升企业的履职能力。

　　企业契约理论的出现使得以"股东为中心"的思维更为牢固,企业对股东权益的维护可以说是企业的首要考虑问题。企业对股东最基本的责任是对法律所规定的股东权利的尊重,企业要对股东的资金安全和收益负主要责任。此外,企业有责任向股东提供真实的经营和投资方面的信息。

　　企业环境责任是企业社会责任的一种,是指企业在经营活动过程中,除了要考虑投资人的利益和企业其他利益相关方的利益之外,还应该考虑对社会环境所产生的影响。首先,企业需要树立人与自然和谐的价值观,努力做到尊重自然、爱护自然、合理地利用自然资源。其次,企业要以绿色价值观为指导,增强绿色角色意识,实施绿色管理,积极倡导绿色生产和绿色消费。此外,企业要自觉地按照绿色审计的要求,把绿色审计作为企业管理的一部分,进行严格的企业自我管理。

　　企业通过社区架起了连接社会的桥梁,企业为社区所做的一切有益的工作都会对社会产生重大影响。企业积极参与社区活动履行了企业公民的职责，为社会的和谐、进步和发展尽一份力量。企业对社区的社会责任包括慈善捐赠、参与社会组织合作等。

企业供应链责任是指企业重塑内部治理结构和管理程序，调整采购、制造、销售和服务行为策略，采用与供应商、制造工厂、分销网络和客户等充分沟通与合作的方式，鼓励其遵守社会责任有关法律法规和准则倡议，并促使其实施有效的管理和服务方案，以使遵守行为更加系统化。其中，产品设计企业必须承担质量责任；供应商必须承担社会道德责任；制造企业必须承担生产质量和保护劳工权益责任；零售商必须承担与顾客和社会的沟通责任。

企业作为社会的细胞，是国家、社会的成员和重要组成部分。政府作为管理者，对企业这个社会成员实施宏观上的管理、控制和组织协调，保证社会秩序的良性循环。企业对政府的社会责任主要有依法经营、按章纳税、配合宏观调控、促进就业稳定社会等主要内容。

思考题

1. 企业承担股东责任的内容与推进措施有哪些？
2. 企业承担消费者责任的内容与推进措施有哪些？
3. 企业承担员工责任的内容与推进措施有哪些？
4. 企业承担环境责任的内容与推进措施有哪些？
5. 企业承担社区责任的内容与推进措施有哪些？
6. 企业承担供应链责任的内容与推进措施有哪些？
7. 企业承担政府责任的内容与推进措施有哪些？

案例阅读与启示

全面履行社会责任　提供精美不锈钢产品

(一)山西太钢不锈钢股份有限公司简介

山西太钢不锈钢股份有限公司(以下简称"太钢")于1998年6月由太原钢铁(集团)有限公司以其拥有的不锈钢经营性资产独家发起并向社会募集股份设立，1998年10月在深交所上市。截至2008年年末，公司总股本为56.96亿股，总资产为651亿元，2008年度营业收入为830亿元。

太钢拥有具备国际领先生产水平的生产设备。目前太钢的主要产品有不锈钢、冷压硅钢、火车轮轴钢、合金模具钢、军工钢等。不锈钢、不锈钢复合板、高牌号冷压硅钢、电磁纯铁、高强度汽车大梁钢、火车轮轴钢、花纹板、焊瓶钢市场占有率国内第一。不锈钢等重点产品进入石油、石化、铁道、汽车、造船、集装箱、造币等重点行业，应用于秦山核电站、三峡大坝、"和谐号"高速列车、奥运场馆、神舟系列飞船和嫦娥探月工程等重点领域。

太钢将以科学发展观为统领，持续推进技术创新、管理创新和制度创新，加快建设全球最具竞争力的不锈钢企业，计划在不久的将来，以不锈钢为主的品种、质量、成本、研发、节能、环保、效率、服务等各项指标达到国际一流水平，实现永续发展，基业长青。

(二)全面履行社会责任

太钢全面履行企业社会责任，全力建设资源节约型和环境友好型企业，全力建设节能减排和循环经济的示范工厂;积极支持社会公益事业;坚持"以人为本"的核心理念,重视安全生产,改善职工生活,和谐发展呈现新局面。

1.可持续发展的产品和服务

生产以不锈钢为主的绿色产品,不锈钢具有寿命长、可减少用量、可重复使用、可百分之百回收等特征,被誉为"绿色钢材"。

太钢以科技创新打造绿色产品,大力发展高效、节能型钢材,加速开发生产 TTS443、TCS 铁路专用不锈钢、超级双向不锈钢等一大批高效、节能型钢铁新材料。

2.环境保护

在生产清洁产品的同时,创造适合社会进步和公众需求的优美环境,实现可持续发展。加大环保基础建设投入和技术创新改造。

3.循环经济和节约经济:实现全过程零排放

(1)废水循环利用。引进和推广先进的节水技术,全线实施节水工艺及技术改造,提高了水质标准和水的重复利用率。2008 年,工业水重复利用率 97.6%。厂区绿化用水全部使用工业循环水,年节约自来水 220 万吨。

(2)余能余热利用。全流程回收余能余热,重点实施了焦炉干熄焦发电、焦炉煤调湿、烧结余热回收等一大批重大节能技术和措施,减少了二氧化碳、有害气体和烟尘的排放,节约了能源。

(3)固体废弃物利用。应用先进技术,处置和利用固废能力 250 万吨/年,将钢渣等固体废弃物作为次生资源循环利用,延伸了钢铁产业链。

(4)废气、扬尘治理。公司持续加大环保投入,配置各类大气污染防治设施,处理废气能力 3421 亿标准立方米/年,污染源实现全面达标。投资近亿元改造原料场,建设不锈钢挡风抑尘网和原料皮带密闭输送系统,装卸原材料采用喷水抑尘和除尘器收尘,杜绝了原料输送的扬尘污染。

(5)噪声治理。公司投资 6500 万元实施抑制噪声污染环保专项行动,局部厂界噪声降低 4—7.4 分贝,厂区区域环境噪声降低 6—24 分贝。

4.顾客和消费者权益的保护

公司始终遵循"为用户提供更全、更好、更快的解决方案,在长期的合作中实现共赢"的理念,坚持用户至上、快速响应的原则,满足用户不断发展的个性化需求,为用户创造价值和满意。

积极应对市场变化,召开了海外用户、省内重点企业、太原地区经销商、不锈钢园区入驻企业、国内钢材用户座谈会,广泛征集用户意见和建议。

认真履行《合同法》和相关法律法规,建立用户电子档案管理系统,按照《保密法》的有关规章制度执行,全年未发生侵犯客户隐私权及遗失客户资料的投诉。

5.员工权益的维护

员工是企业最为宝贵的财富,公司坚持"以人为本",维护员工合法权益,激发员工创造活力,实现员工自我价值,支撑公司快速发展。

实施全员集体劳动合同制度,受集体合同保护的员工覆盖率达 100%。坚持和完善三级职代会制度,切实保障职工民主管理权利落实到位。

坚持效率优先、兼顾公平原则,以岗定薪,建立了以岗位工资和绩效工资为基本构成的薪酬制度。在公司效益增长的同时,员工的工资待遇得到提高。

按照国家法律、法规要求和相关的政策规定,按时足额缴纳养老保险、医疗保险、失业保险、工伤保险和住房公积金。同时参加大病医疗保险,提高员工就医保障水平。执行与国家《员工带薪年休假条例》一致的年休假制度。实行全员健康体检制度,在岗员工体检率达95.2%。

开展困难职工集中救助和大病特困职工救助、"金秋助学"等活动,救助金达280余万元。

实施"全员素质提升工程",通过业务培训、职业技能鉴定、标准化操作技术比武等活动,全面提高员工素质。

公司始终站在"人本"的高度审视安全生产工作,在全体员工中实施安全改善提案、互动经验交流和事故应急演练及分层次的安全培训教育工作,增强了员工"我要安全"的意识,提升了员工"我会安全"的能力。

以不断满足员工日益增长的文化生活需求为出发点,坚持开展健康向上的群众性文体活动,举办拔河、网球、足球、桥牌、保龄球等活动,营造愉悦的工作氛围。

6. 与城市共建共享

建成生活污水处理工程,回收太原市尖草坪地区、北涧河、北沙河生活污水,减少城市水污染;为加快引黄水置换地下水,涵养地下水源,恢复太原市水生态平衡,公司在2008年10月底实现自备水源井全面封闭;针对太原市居民煤气供应短缺,直接影响正常生活的情况,公司从2008年9月开始向市区供应焦炉煤气;协助太原市政府对大规模改造的大同路、恒山路、涧河路、钢中路、尖草坪街等多条道路进行交通疏导,确保车辆行人安全。

7. 扶持弱势群体

切实履行社会责任,积极开展助学、赈灾等慈善公益活动,用感恩的心回报社会,让更多的人与公司共享和谐。公司的公益项目包括希望工程、赈灾援建、扶助民工、志愿服务等。

8. 供应链

公司按照"管理、帮助、引导、提升"的原则,选择优质的供应商,构建安全稳定的战略供应链。

以资信、业绩量、保供能力、基础指标和到货率、投标规范性、服务配合、感官质量、绩效指标等作为主要要素,建立供方管理评价体系。以供方座谈会、技术交流会、考察、互访、信函、电话、网络、公告、培训等形式,与供应商建立了合作、共赢的战略伙伴关系。

9. 企业社会责任管理系统

建立了以公司总经理为第一责任人,由公司企业社会责任办公室为协调,各职能部门、各直属单位积极参与的全员、全方位、全过程的社会责任管理评价体系。[1]

案例讨论:

1. 太钢是如何从股东、消费者、员工、合作伙伴、社区、环境和政府维度履行企业社会责任的?

2. 太钢的这种做法给企业履行社会责任有什么样的启示?

---

〔1〕 曹海敏,隋静.社会责任问题的研究[M].北京:清华大学出版社,2009.

第八章
企业社会责任管理体系

> ── 企业构建社会责任管理体系的基础是要有自己的社会责任观。
>
> ──编者语

▶ 本章学习目的

通过本章的学习,了解企业社会责任管理体系,正确把握企业社会责任战略的概述与影响因素;了解社会责任在中国的实施现状和问题,清晰掌握如何实施企业社会责任;掌握企业社会责任的危机及应对策略;理解企业社会责任的评估体系,有效掌握其改进的途径。

▶ 本章学习重点

企业社会责任的战略制定;企业社会责任的实施运营;企业社会责任的危机与应对策略;企业社会责任的评估与改进途径。

社会本位思想确立之后,企业社会责任理论开始被当今理论界及社会各界普遍接受。当前,我国企业社会责任工作面临的难点问题是如何建立实现机制。实现企业的社会责任是一项浩大的系统工程,既包括宏观层面的又包括微观的,既包括企业外部的又包括企业内部的,既包括法律范畴的又包括道德范畴的,既包括政府行为的又包括企业行为的。鉴于此,有必要系统地构建企业的社会责任管理体系。

第一节 企业社会责任的战略制定

一、企业社会责任战略概述

关于企业社会责任战略的定义比较少,有的以企业社会战略概念称之。国外有学者认为,具有明显创造竞争优势意图的战略性企业社会责任可以被定义为企业社会战略,这种战略是为了获取长期社会目标和创造竞争优势,是企业在社会问题方面的定位(Husted Allen,2007)。国内有的学者认为,企业社会战略是企业为了获取竞争优势,实现社会绩效和经济绩效的双赢,而在有关社会责任问题上的定位、设计与投资(刘宝,2008)。

姜启军(2007)提出,企业社会责任通过一定的方式与企业战略以及战略管理相联系:第一,企业社会责任作为一种战略"投入",是对信息资源和企业环境的关键因素的理解,是企业战略选择和战略实施的源泉;第二,企业社会责任作为一项支持性活动,是企业价值链活动的一部分;第三,企业社会责任作为一项管理职责,应像对待其他的管理职责一样管理好这一事务。[1]

我们认为,企业社会责任战略是一个系统性的概念,它将企业社会责任理念作为企业核心价值观的重要组成部分融入企业的愿景与使命,并且同企业发展战略相协调,与企业发展目标相一致,通过资源配置等手段,使企业社会责任管理融入企业运营体系和业务流程,与不断发展变化的环境相适应,并通过有效的公司治理与绩效评估,使企业在实现自身目标的同时,能够与利益相关者"多赢"共存,[2]有助于企业社会责任竞争力的构建,从而提升企业竞争优势,实现企业可持续发展。

二、企业社会责任战略的分类

企业战略是设立远景目标并对实现目标的轨迹进行的总体性、指导性谋划,决定着企业未来的发展方向。它涉及企业与利益相关者的关系、企业使命的确定、企业目标的建立、基本发展方针和竞争战略的制定等。[3] 企业不同的价值观决定了企业对待企业社会责任问题的态度不尽相同,反映在企业的战略行为上也各不相同。面对经济全球化的严峻挑战,对于任何一个企业而言,企业社会责任战略已不再是可以忽略的选择。下面根据企业对待社会责任问题的不同态度,对企业社会责任的战略选择进行了分类。

(一)消极反应型战略

这种战略的特征是企业拒绝承担社会责任,认为企业承担社会责任是不必要的行为,不愿意将社会责任理念融入企业价值观中,同时会尽可能地躲避责任或隐瞒自己不负责任的行为。这种企业战略不利于企业的长期发展,是既不合法又不合理的危险型战略,不利于企业竞争优势的形成和长期的发展。目前,信息技术的发展使得信息传播变得十分迅速,随着社会责任理念的广泛接受,采用这一战略的企业已越来越少。

(二)被动服从型战略

这种战略愿意接受社会责任但是很少履行社会责任,是防御型的战略。对于必须遵守的规章制度和法定义务规定的强制性要求,只维持最小的努力,而对于处理企业社会责任问题,仅在道德底线上徘徊。企业承担社会责任的目的只是保住企业现有的位置,行动并不积极主动。这类企业片面追求自身的发展,只能满足部分利益相关者的期望,是一种短视行为,属于合法但不合理的成本导向战略。

(三)适应型战略

这是一种既合法又合理的战略,企业比较自觉地使其行为与公共法则相一致,尽力满足利

〔1〕 姜启军.浅析企业社会责任战略管理和实施[J].江淮论坛,2007(02):42—46.
〔2〕 邵兴东.企业社会责任战略研究[J].开发研究,2009(05):121—125.
〔3〕 姜启军,贺卫.企业社会责任的战略选择与民营企业的可持续发展[J].商业经济与管理,2005(11):51—56.

益相关者的期望要求。这类企业履行企业社会责任有一定的自觉性,但也存在很明显的局限性。高层管理者仅仅在必要时才考虑企业社会责任问题,以适应管制的要求。在本企业利润最大化的前提下,适当履行企业社会责任,但不在行业中采取积极主动的立场,一旦在不利于或有损于本企业利益的情况下,就不愿意承担责任了,其履行企业社会责任的水平就随之下降。

(四)预反应型战略

这类企业把社会责任当作是一种谋略和手段纳入到企业发展战略中,把员工、企业和社会利益统筹考虑,认为其能给企业带来可持续发展的机会。通过预测社会责任,提前采取行动,积极主动地预防社会责任事件的发生。在发展过程中努力去解决利益相关者的问题,在解决问题的过程中也为企业创造价值。这种企业社会责任战略能为员工提供一个适合发展的良好环境,无论是对于企业员工,还是对于社会,都有着重要的意义。

(五)持续发展型战略

该战略把企业社会责任看成企业获取社会资本的投入和企业可持续发展的客观要求,它注重企业的长期利益,认为企业存在的目的并非仅仅是获取最大利润,而是要为社会更好地服务。只有当社会因为企业创造的财富而得到发展时,企业才能获得最大的满足。而至于企业的利润,那是产品取得成功后顺理成章的报酬,不必刻意去追求。在这种企业社会责任战略的指导下,可以促使企业为了可持续发展,努力促进市场环境的改善、贫富差距的减少和社会的和谐。

企业对于社会责任战略类型的选择与企业的内外部环境、企业所处行业的状态、企业所处的成长阶段、企业所拥有或可支配的资源与能力等相关。不同的企业会采取不同类型的社会责任战略,而不同的企业社会责任战略的指导会导致不同的企业运营后果。因此,企业管理者应考虑清楚企业社会责任战略的选择,避免因选择失当而让企业陷入困境。

三、企业社会责任战略选择的影响因素

对于不同类型的企业,由于其所处的发展阶段以及内外部环境的差异,在影响企业履行社会责任战略选择的因素方面也存在差异。

(一)企业价值观的不同

影响企业竞争力的因素有很多,有技术上的、也有管理上的,但最深刻的是它的理念和价值观。企业价值观的不同导致了企业追求目标的不同,在战略选择上对企业社会责任的定位就会有所不同。因此,企业对社会责任的重视程度,即企业对待社会责任的价值观直接影响着其社会责任战略的选择。要把企业社会责任纳入企业战略中,仅仅是被动服从是不够的,应该把企业社会责任真正融入企业文化中,从而融入每一个企业成员的价值理念中,这样才能使企业社会责任战略得到真正的实施。从这个层面来看,企业对待社会责任的理念和价值观是决定其社会责任战略选择的主要影响因素。

(二)企业经营目标的不同

企业追求的目标已从利润最大化逐渐转到追求企业的可持续发展,追求目标的不同决定了企业社会责任战略的层次选择不同。当企业追求利润最大化时,会导致其无法很好地承担社会责任,而当其着力履行社会责任时,其利润在短期内又必然会受到影响。因此我们认为,

企业的利润和其社会责任之间的关系不是完全一致的,它们之间存在两难选择。由于企业承担社会责任需要成本,企业履行社会责任在短期内会对企业利润有很大的冲击,这就使得一些规模较小的企业为了追求经济利益,只好忽略社会责任的后期作用。但从长期来看,认真履行社会责任的企业往往都能得到超额的利润,其收益在很多年后才会见效,这就使得企业需要在滞后的经济效益和当前的效益之间做出抉择。因此,企业对于利润的追求或是经营目标的不同导致了企业对社会责任战略选择的不同。

(三)企业发展阶段的不同

在企业发展初期,当企业为了实现利润最大化而不择手段时,企业没有履行社会责任的压力和驱动力,不愿意主动履行企业社会责任,因此会采取消极反应型战略。当企业发展到一定阶段时,企业社会责任成为企业战略的主要影响因素,迫使企业不得不主动考虑社会责任问题,此时,企业会采取被动服从型战略和适应型战略,虽然感受到来自外部管制的压力,但仍然缺乏主动履行企业社会责任的驱动力。当企业开始认识到承担社会责任的重要性时,企业会采取预反应型的社会责任战略,成本因素、竞争需要、利益相关者的压力和管制需要构成了其关注企业社会责任的种种原因。其中,"成本因素"主要指如果企业不降低成本,就可能失去订单,但如果成本降低过度,同样可能失去订单;"竞争需要"主要有经济全球化带来的新的市场机会、国际贸易协定、国际自发性标准(如 SA8000)等;"利益相关者的压力"主要来自公众、消费者对血汗工厂的声讨和对产品的抵制,员工的流失,采购商、管制机构和非政府组织的压力等;"管制需要"主要有必须遵守的规章制度和法定强制,以及不断增加的法定义务等。[1] 从上述可知,企业对社会责任的认识会影响其社会责任战略的选择,而企业所选择的社会责任战略反过来也会影响企业的社会责任行为。因此,企业的发展阶段及其对待社会责任的态度是相互影响、相互制约的,二者互为因果、相互促进。

第二节　　企业社会责任的实施运营

一、企业实施社会责任的影响因素

和传统决策相比,企业在决策时要明确考虑履行社会责任的综合绩效,不仅要考虑最基本的经济绩效,还应考虑社会和生态绩效,必须对企业、社会、生态这些相互依存、不可分割的环节进行系统、整体的思考。企业社会责任战略的最优选择是既使企业受益,又能造福于社会,关键是要能找到二者兼顾的方法。对企业来说,在规划本企业的社会责任战略时,除了要符合行业特征外,还应反映本企业的使命和价值观,甚至和最接近的竞争者企业社会责任战略也要有所区别,即企业首先要明确自身想干什么(如图 8-1)。

---

〔1〕　姜启军,贺卫.企业社会责任的战略选择与民营企业的可持续发展[J].商业经济与管理,2005(11):51—56.

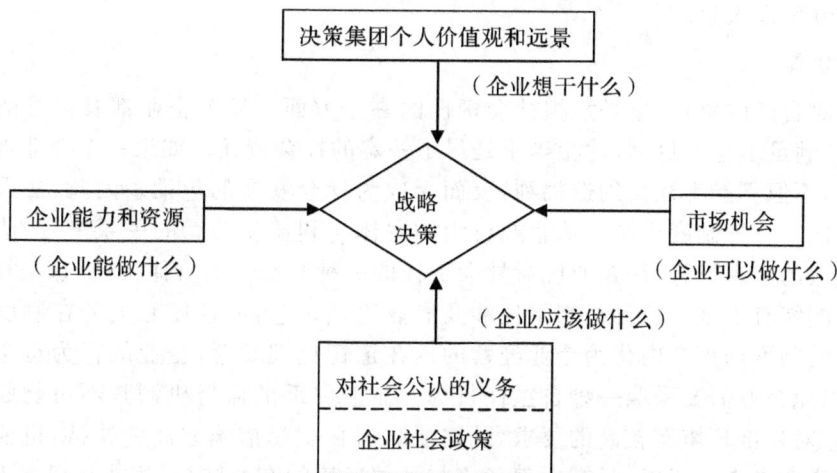

图 8-1　影响企业实施社会责任的因素

资料来源：姜启军.浅析企业社会责任战略管理和实施[J].江淮论坛,2007(02):42—46.

　　企业实施社会责任,需要把相关资源分配到企业活动中。企业可以通过相关的管理系统、组织安排和理念指导来体现企业社会责任,关注企业社会责任战略对利益相关者所产生的影响,了解哪些社会期望是企业应该重点关注的。

　　影响企业实施社会责任的因素主要有:一是各利益相关者的期望和需求;二是企业的远景和目标;三是企业的战略以及行动方案;四是企业的监督和报告体系。

二、企业社会责任的实施机制

　　就企业的生存目的而言,不能简单地说它是营利性的、为谋求利润最大化而存在着的经济实体,这种传统的企业经营理念应当摒弃。企业固然需要以其特有的组织形式立足于社会,攫取更多更高的利润,但这并不是企业的唯一目的。随着资本主义生产方式从简单协作到工厂手工业,再到机器大工业的发展,企业的组织形式相应经历了从独资企业到合伙企业,再到公司的发展演变过程。在这一发展过程中,企业一开始就背负着沉重的历史使命和社会重任,为国家原始资本的积累服务、为国民贸易交往的便利服务。所以,企业并不是完全独立自主的,这导致企业自成立起至正式运作,一直都负有不可推卸的社会责任。企业不仅是先进的生产方式的必然,而且企业能以其独特的组织结构和先进的运营方式,创造前所未有的经济与社会双重效益。因此,社会需要企业。而另一方面,企业一旦离开了国家的支持和社会的认可,将无发展的空间。所以,企业的生存和发展是无法与国家和社会分离的,企业的个体利益蕴含于国家、社会整体利益之中。企业如果自愿分担国家与社会责任,就能为自己营造一个适合发展的良好的宏观环境,为自己的成长带来保障,若企业的行为可能损及国家与社会的利益,则会为自己带来不利。可见,企业承担履行社会责任,本质就是社会利益一体化的外在反映,并不是企业的一种额外的责任。[1]

　　在处理企业社会责任的实施问题时,建立和完善企业社会责任的约束机制很重要,主要可

---

　　[1]　时间.企业社会责任的实施机制[J].经济师,2009(04):238—239.

以从以下两个方面来入手。

（一）自律机制

企业个体对自己的负责，也是承担社会责任的一个方面。每个企业都有自己的目标和健康成长的要求，满足了这一目标，就相当于是尽了一定的社会责任。如果一个企业连自身的成长都无法掌控，不但不能为社会创造福利，反而会成为社会发展的包袱。因此，法人治理结构是承担社会责任的一种制度机制。从企业行为的主体与利益相关者的关系来看，法人治理结构即企业所有权的实现形式，是企业履行社会责任的一种基础性的自律机制，这是社会责任在企业经济体内的特有表现。这种机制不仅涉及商业伦理理念，而且还有关外在制度的遵循问题。由于外在的制度约束会内化为企业经营的内在道德伦理观念，企业的行为也会受到外在力量的影响，因此企业需要采取一种自主性行为。企业内部的监督机制是不可能脱离社会而独立存在的，它对外部环境有较高的要求，既需要政府在配套措施方面的扶持，也要求有较好的社会整体的道德走向。所以，只有内部环境与外部环境的有效结合，才能从根本上建立自律机制，从而更好地履行社会责任。

（二）他律机制

除了企业的自我约束之外，外在的制度约束也会对企业承担社会责任产生很大的影响。从制度变迁的角度来看，制度演进对于企业社会责任的重新定位和履行起着重要的作用。企业社会责任的他律机制，主要包括公共决策基础上的直接的制度性他律和基于其他法律的合法性行为的社会性他律两个部分，这些他律机制都是制度演进的结果。任何个体的行为都有可能产生外部性，为了保护自身的利益，对于不利的外部性，就需要引入公共的法律制度加以协调和约束。以政府为例，为了推进企业承担社会责任，政府可以从以下三个方面入手：一是推进企业社会责任法制化。强化企业社会责任实际上是强化企业的守法行为，使企业在生产经营过程中严格遵守各项法律法规，因此需要从公司法的总则中突出强调企业必须承担的基本社会责任，将企业社会责任纳入法制化、规范化的管理体系中。二是建立企业社会责任评价体系。在西方发达国家，许多企业将社会责任作为一个制度化、规范化的管理体系，赋之以明确的计划、专门负责的部门以及规范化的管理程序。相对于中国对企业的评价仍然仅停留在经济指标上，发达国家对任何一个企业的评价都是从经济、社会和环境三个方面来评判的，经济指标仅仅被认为是企业最基本的评价指标，中国的评价体系已经不能适应经济全球化的趋势和要求。三是加强对企业社会责任的培训。由于企业社会责任对企业自身及当地的经济发展具有十分重要的意义，因此需要加强对企业社会责任履行的重视，政府要帮助企业建立社会责任的管理体系，使企业社会责任管理制度化、规范化，从而提高企业履行社会责任的水平。

三、企业社会责任的实施

企业的生存与发展离不开社会，因此，只有那些关注于回报社会的企业才能得到群众的拥护和爱戴，才能获得更多的利润和长久的发展。企业社会责任的实施，外部制度约束是推动力，而关键在于企业的自主行动。现代企业应该将社会责任的履行纳入长远发展的战略之中，处理好眼前利益与长远利益的关系，从企业公民的角度出发，将企业社会责任文化的建设纳入企业整体的价值观理念当中，为企业的长远发展及社会公益事业作出最大的贡献。

（一）根本——良好的企业社会责任文化

企业文化是企业在长期的实践活动中所形成的并且为组织成员普遍认可和遵循的具有本

企业特色的价值观念、团体意识、工作作风、行为规范和思维方式的总和。企业文化的缺失曾是中国企业发展的"硬伤",企业社会责任的实施也与之不无关系。在企业社会责任的诸多内容中,劳工责任是核心,建设"以人为本"的企业文化是企业履行社会责任的根本所在。"以人为本"包含着:充分重视人的因素,将其视之为事业成功的首要条件;尊重人的人格,实行人格化管理;创造条件、满足人实现自我价值的愿望等三层意思。[1] 管理者与被管理者之间,只有相互尊重、相互理解,才能为实现共同的目标而努力工作。通过企业社会责任文化的建设,能够形成"以人为本"的企业管理文化,优化企业人文素质,提高企业竞争力,并促进企业经济效益的增长。企业应当思考通过富含社会责任的企业文化来塑造文化凝聚力,加强文化建设,在员工中传达奉献和责任意识,从而形成新型企业人文文化氛围。

(二)关键——最高管理层的承诺

企业社会责任建设的关键在于企业的领导层。最高管理层对企业社会责任的承诺直接影响企业对履行社会责任的态度以及推行社会责任管理的效果,企业高管人员的承诺和支持是企业实施社会责任管理的保障,也是取得成功的关键。最高管理层应在社会责任管理系统中,本着"以人为本"的经营理念,激励员工的创造性,发挥他们的积极性,营造一个能充分发挥员工才能的环境,实现对内社会责任的履行。同时,通过制定严格的管理规章制度,保障企业社会责任的实施,努力避免企业危机事件的发生,对外履行社会责任,从而为社会的发展提供助力。

(三)保障——社会责任管理体系

由于不同企业的规模、组织结构以及所处的行业等各不相同,企业社会责任特征也不完全相同,企业履行社会责任的重点也是不完全一样的。因此,企业之间不可能建立完全相同的社会责任管理体系。这虽然导致了社会责任管理体系所包含的内容以及建立体系的方法和过程的不尽相同,但企业建立管理体系时要确保体系与企业自身的特点和社会责任特征相符合,与建立社会责任管理体系的目标相一致。每个企业都应该根据自身的特点和需要,建设好企业的社会责任管理体系,规范本企业的社会责任行为。此外,企业社会责任评价体系的建立,与传统的仅以经济利益为主要评价指标的体系不同,应以企业的经济利益、社会、环境、员工等多方面为指标进行评价,定期形成企业社会责任报告并公之于众,接受舆论监督。

(四)要求——争做优秀的企业公民

按照企业社会责任三重底线的要求,企业应该致力于发展经济、保护环境以及为整个社会发展做贡献。通过积极引导和舆论宣传来增强企业及公民的企业社会责任观念,在全社会形成企业承担社会责任的共识。[2] 企业公民社会责任的基本要求,就是在遵守法律和道德规范的前提下,实现利润最大化增长,并致力于全社会的发展与进步。法律法规是企业社会责任的底线,也是评价企业社会责任管理状况的主要依据之一。[3] 企业应关注、了解、遵守与之相关的法律法规,并参照相关法律法规,对自身社会责任实施的现状进行约束和评价。一个负责任的企业,应当超越法律底线的要求,以合格企业公民的标准严格要求自己,主动承担社会责任,

〔1〕 祝丽丽,李文臣.现代企业社会责任实施问题探析[J].江苏商论,2009(08):112—114.
〔2〕 程鹏璠,张勇.关于企业社会责任的研究综述[J].西南科技大学学报,2009(02):33—37.
〔3〕 祝丽丽,李文臣.现代企业社会责任实施问题探析[J].江苏商论,2009(08):112—114.

减少对社会的负面影响,为社会的整体发展作出贡献。

第三节　企业社会责任的危机应对

一、当前经济形势下企业社会责任的危机表现

在世界经济形势的影响下,自 2007 年 10 月以来,我国经济发展受到内外因素的制约,增长速度明显放慢。特别是在美国金融海啸发生以后,我国的出口遭遇重创,再加上国内 CPI 连续回落,带动经济发展的"三驾马车"中有两驾都受到重创,使我国经济发展面临巨大困难,不少企业落入困境甚至破产。[1] 这种局面将对企业社会责任工作的发展带来许多潜在的危机,这些潜在危机的具体表现形式主要有。

(一)员工权益受损害

员工权益问题是我国企业社会责任中最受忽视的环节。由于国际经济形势的不稳定,大批企业特别是一些中小型的外向企业和劳动密集型的加工出口企业受到了很大的冲击,贸易量跌至历史最低水平,甚至造成有的企业完全停产。由于企业经济效益不好,导致许多企业从员工身上寻求经济效益的平衡,降低员工的薪资福利、扣押和拖欠工资及加班费、取消带薪年假等福利、以各种理由辞退员工,甚至在员工的社会、医疗和工伤保险上做文章,严重损害了员工的权益。

(二)银行贷款、国家税收流失

在金融危机的经济形势下,许多企业受到了严重的冲击,造成了出口产品大量积压、没有外向定单、资金链条断裂等企业无法控制的局面,企业无法按期偿还银行贷款,使得银行、国家蒙受损失。然而有的企业在并没有出现上述状况的情况下,竟也借口拖欠贷款,甚至是主动申请破产等,以牟取不正当利益。还有更多的企业以所谓的"合理避税"为由逃避纳税责任,逃税漏税,将企业的社会责任置之不顾。企业由于社会责任意识淡薄所做出的这类行为,导致国家和不少地方财政收入增幅连创新低,严重影响了经济的发展。这种情况不容忽视,应引起银行和政府相关管理部门的重视,严防出现既损害员工权益又流失国家利益而肥了所有者和经营者个人腰包的现象。

(三)企业利益相关方受影响

企业相关方的利益是企业社会责任体系中必须考虑到的重要内容。经济学上有风险转嫁的概念,在现实的经济圈中,其实质只是把风险转嫁给了利益相关方。但在一个完整的经济圈中,实质上并没有纯粹的赢家,"一荣俱荣,一损俱损"的现实使企业利益相关方融合在一起,形成互相影响、互相牵制的经济格局。利益相关者中任何一环的断裂,都会使经济生态圈遭到破坏,势必会波及全局的利益。因此,经济生态圈的完整对于企业的发展具有很强的重要性。由此,企业所有利益相关方都应从自我着手,保持经济生态圈的良性循环,如果为了自己眼前的

---

〔1〕　何东云.防范企业社会责任危机的策略思考[J].中国商贸,2009(09):64—65.

利益而把风险转移给了其他利益相关方,实质上只是延迟了风险带来的后果在自己身上发生的时间,这种后果将不堪设想。

(四)公益事业出现滑坡

我国的公益事业有起步晚、底子薄、国民公益意识薄弱、国家扶持公益事业的政策力度不足等特点。[1] 企业是公益事业的重要主体之一,而我国企业主动参与公益事业的原本就不多,热心公益事业和对慈善事业有过捐助的企业更是少之又少,与发达国家的普及率相差甚远。由于严峻的经济形势,不少企业在金融海啸中受到影响,导致经营管理不善甚至是倒闭。在经济利益受损的情况下,许多企业往往更加关注如何提升企业利润而暂时忽视了公益事业的参与,而另一方面,金融海啸可能会带来更多的弱势人群和需要帮助的人,因此会导致刚刚起步的社会公益事业受到重创。

二、企业社会责任危机响应的阶段和模式

(一)初步意识阶段——对外防卫反应模式

这一阶段一般发生在危机初期,企业社会责任问题因利益相关者的反映,或是媒体的报道等其他途径,引起企业高层的关注,并做出初步反应。此时,企业可能采取两种策略:一是本能的防卫式辩解,具体表现为对公众反应或者媒体报道的反击;另一种是消极应付,即公开声明企业对这个问题的关注,并公布初步处理策略,但是政策声明之后,可能根本没有或很少有实际的行动。不采取实际行动的原因在于,此时企业并没有真正意识到公众的反应与企业长远发展的利害关系,企业中缺乏应对此类事件的标准程序流程,也并没有建立专门处理危机事件的机构部门,实际执行无从着手。

企业在公布应对危机问题的政策声明时,可能会提到负责的机构或者人员,但这仅仅是一种对外的形式,实质上可能并没有安排好具体的负责人员。即使高层管理者希望贯彻落实有关声明,一线管理者也还不具备处理这种问题的技巧、背景和经验,加之企业很难在短时间内制定出激励措施去激发工作人员有效执行相应的政策,因而很少有人会有动力去认真地考虑问题根源和解决策略。

在初步意识阶段,被动的反应在企业中占据了主导地位,企业往往只是站在与公众对立的角度去考虑问题,对自身存在的问题进行申辩,其所作的政策声明,不过只是息事宁人的一时策略而已。在企业的内部,一般认为来自外部的各种压力和指责都是过分苛责、毫无道理的。因此,这个阶段的反应在很大程度上是不成功的。因为对于一般的消费者而言,他们宁愿相信对企业不利的消息,而对于那些对企业有利的消息则会持怀疑态度。

在大部分的企业社会责任问题处理过程中,被动反应几乎都是失败的策略。该阶段经历的时间越长,负面的传闻会越多,对企业的影响越大,越不利于问题的解决。因此,有经验的大企业,有时会直接地越过此阶段。[2] 毕竟,在激烈的市场竞争中,最终选择的权力仍然掌握在消费者的手中。

(二)反思自省阶段——内部共识合作模式

由于前一阶段的被动应付没有取得成功,对外的声明也只是形式,问题并没有得到解决,

〔1〕 何东云.防范企业社会责任危机的策略思考[J].中国商贸,2009(09):64—65.
〔2〕 郭红玲.从耐克事件看企业社会责任危机响应模式[J].求索,2007(06):80—81.

利益相关者群体有可能形成联盟，并与社会的其他利益集团一起共同对企业施加压力。这使得危机事件的社会影响逐步扩散，企业的形象以及社会地位严重受损，企业内部开始意识到问题的严重性。在内外双重压力的共同作用下，企业的高层管理者开始思考和着手尽快解决问题，以避免对企业的正常运作带来损害。

此时企业通常的做法是从外部引进专家寻求帮助，但是这些专家的工作内容并不明确，权力和责任也不清晰。加之此时企业内部员工特别是一线管理者对问题没有统一的认识，结果是专家与一线管理者之间发生大量摩擦，使得专家的工作无法顺利开展。然而，在矛盾和摩擦过程中，员工的认识逐渐趋于统一，大家相互妥协、适应，直至合作。这个阶段之后，企业学会了如何处理突发的危机事件。

这是一个痛苦的磨合时期，是内外危机相互作用的结果。在这个过程中，有两种社会响应哲学起着重要作用。首先是逃避哲学。当认识到问题的严重性后，企业的部分中层管理者为了推卸责任或者避免责罚，会故意隐瞒问题真相，甚至歪曲事实，对专家的工作和问题的解决采取抵制的态度。此时，高层管理者的态度和支持对于能否顺利解决问题、度过危机起着至关重要的作用。高层管理者越早地认识到危机的严重后果，致力于从根本解决问题，越早表明支持专家工作的态度立场，对解决问题就越有利，否则随着外部危机的扩大，企业内部也可能出现危机。企业内外部危机的扩大可能会出现两种后果：一是企业内部员工对问题解决不知所措，相互埋怨和诋毁；二是社会危机进一步扩大，一些社会组织甚至政府相关部门也介入其中，迫使高层直面问题。为了尽快解决问题，使企业摆脱危机，高层管理者不得不采取强硬态度，专家的作用和地位开始明确，中层管理者放弃抵制，由对抗逐渐转向合作。这之后，适应哲学开始逐渐占据主导地位。在专家的帮助下，企业开始反思自己的行为，从服务社会的角度出发，考虑利益相关者的要求和社会的期望，真正从根源寻找切实有效的措施解决问题。

这是每个面临社会责任危机的企业必经的一个阶段，处理好问题十分关键。该阶段的目标是要达成企业内部的共识与合作，并尽快地出台有关的解决方案和措施。而这种共识与合作的达成，除了需要企业高层强硬的态度外，还与企业文化和管理体制有关，与企业员工特别是基层管理者的素质有关。如果企业缺乏对社会负责的态度和文化，缺乏一种民主管理的氛围和体制，则很难在短时间内达成解决问题的目标，而且在外部危机的压力下，企业内部还可能会出现一种相互猜疑和诋毁的不和谐气氛，使整个组织的士气大受影响。因此，危机时刻的良好表现，靠的是企业营造的和谐的文化氛围和民主的管理体制。

（三）承诺和实施阶段——外对话内整合模式

在达到内部的统一认识之后，企业开始主动向利益相关者群体以及媒体说明问题真相，公开对公众进行真诚的检讨，做出解决问题的承诺，以求得到公众的谅解和支持。在问题的实际解决方面，对问题的反应和对公众的承诺被纳入企业解决问题的总体决策中，成为一线管理者的责任。企业开始着手制定相关事件的应对和执行标准，以及解决问题的具体措施，并且建立相应的绩效考核指标和激励措施去推动员工积极地面对问题。企业对解决这类问题的经验和措施在企业的日常管理中逐渐成熟，并可能成为应对相关事件的行业标准。

在这个阶段中，适应哲学和前瞻哲学起到了支配作用。企业开始意识到自己是社会的一分子，把自己定位为社会整体中的一部分，并开始认识到利益相关者群体对企业的发展、企业的发展对社会的发展具有重要的影响，开始关注社会对企业的期望和要求，主动地调整自己的行为来适应社会需要，对社会负责。

企业在对此类问题的解决过程中,不断地积累应对危机事件的经验,甚至有可能预见到某些社会尚未意识到的关键性问题,并主动地采取措施呼吁社会加以解决,因而成为推动社会不断进步的正面力量。

三、防范企业社会责任危机的策略

当前,企业社会责任的履行面临着极大的危机,如不能很好地加以防范,过大的压力带来的不仅仅是经济的问题,更多的是棘手的社会问题。因此,防范危机的发生必须建立起一套完善的企业社会责任运行机制,通过多层次的制度安排帮助企业缓解危机带来的损害。

(一)加强政府调节和干预

1. 推进企业社会责任制度化建设。强化企业的守法行为,使企业在生产经营过程中严格遵守劳动保护法、生产安全法和环境保护法等相关法律规范,在遵守国家各项法律的前提下创造利润,为社会作出应有的贡献。

2. 引导企业履行社会责任。充分运用政策、杠杆和信息等宏观调控手段,加强对企业社会责任的引导,使企业将履行社会责任内化到日常生产活动中去。

3. 探讨和建立符合企业实际的社会责任评价体系。改变原有的对企业的评价只停留在经济指标上的观念,结合企业实际情况,建立各行业新的评价体系势在必行。

4. 加强对企业社会责任的培训。要让政府部门的官员和企业经营者、管理者等相关利益群体充分认识到企业社会责任对企业发展和地方经济发展的重要意义,帮助企业树立社会责任理念,建立规范的社会责任管理体系。

5. 加大对企业社会责任的宣传。通过大力宣传,让全社会都来关注企业社会责任,号召大家积极参与推动企业社会责任的运动中来,营造推进企业社会责任发展的良性社会氛围。

6. 加强对企业社会责任的监督。充分发挥政府的监督作用,对认真履行企业社会责任的企业给予表彰,对执行不力甚至拒绝承担社会责任的企业进行惩罚,引导企业转变陈旧观念。

(二)发挥社会监督与社会责任认证的作用

1. 充分发挥社会组织的作用

社会组织在企业社会责任的实现中具有引导和推动的作用。一方面,发挥行业协会的作用,利用行业协会自愿与强制相结合的民主机制,充分发挥其自律和监督职能,通过行业规范对成员企业的行为进行约束,管理和引导企业履行社会责任。另一方面,发挥公益性协会或组织的作用,如工会、消费者协会和环境保护组织等。公益性协会或组织可向上与政府沟通,提供、反馈群体的需求信息,以取得政府对相关事业的支持和对相关群体利益的重视,还可与行业协会进行沟通,制定维权准则,促进成员企业对公共事业的重视与促进。

2. 大力推动企业社会责任认证

社会责任认证是企业承担社会责任标准化的一种形式,也是日益发展起来的政府和民间组织借助法律或社会舆论的形式要求企业维护员工和消费者权益的形式。企业社会责任认证能够规范企业的行为,督促企业自觉履行社会责任,这既是一种竞争压力,也是一种可以转化为竞争优势的竞争手段。

3. 尽快构建社会责任会计信息披露体系

企业社会责任会计信息的披露可以满足企业的利益相关者对社会责任履行情况的信息需

求,更加直观地了解履行社会责任对企业长远发展的有益之处。企业社会责任会计信息披露体系要做到内容和模式的制度化和规范化,尽快建立各行业披露内容和模式的标准化规范体系,并应用现代技术手段保证信息化和适时化,根据企业的实际情况和使用者的具体要求进行调整,以确保使用者对信息的适时掌握。

4.充分发挥社会舆论的监督作用

强化企业社会责任的社会舆论监督,保护并号召广大消费者充分发挥消费者权益保护中的监督权利,鼓励大众传播媒介对企业社会责任的宣传,呼吁社会对企业损害利益相关方的行为进行舆论监督,督促企业自觉、主动地承担起应尽的社会责任义务。

(三)建立共同治理和企业自律与自愿机制

面对竞争的压力,企业自身也要从战略层次考虑主动承担社会责任,以获取社会认同,提升自身竞争力。

1.构建利益相关者共同参与的公司治理机制

将利益相关者纳入公司治理的参与中来,有利于保障利益相关者的自身权益,这也是内部治理机制的一种。由于企业的成本外化,加上企业欠缺内部权力制衡的手段,使得企业经营的社会效率有下降的趋势。在这样的情况下,构建一个由利益相关者参与的共同治理机制,对于企业的长远发展来说至关重要。因此,应构建债权人、企业职工、消费者等利益相关者共同参与的公司治理机制。此外,应充分协调不同利益相关者之间的利益冲突,防范可能带来的风险。

2.大力倡导企业自律与自愿承担社会责任

当前企业面临着新的挑战,企业业绩的衡量将不单单看企业创造利润的多少,而是从经济绩效和社会绩效两方面加以综合评价。因此企业必须重视企业社会责任问题。首先应采取正确策略,在发生问题时敢于公开承认自己的错误,并建立内部控制机制以确保类似错误不再发生;其次是积极参与慈善捐赠等社会活动,把企业融入社会中,拉近企业与社会大众的距离,为社会服务;再次是把环境保护问题作为企业的重要战略,将保护环境作为企业经营中的一个永恒的主题,为整个人类的可持续发展作出贡献;最后是对社会问题必须有鲜明的态度,不管是产品质量、种族歧视,还是环境问题,都要有自己的鲜明立场。

第四节　企业社会责任的评估改进

一、企业社会责任评估

在企业社会责任越来越受到关注的今天,仅仅停留在概念层面的研究是远远不够的,企业不仅要明确社会责任的内容以及如何承担,还要对承担之后的成果进行评估,根据评估结果进行及时修正。

(一)现行评估的国际指标

目前国际上普遍使用的评价标准为 SA8000,即社会责任标准,它是 1997 年由美国经济权益促进委员会认可局(CEPAA)发起的,联合了欧美跨国公司以及其他国际组织共同制定的社会责任标准。它主要从9个方面规定了企业必须承担的社会责任的最低要求。

1.童工问题:企业必须按照法律控制最低年龄;2.强制雇佣问题:企业不得对员工使用或支持使用强迫性劳动;3.健康安全问题:企业须提供安全健康的工作环境,对事故伤害提供防护,提供健康安全教育,提供卫生清洁的维持设备和常备饮用水;4.联合的自由和集体谈判权:企业必须尊重全体人员组成和参加所选工会并集体谈判的权利;5.差别待遇问题:企业不得因种族、国籍、伤残、性别、生育倾向、会员资格或政治派系等原因存在歧视;6.惩罚措施问题:不允许物质惩罚、精神和肉体上的压制和言词辱骂;7.工作时间问题:企业必须遵守相应法规,雇员一周工作时间不得超过60小时,加班必须是自愿的,雇员一周至少有一天的假期;8.报酬问题:工资必须达到法定和行业规定的最低限额,并在满足基本要求外有任意收入;9.管理体系问题:公司应制定社会责任和劳动条件的政策。[1]

2004年,欧美一些国家开始强制推行SA8000标准认证,继而将这一认证推广至发展中国家。截至2011年9月30日,中国共有410家企业申请并获得SA8000认证,占世界获得认证企业总数的15%。[2]

（二）对现行评估的国际指标的评价

SA8000认证标准对于我国企业的发展存在一定的积极影响,它促使我国企业不得不面对新的现实与考验。企业为了在公众中树立良好的形象,获得SA8000认证,不得不采取一定的措施,改善工作环境和条件,维护职工的合法权益,保证产品的质量,向消费者提供合格的产品、服务和真实信息,改变以往将利润建立在破坏和污染环境的基础之上的做法,重新审视企业对环境保护的作用,提供公共服务,热心于公益事业等,促使企业的良性发展。

然而,SA8000认证标准给我国企业带来的更多的是挑战和压力。SA8000的标准主要是根据美国本土企业制定的,由于经济发展水平存在一定的差距,使得很多指标并不适用于广大发展中国家。我国是一个劳动密集型产品出口的大国,使用这些指标进行评价使得我国企业的优势被忽略,反而更加凸显了我国企业在国际竞争中的劣势,主要体现在以下几个方面:

1.产品出口方面。从短期来看,SA8000将在一定程度上降低我国出口产品的成本优势。我国出口产品的结构不可能在短期内明显改善,这造成了出口拉动型经济增长模式将不具有可持续性,进而会影响到国内的就业和物价水平。而从长期来看,这种隐性的贸易壁垒将会助长贸易保护主义的气焰,从而导致我国出口产品的困难,造成对外经济环境的恶化。

2.劳动力方面。SA8000标准将削弱我国传统加工企业利用廉价劳动力而获得的竞争优势。由于我国服装、纺织、制鞋等行业的部分企业存在着工作时间较长、职工福利较低、生活环境较差、企业利润空间较小、抗风险能力较弱等现象,这些企业如果要达到社会责任标准,则需要大幅提高职工工资、改善企业生产经营环境、加大投入比例。这样,就必然会大幅增加企业的成本,从而使企业失去成本优势,削弱国内企业特别是中小企业的出口竞争力。

3.企业贡献方面。许多企业在自身获得迅速发展的同时,在社会的和谐发展中也发挥了积极作用。不少企业积极参与捐资办学和社会慈善等公益事业,为当地发展解决人口就业问题,帮助贫困人口解决温饱问题,而这些在SA8000标准中很难体现,从而降低了企业进行社

---

〔1〕　唐艳.我国企业社会责任评估问题研究[J].经营管理,2008(06):77—79.

〔2〕　数据来源:http://www.saasaccreditation.org/facilities_by_country.htm.

会贡献的积极性。

4.企业认证实施方面。在我国,要取得 SA8000 认证必须向外国具有 SA8000 认证资格的认证机构或其代理机构申请,而这些认证机构及其代理机构在我国开展认证经营活动的合法性问题并没有得到很好的解决。这就造成了国内企业申请 SA8000 的有关认证比较混乱。不仅如此,申请认证的企业还必须承担高额的认证费用、繁琐的认证手续以及认证后要保持 SA8000 政策连续性的继续投入等,这些都给企业的申请带来了巨大的压力和负担。

(三)我国企业社会责任的评估体系

通过以上分析可知,企业社会责任的现行国际指标与中国的实际情况有很大差距。因此,将企业社会责任的标准本土化,以此来制定国际上认可的、符合中国实际情况的中国式企业社会责任的评估体系势在必行。

1.评估的主体

评估的主体是指对客体进行评估的实施者,是企业社会责任评估的行为主体。企业社会责任涉及企业管理者、政府部门及其他各利益相关者。因此,评估的主体应包括政府部门和各利益相关者。具体包括:(1)国有资产监督管理机构;(2)相关社会组织;(3)社会公众。

2.评估的客体

评估的客体是指进行评估的行为对象。客体由主体根据需要确定,一般来说,指的是被评估的企业。

3.评估的指标

在遵循客观性、完备性、重要性和可获得性原则的基础上,将企业社会责任的国际指标与我国企业的实际结合起来,建立一套中国本土化的企业社会责任评估指标。

(1)经营财务指标。企业的首要职责就是创造出良好的经营绩效,为社会创造出更多的财富。企业应当基于其长远利益,从承担社会责任的高度,端正经营理念,规范企业管理,建立自律机制,依法生产和经营。具体指标:①企业每股收益率;②企业总销售增长率;③企业研发费用占当期销售额的比重。

(2)员工权益指标。企业有责任要合理地保障员工的基本权益和为员工设计良好的职业发展。具体指标:①*是否使用童工;②员工最低工资水平;③员工福利保障水平;④发生职工中毒或工伤伤害事故伤亡率;⑤一周最长加班数;⑥*是否存在歧视现象。

(3)社会公益事业指标。企业不仅要关注支持社会公众的生活,还要支持资助社会文化慈善事业及其他公益事业。具体指标:①慈善捐款情况;②参加公益活动情况;③企业吸收的就业人数。

(4)企业外部利益相关者权益指标。企业的行为广泛地影响其外部利益相关者的利益,而外部利益相关者也会对企业的行为产生制约及反应,它们相互制衡、相互制约。具体指标:①*与供应链的伙伴关系;②产品或服务的质量与安全保障水平;③*对公平竞争原则的遵守状况;④*企业信用记录;⑤*企业纳税记录。

(5)环境保护指标。企业要积极关注生态环境,关注人类生存的地球,防止环境污染,防止破坏生态环境,为保护环境作出自己的贡献。具体指标:①企业产值资源消耗率;②"三废"治理达标率;③环保投入占企业总销售额的比重;④环境扰民被投诉次数。

以上的评估指标可分为两类:定性指标(*)和定量指标。在评估中采用定性评价和定量评价相结合的方法,使评估更为全面、真实。[1]

4.指标值及权重

由于我国的企业社会责任问题是在近些年才引起广泛关注的,因此,对于它的评估也只是处于起步阶段,很多指标值的设置尚没有历史资料可供借鉴。鉴于我国是社会主义国家,国有资产在我国总资产中占据主导地位,国有企业和私有企业的性质有很大不同,不同行业、不同规模和不同性质的企业应有不同的标准值,权重的设置也应区别对待。可以采用主观赋值法作为比较权威的指标值和权重确定方法,即邀请来自不同领域的企业社会责任研究者、政府官员、企业管理专家以及不同行业的企业管理者,根据权数分配调查表提出自己认为最合适的权重和标准值,通过统计分析后得到最终的各项指标的权重和标准值,使指标值及权重的确定更加科学。

二、企业社会责任改进的途径

(一)构建中国的企业社会责任体系

随着"企业社会责任"理念越来越受关注,许多国际组织和企业自身相继出台了衡量标准,以此来监督企业社会责任的实施状况。如今在中国,使用比较多的是1997年8月美国CE-PAA制定的国际标准SA8000(Social Accountability 8000),即社会责任标准。该标准规定企业必须承担对社会和利益相关者的责任,并对工作环境、员工健康与安全、员工培训、薪酬、工会权利等具体问题进行了最低要求的规定。但这一标准并不是一种法律要求,更多的是一种道义上的规范。在多数情况下,它是以舆论压力、消费者运动和企业的道德自觉等形式来实现的,然而在发展中国家,这种约束的作用是微不足道的。事实证明,SA8000在中国的推广,虽然在某种程度上提高了工人的生活、工作等条件水平,但这种提高的程度是很有限的,甚至有些已通过认证的企业还存在着作假行为。并且,作为衡量标准发起者的跨国公司,近日来也频频发生劳工纠纷的问题,社会责任的履行仍然存在很大的问题。但是,我们必须认识到的是,这些所谓的衡量标准是发达国家跨国公司提出来的,是从自身利益出发的,与发展中国家的实际情况有一定的差别。作为发展中国家,我们应该在SA8000的基础上制定出自己的标准,建立一套适合中国企业实际情况的理论评价体系和评估机制,并通过国际谈判,力争将中国评估体系融入到国际标准中去。

(二)加强立法监督工作

法律是现代文明国度里保障国家和人民利益的最有力的手段。社会责任的履行属于企业的社会义务,由于企业有追求自身经济利益的权利,当社会责任的履行与其追求的经济利益相冲突时,企业可能拒绝履行和不完全履行这一社会责任。所以,能否将社会责任付诸实践,很大程度上依赖于外部控制力量,即国家和政府的态度与行为。严重的地方保护主义是造成我国企业社会责任缺失的主要原因之一。由于受政治、经济及政策因素的影响,地方政府多从自身利益角度出发考虑问题。如果完全按照有关法律办事,企业经营者可能选择其他地域兴办企业,而当这些企业对当地的经济发展产生作用时,在利益地方化和劳动者外来化的时代里,作为地方政府和当地居民利益的代表,政府官员首先考虑的往往是本地区的眼前利益,然后才

〔1〕　唐艳.我国企业社会责任评估问题研究[J].经营管理,2008(06):77—79.

是劳动者的合法权益问题,政府的地方保护主义在客观上起到了推波助澜的作用。虽然我国已制定了《反不正当竞争法》《产品质量法》《消费者权益保护法》等法律规范,但这些法律的条文不够全面和细化,在针对具体问题进行操作裁决的过程中,来自各个方面的阻力依然很大。要想改变现状,我国政府必须转变观念,将企业社会责任的关键内容体现在立法条文中,同时应使执法程序明确具体,规范严格地做好监督工作。只有做到有法可依、有法必依,才能使我国企业在法律面前、在国家机关监督控制之下自觉地履行社会责任。

(三)提高社会公众参与的积极性

企业履行社会责任需要一个良好的社会基础,这就是社会公众的责任意识。企业履行社会责任,从根本上说受益者是广大的社会公众。公众的积极参与,是包括企业在内的全社会责任意识提升的最重要的标志;公众的广泛监督,是企业履行社会责任的最有力的保证。目前,中国的消费者在自身权益屡受侵害的情况下,维权意识正在逐步形成,这是在市场经济条件下人们观念发生变化的重要体现。政府可以通过教育、宣传等方式,培育社会公众对自己、对他人和对社会的责任意识,使之学会利用消费者的权利,来为自己和广大劳动者争取合法的权益,学会借助法律并利用社会舆论来有效约束和正确引导企业的行为。

(四)提高中国企业社会责任管理水平

强化社会责任是企业管理达到一定水平后企业进一步发展的方向,树立社会责任理念并将之制度化,也是我国企业健康发展的必然要求。在社会责任管理方面,中国的企业组织应广泛地与国际上的规范企业进行必要的沟通,学习其处理社会关系和担负社会责任的经验,从遵循国际规则的高度理解和认识企业履行社会责任的必要性,从提高企业经营管理水平的高度领会企业履行社会责任的必然性。在企业管理组织结构层次中,要把社会责任管理贯彻到各个层次,要在管理组织机构的底层加强社会责任管理目标的组织落实,控制小的管理事故的发生,避免重大的管理事故出现,降低企业管理的机会成本。因此,无论是对一个国家,还是对一个企业,都应在获取利润的同时承担起相应的社会责任。[1]

本 章 小 结

本章首先介绍了企业社会责任战略的定义以及社会责任与战略管理的联系,并通过社会责任战略的分类和影响因素的阐述,为企业社会责任的战略制定提供了一定的依据和标准。提出了对于不同类型的企业,由于其所处的发展阶段以及内外部环境的差异,影响企业履行社会责任的战略选择的因素也存在差异。

其次,通过对实施社会责任影响因素的分析和介绍,为企业实施社会责任提出了建议。认为企业社会责任的实施,外部约束是推动力,而企业的自主行动是关键。现代企业应该将企业社会责任建设纳入企业发展的长久战略之中,要处理好小利与大利、眼前利益与长远利益的关系,舍弃眼前利益,放眼长远发展。要从企业公民的角度出发,将企业社会责任文化建设纳入

〔1〕 王大超,张丽莉.中国企业社会责任现状与提升措施[J].北方论丛,2005(02):142—144.

企业的管理理念当中,做一个守法的、道德高尚的企业典范,为企业的长远发展和社会公益事业作出最大的贡献。

再次,本章介绍了当前经济形势下企业实施社会责任所面临的危机及具体表现,分析了企业社会责任危机响应的各个阶段及各阶段的应对模式,并提出了防范企业社会责任危机的策略。认为防范危机的发生必须尽快建立和完善企业社会责任运行机制,形成一套多层次的制度安排。

最后,详细阐述了企业社会责任评估体系的建立,包括评估的主体、客体、指标及权重。提出了企业社会责任改进的途径,主要有:构建中国的企业社会责任体系;加强立法监督工作;增强社会公众的参与和提高中国企业社会责任管理水平。

思考题

1.企业社会责任战略的分类有哪些?影响企业社会责任战略选择的因素有哪些?
2.企业实施社会责任的影响因素有哪些?
3.企业如何实施社会责任?
4.企业响应社会责任危机有哪几个阶段?响应模式各是怎样的?
5.企业防范社会责任危机的策略有哪些?
6.企业改进社会责任的途径有哪些?

案例阅读与启示

国家电网:不断创新 将 CSR 落实于公司管理实践[1]

一、简介

国家电网公司成立于 2002 年,是关系国家能源安全和国民经济命脉的国有重要骨干企业,以建设和运营电网为核心业务,承担着为经济社会发展提供安全、经济、清洁、可持续的电力供应的基本使命,经营区域覆盖 26 个省、自治区、直辖市。覆盖国土面积的 88%,供电人口超过 10 亿人,管理员工 148.6 万人。国家电网在《财富》杂志全球 500 强企业榜单上位居前列,是全球最大的公用事业企业之一。

二、问题

企业是社会的细胞。履行社会责任是企业生存与发展的内在要求,是促进经济发展与社会进步的时代潮流,是建设和谐社会与世界的重要基础。

国家电网公司成立 9 年来,深入贯彻落实科学发展观,深刻理解国有企业在经济社会发展中的角色和使命,自觉转变电网发展方式和公司发展方式,大力弘扬"努力超越,追求卓越"的企业精神,坚持"发展公司、服务社会,以人为本、共同成长"的社会责任观,切实承担社会责任,努力创造公司发展的经济、社会和环境的综合价值。

公司在履行社会责任实践中,认识到企业履行社会责任要解决四个方面的基本问题:什么

---

〔1〕 殷格非等.责任竞争力——企业社会责任最佳实践案例集[M].北京:中国人民大学出版社,2008.

是企业社会责任？公司为什么履行社会责任？公司履行哪些社会责任？公司如何履行社会责任？如何回答好上述问题，如何在科学理解社会责任概念的基础上在公司内部建立社会责任管理体系，促使社会责任真正在公司落地生根，是公司推进社会责任、实现全面价值必须解决的关键问题。

三、解决方案

（一）勇于报告，对企业社会责任的认识和定位不断明晰

国家电网公司是中国企业社会责任的先行者。2006 年 3 月 10 日，公司发布中国大陆内资企业首份企业社会责任报告——《国家电网公司 2005 社会责任报告》，承诺全面履行社会责任，得到中国政府和社会各界的充分肯定和积极反响。2007 年 1 月 18 日，公司邀请中国企业联合会联合发布《国家电网公司 2006 社会责任报告》，开委托第三方组织发布企业社会责任报告的先河。2008 年 1 月 28 日，公司在国际奥委会、北京奥组委，中国企业联合会的支持下，举办了"责任企业·和谐世界"奥运社会责任大会，并在会上发布了公司第三份报告——《国家电网公司 2007 社会责任报告》。

（二）《国家电网公司履行社会责任指南》确保公司社会责任管理落地

2007 年 12 月 28 日，公司发布了中国第一个企业履行社会责任指南——《国家电网公司履行社会责任指南》（以下简称《指南》）。《指南》是公司社会责任实践的系统总结和理论提升，是公司深化社会责任工作的具体规划和全面部署，是公司发挥中央企业表率作用，推动和服务社会责任标准建设工作的重要举措。

《指南》分为关键术语、具体含义、重要意义、主要责任、总体要求、基本原则和管理体系七个部分，系统回答了公司履行社会责任的四个基本问题，勾画了企业社会责任的概念地图，帮助人们找到了解决问题的方法论和原则，是企业系统构建社会责任管理体系的框架和基础。

《指南》提出了原创的企业社会责任定义："企业社会责任，是企业履行社会责任的简称，是指企业为实现自身与社会的可持续发展，遵循法律法规、社会规范和商业道德，有效管理企业运营对利益相关方和自然环境的影响，追求经济、社会和环境的综合价值最大化的行为。"在此基础上，《指南》提出了有机联系的社会责任关键术语体系，立足国情和电网企业实际，阐述了公司履行社会责任的含义与意义。

《指南》总结了公司承担的十二个方面的社会责任：履行科学发展责任、安全供电责任，发挥电网优化能源资源配置功能，保障经济社会发展对电力的需求；履行卓越管理责任，提高利益相关方满意度，实现公司的综合价值最大化；履行对用户的优质服务责任、对伙伴的合作共赢责任；履行服务"三农"责任、科技创新责任、员工发展责任和环保节约责任；履行国际运营责任，利用全球资源建设世界一流电网、国际一流企业，提升公司履行社会责任的能力与水平；履行沟通交流责任，建设和谐的利益相关方关系，合作推进可持续发展；履行企业公民责任，弘扬社会公德和高尚商业道德，热心社会公益，服务和谐社会建设。

四、成效

国家电网公司努力把履行社会责任的理念全面融入公司使命、战略、运营和文化，充分考虑运营对社会和环境的影响，统筹兼顾利益相关方期望和可持续发展要求，推进经济、社会和

环境的协调发展,积极探索新的企业发展范式,取得了显著的成效。

(一)公司定位更加科学

公司在社会责任实践中切实体会到,认识和回应利益相关方的期望和可持续发展要求的过程,是对企业使命和宗旨的认识不断深化、丰富和完善的过程。公司只有全面贯彻履行社会责任理念,立足履行社会责任的高度和视野,才能科学地回答公司因为什么而存在、因为什么而发展、发展成果由谁共享等基本问题。国家电网认识到,全面梳理和研究利益相关方的需求和期望,是对公司进行科学准确定位的前提、基础和保证。

(二)公司发展更具价值

公司切实强化经营管理,经济效益实现持续快速增长,主要经营指标不断创造历史最好水平。2007 年公司主营业务收入 10157 亿元,同比增长 18.9%;全员劳动生产率 27.8 元/人·年,增长 16%。从 2003 年到 2007 年,公司利润总额由 60 亿元增长到 471 亿元;净资产收益率由 0.57% 提高到 6.66%。国资委对公司业绩考核连续四年 A 级,获得中央企业负责人第一任期考核"业绩优秀企业"称号。

(三)公司沟通更加顺利

中国企业发展存在的一个普遍问题是沟通的能力和水平比较薄弱。无论是与员工的内部沟通,与股东、用户等利益相关方的沟通,还是与政府和社会各界的沟通,都需要大大加强和提高。沟通形成信任,交流促进创新,合作创造价值。

(四)公司发展更可持续

全面贯彻履行社会责任理念,要求企业在经济社会发展的全局中定位角色,在与各利益相关方的互动中明确责任,在着眼未来持续健康的格局中选择发展方式。

五、展望

中国政府对企业履行社会责任提出了更高的要求。国资委以 2008 年 1 号文件发布了《关于中央企业履行社会责任的指导意见》,对中央企业发挥履行社会责任的表率作用进行了重要部署。在今后的发展中,国家电网公司将以制定和实施《指南》为新的起点,继续在有关领导、专家和社会各界的大力支持下,努力发挥中央企业履行社会责任、服务和谐社会建设的表率作用,积极推进社会责任研究与实践,全面推进社会责任管理体系建设,研究和建立公司社会责任实践、管理、研究、公益、文化、知识品牌,推动公司社会责任工作不断深入和超越,为我国经济社会又好又快发展作出积极贡献。

案例讨论:

1. 国家电网公司是如何履行其社会责任的?
2. 国家电网公司的举措对其他公司履行社会责任有哪些借鉴和启发?

第九章
企业社会责任的推进机制

───| 企业社会责任需要全社会的关注和参与。

——编者语

▶ **本章学习目的**

通过本章的学习,了解企业社会责任推进机制的多种形式,正确把握推动企业社会责任发展的影响因素;清晰掌握企业社会责任推进机制的现状与趋势。

▶ **本章学习重点**

企业社会责任推进机制的表现形式和核心内容;企业社会责任推进机制的影响因素和提升路径。

企业是人格化的组织,企业的社会责任不仅要包含经济、法律、道德等责任要素,更需要这三个维度之间的互动统一。企业履行社会责任利于改善企业与各方面的关系,使企业与政府、社会之间形成良性互动,最终实现短期和长期经济与社会效益的统一。使企业保持承担社会责任的持续性动力,就需要实施持续性的激励措施。企业主动提高商誉是内在激励,政府和社会的监督是外部激励。因此,理清企业社会责任与各利益相关者之间的关系,发现并解决企业社会责任践行过程中的困境与问题,对企业社会责任的可持续推进十分重要。

第一节   政府规制

企业承担社会责任必须考虑成本因素,企业的生存与发展是承担社会责任的基础。因此,政府作为市场竞争环境的监督与管理者,应该有效运用宏观调控手段,制定相应的规则和制度,以企业的利益为纽带引导企业承担相应的社会责任。

一、健全企业承担社会责任的法律法规

(一)健全法制,明确责任

企业社会责任工作的推进与发展,必须有相关的法律加以约束和保障。[1] 经济法规体系的建设是市场经济健康有序发展的客观要求,也是促进企业承担社会责任明确化、具体化的要求。总体而言,当前企业社会责任的承担与落实依然缺少法律的约束。我国关于企业社会责任的法律法规主要集中于员工权益和消费者权益的保障,较少涉及其他利益相关者。因此,立法部门应加快制定系统全面的企业社会责任法律体系,使企业的责任承担行为有法可依。

对不符合国际惯例、规定不明确的现行法规,可以通过人大立法或地方立法予以完善。[2] 同时,应基于和谐理念对相关的政策和法规进行整理、修订和完善,特别需要明确与细化企业社会责任的相关条款。根据企业的性质规模、发展阶段等要素,合理制定适合不同企业的社会责任承担法规,加强企业社会责任条款的具体化、明确化,促使社会责任融入企业的日常管理和经营活动中。此外,还要增强地方政府部门和企业主对履行社会责任的法制意识,以强制性措施来规范企业行为,引导企业严格遵循法律规范,使企业主能够充分认识到承担社会责任不仅是社会各界对企业的期望,更是政府部门对企业必须承担社会责任的强制性要求,进而促进企业自觉主动地承担社会责任,使企业社会责任推进工作走上法制化道路。

(二)加强监管,严格执法

立法是基础,执法是关键。在加强企业社会责任法律法规建设的同时,还要注重提高监管和执法水平,以遏制执法不严、违法不究现象的发生,构建政府与企业之间的良性互动机制。当前,承担社会责任尚未成为企业的自主行为,在缺乏政府监管的情况下,企业可能会消极应对甚至违背社会责任的有关规定。企业社会责任既包括道德方面的"软"责任,也包括法律方面的"硬"责任。大部分企业的社会责任意识还较为淡薄,短期内需要政府依靠法律法规来强制企业承担社会责任,通过加强立法的监督和执行,规范、引导、鼓励、帮助企业树立正确的发展观,促使企业积极主动地履行社会责任。

政府可以从以下几方面来加大监管和执法力度:首先,必须明确执法主体。严格规范执法主体的职权和职责,防止推诿扯皮现象的发生。其次,应加大反腐力度。坚决斩断执法者和被执法者之间的经济利益纽带,将那些与企业有千丝万缕利益关系的执法者"请"出执法队伍,从机制上保证执法行为和监管者行为的公平、有效。另外,加强执法队伍建设,提高执法水平。最后,监督部门应通过专家库、信息化、电子化等途径来降低监管成本,建立全方位多渠道的综合监管体系,以实现监管的低成本和高效率。

二、强化企业承担社会责任的激励机制

在加强和培育企业承担社会责任意识和能力的过程中,除了强化法律法规约束外,还要注意运用合理的激励措施来引导企业积极主动地履行社会责任。[3] 例如制定减税、信贷、采购

---

〔1〕 胡慧河.企业的特殊社会责任及其实现机制[J].企业经济,2008(07):105—107.

〔2〕 童举希,陈卫民.论构建和谐社会进程中企业社会责任的强化[J].江西社会科学,2006(11):118—121.

〔3〕 黎友焕.论企业社会责任与构建和谐社会[J].西北大学学报,2006(05):44—47.

优先、责任投资、设定社会责任奖励基金等优惠政策。

（一）减税、信贷优惠政策。政府可以建立一个与企业履行社会责任相挂钩的企业融资系统，对在履行社会责任过程中表现优秀的企业给予减税或信贷方面的支持和奖励。帮助企业解决融资困难、后续发展动力不足等问题，使社会责任感强的企业得到更好的发展，以此不断积累承担社会责任的能力，并逐步形成企业和政府之间承担社会责任的良性循环机制。

（二）采购优先、责任投资的优惠政策。对社会责任表现良好的企业，政府在进行采购时可以优先考虑购买这些企业的产品和服务，以鼓励其更为积极主动地承担企业社会责任。对部分发展前景良好、责任表现优异的企业，政府还可以进行责任投资，逐步形成企业社会责任的投资市场，引导更多的企业自觉履行社会责任。

（三）设立企业社会责任奖励基金。为鼓励企业自觉承担社会责任，避免劣币驱逐良币的现象，政府应推出一系列优惠措施对积极履行社会责任的企业提供各种财产利益与非财产利益的优惠，鼓励企业自觉、自愿、全面地践行社会责任。政府应对那些在社会责任承担方面做出表率，或因承担社会责任而对社会良性发展产生重要影响的企业，给予一定的物质激励，如设立企业社会责任奖金，以强化企业对承担社会责任的荣誉感和认同感。

三、完善企业社会责任的信息披露制度

为了追求保护股东与债权人的立法价值，《公司法》在信息披露制度上重点强调财务信息，较少涉及用工、消费、环境保护等方面的社会信息。因此，政府应在《公司法》《证券法》等法律制度中导入社会公开法律机制，丰富信息披露的外延与内涵，把其他利益相关者与股东、证券投资者和债权人一道纳入社会公开机制的保护伞内，并把公开披露的信息内容由传统的财务性公开，扩大到包括财务性公开和社会性公开在内的更为广泛的内容范围。同时，要完善信息披露方式，使信息披露制度惠及包括广大投资者在内的各类利益相关者。上市公司作为全国性透明度最高的公司，在履行社会责任信息披露方面理应率先垂范。[1] 公开企业承担社会责任的相关信息，并通过新闻媒体加以监督，对责任缺失的行为和现象予以曝光，促使企业在社会压力下主动承担社会责任。同时，要加强工会、消费者协会等民间非政府组织的力量，动员社会多元主体关注企业社会责任。

第二节　企业自律

企业是社会责任的践行主体，也是社会责任的受益主体。在企业社会责任的推进机制中，必须明确企业的主体定位，增强企业的责任意识，发挥企业责任承担的主动性和积极性。为此，需要从企业战略视角，明确社会责任在企业发展方向和目标上的引导作用，从战略高度关注企业社会责任的重大影响；需要从组织保障视角，将社会责任融入日常经营管理的各个环节，挖掘企业社会责任管理带来的价值创造；从企业文化视角，营造社会责任承担的良好氛围，使责任成为塑造企业品牌和形象的有力工具；从企业员工视角，强化社会责任理念和知识的普

〔1〕 刘俊海.强化公司社会责任是构建和谐社会的重要内容[J].中国社会科学院政法专稿.2005(9).

及,使员工在举手投足间自然流露责任观念和心态。

一、创新企业社会责任战略机制

战略是企业发展方向和长远目标的集中体现,企业社会责任的有效推进,必须将责任要素融入战略制定和实施过程中。在企业战略与企业社会责任之间建立合理的架构关系,这种关系对于保持企业高效的经营成果、企业长期可持续发展、企业与社会的和谐进步,都是必不可少的。[1] 企业战略与企业社会责任的互相作用,产生了企业社会责任战略这一新理念。企业社会责任战略是一个承诺系统,它将企业社会责任理念与标准作为企业核心价值观的重要组成部分融入企业愿景与使命,并且同企业发展目标相协调,与企业发展战略相匹配,通过资源配置等手段,使企业社会责任管理与企业运营体系和业务流程相融合,与不断发展变化的环境相适应,通过有效的公司治理与绩效评估,使企业在发展过程中实现自身目标的同时,能够与利益相关者多赢共存,提升企业竞争优势,构建企业社会责任竞争力。企业社会责任战略是企业可持续发展的一种新型战略形式。

(一)引导企业社会责任目标化

企业社会责任战略的形成首先需要改变企业对社会责任的认知。社会责任不应该是一种偶发的、被动的行为,而应该是连续的、系统的企业行为,是企业发展必不可少的一部分。作为社会的组成细胞,企业的长远目标必须与社会的发展目标相一致,企业管理者要自觉关注社会的进步和文化的发展,合理制定企业的长短期计划,走"低投入、低消耗、低排放、高效益、可循环、可持续"的现代企业发展道路。同时,企业应将社会责任的履行目标化,制定配套的措施以推动社会责任目标的实现。企业社会责任的目标主要包括两个方面,即经济目标与道德目标。企业的经济目标往往奉行利润最大化,重物而不重人,即使重人,也是对人加以"物化",重人的经济利益和物质需求,不重人的精神需求和道德利益。作为经济目标调节器的企业道德目标,是达到企业人的全面发展和普遍福利的价值取向,它强调企业的任何行为都必须有道德价值,而不单单是经济价值。企业应把追求经济效益与履行社会责任有机统一起来,企业可以按照社会的目标和价值观要求来制定战略,做出决策以及采取行动。

(二)强化企业社会责任管理机制

企业社会责任战略的落实依赖于企业的经营管理环节。由于企业社会责任的履行涉及了多元利益相关群体,同时也涉及企业价值链中的各大环节,包括内部后勤、生产作业、外部后勤、市场和销售、服务等构成的基本活动以及采购、技术开发、人力资源管理和企业基础设施等构成的辅助活动。因此,强化企业社会责任的履行,必须把社会责任管理机制融入企业内部的管理体系中去。

1.将责任融于经营管理。将企业社会责任管理融入经营管理各个环节,如研发设计、原材料采购、生产制造、污染防治、废物处理、市场营销等,并制定和定期公布企业社会责任年度报告,确保社会责任管理的落实。

2.实施管理、市场、技术、财务、服务全过程的诚信经营。诚信经营是企业对社会的基本责任也是关键性责任,依靠诚信经营,才能树立企业良好的社会形象,以企业社会责任成本的付

---

[1]　吴胜勇,季泽军,张利研.企业社会责任与公司战略[J].科技信息,2009(21):341—342.

出换取更大的经济效益和社会效益。

3.建立与利益相关者的沟通机制。建立与股东、客户、员工、媒体、政府、科研机构、民间团体等主体之间的长期有效的沟通机制,完善企业内外治理结构和机制,使企业的经营真正能够体现利益相关方及社会整体利益,维护市场经济的良好运行和健康发展。

4.建立员工承担责任的激励机制。员工是企业活动的主体,企业的行为实质上是企业员工的行为,企业的形象实质上是社会对企业员工的行为和素质的综合评价。由此可见,企业员工的道德与社会责任感会直接影响到企业履行社会责任的水平和企业形象的好坏。因此,将企业的社会责任战略和员工的个人发展需要结合起来,充分激发员工的积极性和创造性是实现企业社会责任的关键。

二、建立企业社会责任保障组织

企业在推进社会责任的过程中,应实行企业社会责任的全过程管理,以最小成本、最高效率提升企业社会责任执行力。因此,必须建立相应的企业社会责任管理部门,从组织上保障企业社会责任的承担和落实。尤其要发挥公司治理结构和机制的重要作用,使各权力要素(股东会、董事会、经理阶层)在责、权、利各方面形成均衡有效的制衡机制,权限明晰、责权相应、互相约束、有效监督。

(一)设立企业社会责任管理办公室

企业应该设置专门的机构来负责社会责任的推行,如社会责任管理办公室,构建相应的社会责任考核指标。社会责任管理办公室的主要任务是为企业决策提供信息,它可以由股东代表、员工代表、政府代表、管理层代表、消费者协会代表、债权人代表等利益相关群体组成。企业社会责任办公室负责收集不同利益相关者对企业的要求并传递给企业决策层,同时将管理层的决策信息及时传达给各个利益相关者,以有效监督管理层的执行情况,并将执行结果反馈给董事会。通过企业社会责任管理办公室对决策执行情况的监督,可以促进决策的贯彻落实。企业社会责任管理办公室为企业决策层提供参考意见,但不具有决策权,从而避免了因利益相关者过多且利益不同而带来的企业治理混乱。

企业社会责任管理办公室还应发挥企业社会责任审计的功能。企业社会责任审计以维持企业可持续发展为目标,由专门的审计机构积极、主动地接受政府和社会个人的委托,采用科学合理的方法和手段,对企业所履行的各种社会责任进行有效审计,以审查和监督企业更好地履行社会责任。

企业社会责任审计的主要内容包括:(1)企业对员工履行责任情况的审计(主要包括改善工作条件与环境,劳动保护措施及投入,职工工资发放情况,社会统筹金缴纳情况,职工工资改进情况,法定节假日执行情况,职工培训教育情况等);(2)企业对消费者履行责任情况的审计(主要包括产品质量与性能,售后服务情况,广告的忠实程度,顾客的满意程度等);(3)企业履行环保、生态责任情况的审计(主要包括产品的绿色程度,生产过程中的资源利用率,企业的治污投入情况,企业的环境污染治理情况等);(4)企业对政府、公众履行责任情况的审计(主要包括税金缴纳是否及时、足额,安置待业青年、下岗职工就业情况,财务报告的真实性,对文化、体育、教育事业及公益活动的捐赠情况,为公共交通事业、市政建设等方面提供的人、财、物的支持等);(5)对企业经营管理者是否利用职务之便进行贪污腐败等情况的审计。

(二)构建责任共担的企业供应链

强化企业上下游企业的社会责任,构建负责任的供应链也是企业承担社会责任的必然选择。例如,由中国可持续发展工商理事会(CBCSD)发起的企业社会责任"1＋3"项目模式,倡导会员企业带动供应链中3家企业共担责任。该项目模式的目标是通过供应链传递企业社会责任的理念,并以最佳范例、专业知识以及量身定制的解决方案带动合作伙伴,积极承担企业社会责任,推动企业可持续发展。这三个受益的公司再以此模式带动各自供应链上的另外三家商业伙伴,开展企业社会责任"1＋3"项目,使企业社会责任最佳范例通过实施更广泛的传播,通过互动更快地提高企业的经营管理水平。企业社会责任"1＋3"项目不仅是推动商业合作关系的创新方式,还能为商业合作伙伴带来附加价值,提升企业在政府部门、行业内部以及社会公众中的品牌形象,非常值得推广。

三、完善企业社会责任文化机制

企业文化是指一个企业的行为规范和共同的价值观念,它是一个企业核心的价值观。成功的企业都具有强势文化,即全体员工都从内心深处认同并自觉遵守公司的价值观、制度和行为方式,认可并热爱公司的标志、品牌形象,由此形成企业强大的内部竞争力。企业文化是企业的灵魂,企业的社会责任文化则是企业文化的核心,它体现的是一种经营思想和管理手段,对内体现了一种精神追求、高效管理,对外体现了一种精神面貌和强大竞争力。[1] 正如韦伯提出的具有普适性的命题:在任何一项事业背后必然存在着一种无形的支撑精神力量,责任感是资本主义文化的根本基础。[2] 企业文化在很大程度上对企业社会责任起到了重要的推动作用。

(一)塑造融入责任要素的企业文化

企业文化是凝聚企业员工意志的精神因素,而优秀的企业文化必然体现社会责任要素。例如,海尔人"追求卓越"的价值观派生出了"要么不干,要干就要争第一""零缺陷"和"消灭二等品"的产品质量意识,因而产生了"卓越的产品""卓越的服务""卓越的效益"。这充分体现了海尔人的竞争意识、拼搏意识和奋斗精神,表现了海尔人对待工作的一丝不苟、勇于探索、不断创新、勇攀高峰的坚强意志,是对企业、对股东、对消费者、对社会公众负责任的全面体现。每一个优秀的企业都在努力塑造着适合本企业的企业文化,并在其中融入责任要素,这种塑造活动一方面是凝聚企业心智的需要,另一方面也是在传播一种先进文化,先在自己的员工中传播先进文化,然后通过自己的员工和产品向行业和社会传播先进文化,从而带动和促进人类的文明进步。

(二)实现"企业文化"向"社会文化"的转化

"企业文化"向"社会文化"的转化必然带动企业社会责任承担范围的扩大化。因此,除了通过企业员工及产品向社会渗透、转化以外,还应该通过广告宣传、公益事业、捐助活动等形式,来传播企业宗旨、质量标准、价值理念、道德规范、文化取向等独特的企业文化。例如"红豆制衣"体现的爱的温馨,"孔府家酒"渗透的孔文化等,都深深影响着中国人的价值观念和文化

---

〔1〕 崔婧.浅谈社会责任与企业文化[J].科技信息,2007(34):655—656.

〔2〕 马克思·韦伯.新伦理与资本主义精神[M].陕西:陕西师范大学出版社,2002:112—113.

取向。同时,国外先进企业文化的传播,如"松下七精神"、本田公司的"团队精神"、摩托罗拉的"人本主义"、惠普的"人人平等、人人尊重"等,也对国内企业文化起到了补充、丰富和完善作用。中外先进企业文化通过客观的被动传播和企业家的主动传播,影响和带动了大众文化的进步和发展。应该说,企业文化带来的一半是物质,一半是精神,通过这种转化可以拉动企业社会责任的实现。

四、建立企业内部人员培训机制

(一)企业员工的责任培养机制

员工是企业的宝贵财富,员工行为会直接影响到顾客和其他利益相关者,充分激发每一个员工的积极性和创造性是实现企业社会责任的关键,必须让员工不断超越自我,从而促进整个企业的发展。[1] 企业的成功与全体员工的发展、敬业和全身心投入直接相关。因此,企业社会责任要和个人的发展需要结合起来,将个人发展机制贯穿于整个企业社会责任的推进机制中。

从员工角度来说,企业承担社会责任应从这些方面着手:一方面,企业应该关心员工的工作,关心员工的薪酬福利,加大岗前培训力度,增强员工对产品生产、顾客服务的责任意识,促进员工发展与进步;另一方面,企业应加强员工安全健康教育与培训,包括安全生产、安全服务、安全知识的宣传等,提供给员工一个健康安全的工作环境,提倡员工节约资源、保护环境、和谐工作。

(二)企业领导人的责任培养机制

企业领导人是企业的精神支柱,也是社会责任意识的集中体现。企业家个人应该具有高度的社会责任感,充分发挥企业家社会责任的引导作用,在企业中大力提倡社会责任,带头履行企业的社会责任,建立企业履行社会责任的管理体系,并用社会责任的有关要求检查和考核企业的社会经济效益,企业才能真正履行企业社会责任,为社会和谐和人类进步作出贡献。[2]

提高企业领导人的责任素养可以从以下两个方面着手:一是加强领导人的自身学习,改变传统的"唯利是图""掠夺式经营"理念,学习现代企业发展的管理理论,构筑"和谐共存""竞合双赢""持续发展"的全新经营哲学,树立与中国现代市场经济相符合的经营管理理念。企业家在学习的过程中应培养自己长远的经营眼光,意识到企业的运作是与企业利益相关者如消费者、内部员工、股东、竞争者、供应商、政府机构、社会组织等发生互动作用的过程。二是要借助公司的治理结构,建立规范的现代企业制度,对领导人形成来自企业内部的约束。

第三节　媒体监督

企业社会责任是一种社会生态的产物,媒体、舆论是该生态当中的重要环节,新闻本身在

---

〔1〕 吴小琼.基于员工视角的企业社会责任分析[J].经营管理者,2010(16):256—257.

〔2〕 禹海慧,易想和.浅析企业家社会责任的驱动要素[J].商业时代,2007(08):109—111.

很大程度上体现着一种社会力量的平衡。[1] 媒体、舆论在企业履行社会责任当中的监督作用,不能单纯地理解为对立,更应该理解为两者之间的合作。舆论在推进企业社会责任承担上发挥了多元作用,既包括监督,也包括通过舆论媒体和企业之间合作的积极方式来推进企业社会责任。

一、营造企业社会责任承担的舆论环境

在西方发达国家,企业社会责任依赖于市民社会的基础,以及各种社会运动的推动。但是,当前国内既缺少市民社会的基础,又缺乏社会运动的推动,因而更需要形成有利于推动企业社会责任的舆论环境。例如,从企业内部看,员工普遍缺乏基本的法律知识,维权意识较差。据深圳市政府组织的一项调查结果显示,采取投诉行为或申请劳动仲裁的基层员工缺少基本的法律知识,不了解法律程序,缺乏证据,致使许多案件难以立案。信访部门需要花费大量的时间向其介绍法律知识和法律程序。由于缺乏相应的维权知识,员工的权益经常受到侵害。因此,社会的舆论压力就显得更加重要。譬如,中央电视台的"焦点访谈""经济半小时"等栏目,通过对社会经济生活的如实报道,起到了十分重要的舆论监督作用。此外,消费者协会、妇联、工会等社团组织也可以起到有效的监督作用。形成有利于推动企业社会责任的舆论环境,是企业社会责任在中国健康发展的必要条件。

二、加强舆论媒体对企业社会责任承担的有效监督

应充分发挥舆论媒体对企业履行社会责任的监督作用,对企业形成多层次、多渠道的监督体系。加强全社会对企业承担社会责任的全方位监督,以形成企业承担社会责任的良好社会氛围,促使企业通过承担社会责任树立良好的公众形象,提高社会公信度,从而吸引更多的消费群体以及外部投资者,为投资者实现经济价值和社会价值的增值。要形成一种社会道德舆论,对不负社会责任的企业进行谴责,对努力履行社会责任的企业进行赞扬、鼓励。新闻媒体要以舆论、宣传、教育作用积极影响和引导内外资企业的价值观和行为方式,并实现对企业社会责任的有效监督。舆论媒体对企业社会责任的监督,利于企业营造良好的社会发展环境,利于推动企业通过履行社会责任将自身发展融入和谐社会的构建中。

三、大力培育和发展非政府组织(NGO)

NGO组织大致有两类:一类作为企业承担社会责任的压力团体而存在;另一类作为企业社会责任评价、认证实施者而存在。[2] NGO可以在企业与社会之间建立灵活多样的沟通平台和磋商机制,使企业利益与社会利益之间的矛盾在民间层面就可以高效率地化解。随着我国法制的不断完善和民主意识的增强,人们通过自发性社会组织进行自我管理的要求越来越高,这为NGO发挥作用创造了条件。但是,当前NGO在我国的社会影响力还较弱,在解决社会责任问题上发挥作用的空间还较有限,因此政府应支持和鼓励我国NGO的发展,规范和引导NGO作用的发挥。同时,NGO也应不断提高自身的管理水平、公信力和影响力,主动加强与政府的合作,充分了解政府的政策导向,处理一些政府不便解决的问题;积极加强与企业的

〔1〕 马润生,焦丽娟.舆论对企业社会责任的影响研究[J].企业家天地,2009(08):64—65.
〔2〕 陈旭清.中国NGO社会责任及实现模式[J].晋阳学刊,2010(01):41—45.

沟通与合作,充分发挥自身优势,把企业的利益矛盾消灭在萌芽状态。此外,NGO还可以通过社会舆论监督,防止和制止少数政府官员与企业之间的串谋,维护社会利益。

四、充分发挥行业协会的引导协调作用

行业协会在督促企业承担社会责任的过程中发挥着双向的积极作用,既有对企业监督约束其行为的作用,也有支持利益相关者行使和保障权益的作用;既有与政府的沟通与协作,也有与其成员间的对话和合作。行业协会应在以下方面促进企业社会责任的承担:

1. 向上与政府沟通,提供信息、反映群体需求,以便取得政府对相关事业的支持和相关群体利益的重视。在国外,一些利益集团的活动影响非常明显,被称为"压力集团",在议会进行游说等政治活动,争取获得立法的支持。在中国,公益性组织应成为上下沟通的桥梁和纽带。如全国工商联在全国政协十届一次会议上提交的《关于修改宪法完善保护私人财产法律制度的建议案》,这是该组织继1998年、2002年之后第三次向大会提出了有关保护私人财产的建议案,突显其在反映成员利益上的积极作用。

2. 与同类型行业协会平行沟通,制定维权准则,促进本行业成员或公共事业的保护与发展。例如中国消费者协会所做的消费警示、抽查公布、拟定合同文本以及一些行业企业信息披露准则等,发挥了保护消费者、监督企业行为的积极作用。这些协会的成立和合作,给相关的弱势群体增加了反映愿望和争取权利的渠道和力量。

3. 在具体的侵权案件中,通过协会直接给受害者以支持。如中国消费者协会在实践中不断探索有助于企业利益相关者维权的新模式,为广大消费者解决消费纠纷提供方便、快捷和经济的渠道。

第四节　公众自觉

社会公众是企业社会责任的重要受益者,企业承担社会责任的程度与范围直接影响公众的利益。同时,公众又是企业的主要利润来源,公众的行为趋向对企业具有引导示范作用,因此扩大公众的参与权,可以对企业承担社会责任形成强大的外在压力。

一、发挥消费者对企业社会责任的推动作用

自19世纪中下叶以来,随着社会的进步、人权意识的强化以及信息通讯技术的全面发展,消费者运动持续高涨。参与人数越来越多,影响力越来越大,关注内容越来越广。除了传统的产品质量、产品安全等与消费者自身利益密切相关的事项外,社会问题也成为其关注的重点。据欧美国家进行的一项调查显示,70%的消费者认为"公司对社会责任的承诺是他们购买产品或服务时考虑的一个重要因素";8%的消费者认为"公司对劳工问题没有给予足够的关注";超过50%的消费者表示他们会对没有社会责任的公司采取负面的行动;20%的消费者表示他们过去已经采取行为"惩罚"过没有社会责任的公司。由此可见,消费者对企业承担社会责任具有较为敏锐的感知。

但是目前,国内消费者对企业承担社会责任的监督力度还很薄弱,并没有给予企业足够的

社会压力以引导企业行为。企业承担社会责任对于大部分消费者而言仍是一个非常模糊的概念,它具体包括什么内容以及评价体系都没有一个明确的内涵和外延。[1]"企业社会责任公众评价调查"显示,消费者最为关心的企业行为是保证产品质量、维护公众健康与安全、保护环境,这些要求大多是企业承担的最基本责任。由此可见,消费者在对企业承担社会责任方面没有提出更高的要求,这同时也显示出社会公众对企业的监督作用还非常有限,缺乏对责任缺失企业的舆论监督氛围。如果消费者认为"血汗工厂"、恶意欠薪等不法行为对选择商品不构成影响,这种姑息态度就会加剧企业的投机心理。反之,为重新赢得消费者信任,企业不得不改善行为、承担责任。

为此,首先需要强化消费者本身的企业社会责任意识和素养。政府可以通过教育、宣传等方式,培养消费者对自己、对他人和对社会的责任意识,使之学会利用消费者的权利,来为自己和广大劳动者争取合法的权益,学会借助法律、利用社会舆论来有效约束和正确引导企业行为。

二、发挥社会公共责任意识的影响力

企业履行社会责任需要一个社会基础,这就是社会的公共责任意识。公众的积极参与是包括企业在内的全社会责任意识提升的最重要的标志,公众的广泛监督是企业履行社会责任的最有力的保证。企业的发展壮大在很大程度上取决于拥有良好的社会公共关系。企业经营的利润高低在很大程度上取决于公众对该企业的认可和拥护。在网络、电视等传媒如此发达的当今社会,企业应尽力避免"公众事件"诱发的信任危机带给企业的负面影响。

企业承担社会责任有利于改善公众形象,增加企业的知名度、美誉度,增强与社会环境的和谐度,为企业发展创造更广阔的市场空间。例如,强生公司通过对泰诺毒性报道的快速、全面反应,表明了公司对消费者利益的关心,同时也对它一贯坚持的公司生产守则带来了高度可见性。强生守则现已成为管理学教科书中企业履行社会责任的典范。可见,企业在面对负面事件时,通过做出积极的社会责任响应,可以获得消费者的信任与支持,保证企业的良好运营。反之,企业可能会失去公众甚至整个社会的信任,最终危及企业的发展乃至生存。

本 章 小 结

本章重点介绍了企业社会责任推进过程中,企业、政府、社会、公众发挥的作用以及相互之间的关系。企业主动性、自发性地承担社会责任是一种理想状态,企业社会责任的建设不可能完全依靠企业自身的觉醒来完成,必须依靠外力加以推动,建立一个企业、政府、社会的长效联动机制是推进企业社会责任实现的必要措施。

其次,本章详细阐述了政府在推进企业社会责任中的作用,科学的考评机制、完善的培训机制、健全的修正机制、鼓励社会责任投资、设立企业社会责任奖励基金、建立与完善企业社会责任信息披露制度等措施,对企业的行为起着引导、规范、培育、提倡、禁止、限制等作用。

---

[1]　张广宣,莫小勇.基于消费者需求的企业社会责任实现机理[J].商业时代,2007(23):106—107.

再次,本章介绍了企业社会责任全面推进过程中,企业自身的主体作用。企业的发展战略、企业领导者的素养和能力、企业优秀员工的示范和企业文化等企业自身的因素,对企业承担社会责任都起着重要的拉动作用。

最后,本章介绍了媒体与公众对企业推进社会责任的监督作用。媒体与公众的舆论监督积极影响和引导着企业的价值观和行为方式,行业组织与消费者组织在推动企业履行社会责任方面发挥了至关重要的作用。

思考题

1.政府应该如何推动企业承担社会责任?
2.企业承担社会责任与自身利益的关系如何?
3.媒体舆论如何影响着企业社会责任建设?
4.社会公众作为企业社会责任的主要受益者,在推进企业社会责任中发挥了什么作用?
5.基于可持续发展的企业社会责任建设对策有哪些?

案例阅读与思考

跨国化妆品巨头在企业社会责任上的推进[1]

英国19世纪著名唯美主义运动倡导者奥斯卡·王尔德在其经典名作《道林格雷的画像》中曾有这样一句经典名言:"与其善良,不如美丽。"时至今日,全世界的个人护理企业和化妆品厂商仍然将这句话视为金玉良言。当然,在当前的社会生态环境下,他们也不得不把"善良"作为自己公众形象的核心内容之一,或者至少标榜这样。

近年来,欧洲化妆品行业对企业社会责任表现出的关注,已经成为他们取得商业上成功的重要因素之一。这些以美丽为自己事业目标的企业无一例外地都在兴高采烈地谈论可持续发展、减少温室气体排放以及公平贸易,并将这些问题提到与自身财务报表中的利润和损失一样的高度。

"几乎所有的大型化妆品厂商、美容设备企业以及原材料提供商都制定了自己的企业社会责任规划,并将之排上企业的重要日程。"英国化妆用品与香料协会负责监察和环境事务的保罗·克劳福德表示。法国化妆品巨头欧莱雅公司负责可持续发展事务的皮埃尔·西蒙瑟里对此也十分认同。"作为全球化妆品行业的领先厂商,欧莱雅在可持续发展方面,也有必要成为一个真正的榜样。"西蒙瑟里表示:"我们相信,商业上的持续成功一定是建立在崇高的道德标准之上的,也是建立在对社会责任的真正理解之上的。"

西蒙瑟里认为,化妆品企业在企业社会责任上的主动性和创新精神已经越来越成为其产品吸引消费者的重要因素,"目前,媒体对企业社会责任有着空前关注,这就需要企业不断地与消费者分享其在企业社会责任上的进展"。他举例说,欧莱雅就建立了涵盖5年的公司预算基金,来支持企业在教育、科学和工会等领域开展慈善活动。欧莱雅同时也要求自己的原材料提供商在可持续发展方面应用更高的标准,比如使用更多公平贸易产品,抑或要求提供商寻求能够替代动物实验的变通方法。

西蒙瑟里指出,截至目前,欧莱雅已经在其有业务运营的所有国家都开展了可持续发展方面的项目,但是在不同的地区,可持续发展所关注的侧重点并不一样,"比如说,在英国,公众重点关注的两大问题就是寻求可以替代动物实验的变通方法以及简化包装"。西蒙瑟里强调,欧莱雅过去5年来在企业社会责任方面取得了很大的成绩,"尽管我们还有很长的路要走,我们也正在制定企业社会责任方面的长期战略和目标"。

案例讨论:

1.欧美化妆品行业为什么如此专注于企业社会责任?

2.该案例对中国企业推进社会责任有何启示?

第十章
企业社会责任报告与披露

—— 企业社会责任报告是企业履行社会责任理念和水平的综合反映。

——编者语

▶ 本章学习目的

通过本章的学习,了解企业社会责任报告的概念;熟悉企业社会责任报告的原则与构成要素;正确把握企业社会责任报告的编制要求和编制过程;清晰掌握企业社会责任报告的现状与趋势。

▶ 本章学习重点

企业社会责任报告的概念;企业社会责任报告的原则与构成要素;企业社会责任报告的编制;企业社会责任报告的应用现状与趋势。

企业社会责任是国内外企业共同关注的话题。目前,国际上较为通用的企业社会责任宣传形式是对外发布企业社会责任报告(或可持续报告)。企业社会责任报告是披露企业社会责任履行情况的主要载体,它与财务报告相对应,是指企业从经济、环境、社会等方面出发,披露企业在可持续发展方面的战略、行动、业绩和未来目标等情况,采取定性和定量相结合的方式集中披露企业社会责任信息。同时,以书面和电子形式发布的企业社会责任报告在内容和架构上都必须符合一定的国际规范和标准。因此,学习企业社会责任报告的相关知识,能够更好地理解企业社会责任在提升企业竞争力和促进企业可持续发展中的作用。

第一节 企业社会责任报告概述

一、企业社会责任报告的由来

企业发布社会责任报告的实践要追溯到 20 世纪 80 年代末 90 年代初。随着社会经济的不断发展与进步,人们对企业发挥的社会作用也日益关注。消费者、雇员、投资者、商业伙伴、政府、非政府组织、媒体以及所在社区等利益相关方,对企业社会角色的期望值日益提高,希望企业履行社会责任能够更加透明化,对企业责任问责制也提出了更高的要求。与此同时,企业也希望能够加强与利益相关方和社会的沟通交流,因此,企业或行业组织制定行为守则的步伐也在不断加快。据经济与合作组织(OECD)统计,截至 2000 年,全球共有 246 个生产守则,制订者来自跨国公司、行业协会和贸易协会、非政府组织和国际组织。[1] 而随着社会责任观念的不断加深,环境信息在企业年报中所占的比重也不断增加。如此一来,企业年报的内容向其他非财务活动方面不断延伸。随着时间推移,部分企业率先编制了独立报告,更系统、更详细地披露了企业环境绩效,这便是公众熟知的企业环境报告。自 2006 年起,我国大部分国有企业,例如中国铝业公司、中国石油股份公司、中国平安等相继发布企业社会责任报告,一些优秀的民营企业如阿里巴巴集团、联想集团、万科集团也相继推出了企业社会责任报告,其报告内容不断丰富和规范化。

随着社会的进步,企业公民和企业社会责任理念意识不断增强。有的企业将报告改名为企业公民报告,或者改为企业社会责任报告。报告的内容也由刚开始较为单一的环境信息或社会信息,逐渐扩充为两者并存,必要时还会加上部分与企业经济绩效相关的内容。报告的作用也由原来单纯地向投资者提供环境信息,变成向企业所有利益相关方提供与之相关的信息。企业可持续发展报告也是同期出现的报告名称,它鼓励企业全方位地披露非财务信息,涉及经济、社会、环境三方面的内容。为了描述方便,本文将拥有不同名称的报告形式统称为企业社会责任报告(CSR Report)。

企业社会责任报告经历了一个较长的发展过程,由萌芽、兴起、发展到趋于成熟。它所关注的议题也在不断发生着变化,经历了从单项社会责任报告(雇员报告、环境报告、环境健康安全报告)向综合社会责任报告的演变过程。随着可持续发展概念逐渐深入人心,发达国家的政府对企业全面披露社会责任信息的期望和要求越来越高,社会公众对企业社会责任议题的全面关注促进了综合企业社会责任报告的出现。[2]

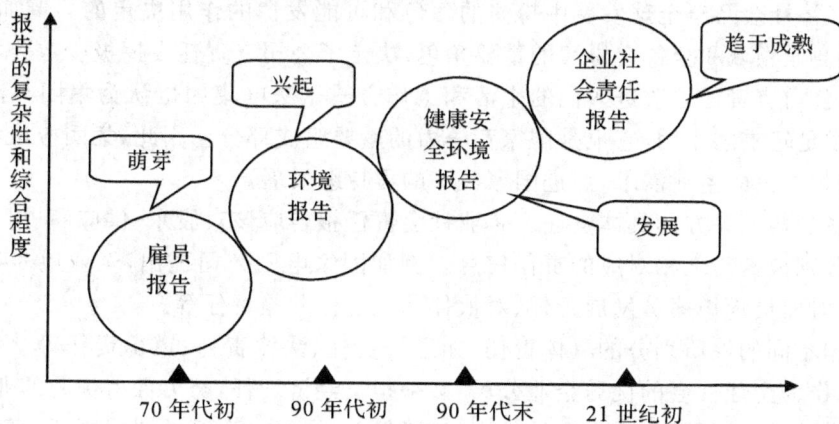

图 10-1 CSR 报告的发展历程

资料来源:庞圣祥.《中国企业社会责任报告编制》

---

〔1〕 殷格非,李伟阳.如何编制企业社会责任报告[M].企业管理出版社,2008:27—28.

〔2〕 国务院国有资产监督委员会 http://www.sasac.gov.cn/n1180/n4175042/n4175059/n5507368/13222543.html.

二、企业社会责任报告的概念及分类

全球报告倡议组织(GRI)在其《可持续发展报告指南》(G3 版)中指出:"可持续发展报告是以可持续发展为目标,衡量及披露机构绩效,对内外部利益相关方负责任的实践。"简言之,企业社会责任报告是企业就其经济活动对社会特定利益群体及整体产生的经济、社会和环境影响进行沟通的过程,是企业履行社会责任的综合反映。[1]

以反映程度是否全面为标准,可以将企业社会责任报告划分为广义的企业社会责任报告和狭义的企业社会责任报告两类。广义的企业社会责任报告,即非财务报告,指的是以正式形式反映企业对社会承担的某一方面或几方面责任的所有报告类型,包括单项和综合性社会责任报告,如环境报告、环境健康安全报告、社会报告及其他综合性报告等。狭义的企业社会责任报告,一般特指综合性报告中的企业社会责任报告,它是以正式形式全面反映企业对社会承担的所有责任的报告。[2] 由于对企业社会责任的不同理解以及报告关注重点的差异,企业社会责任报告有着多种不同的名称、类型和特点,如目前的企业社会责任报告、可持续发展报告、企业公民报告、企业社会与环境报告等。

三、企业社会责任报告的内容

GRI 发布的《可持续发展报告指南》中,对可持续发展报告(社会责任报告)的内容作出了明确的指引,该指南指出:企业发布的责任报告所涵盖的项目及指标,应当反映企业对经济、环境及社会的重大影响,或是对利益相关者做出的判断及决定产生重要的影响。

企业社会责任报告所披露的企业社会责任内容通常包括三类:

一是根据角色定位明确企业应承担的责任或义务。企业必须和应该担负的使命和责任,是由企业在经济社会乃至全球发展中扮演的角色和可能发挥的作用决定的。譬如,通用公司认为,公司在商业领域和全社会扮演的重要角色,决定了公司有责任发挥极少数公司才拥有的强大影响力,公司有责任去改进人们的生活和工作方式。法电集团也认为集团在法国的经济发展中起着举足轻重的作用,它也是国家竞争力的重要组成部分。因此,集团应该考虑国家的整体利益,满足人民的生活需求,促进国家经济的可持续发展。

二是对各利益相关方的具体责任。企业社会责任报告应该对股东、供应商、用户和雇员等利益相关方分别披露与之相对应的责任信息。例如国家电网公司提出,企业应对用户承担优质服务责任、对雇员承担雇员发展责任、对伙伴承担合作共赢责任等。

三是根据不同的性质划分的具体责任,如经济责任、法律责任、道德责任等。美国通用电气公司认为,作为全球社会的优秀企业公民,必须担负经济责任,努力保持优秀的业绩水平,创造更高的社会效益;必须严格遵守会计准则,依法经营,履行好自己的法律责任;必须培养自己的商业道德和社会责任感,时刻贯彻道德和慈善责任。

同时,《可持续发展报告指南》还对可持续发展报告的内容进行了规范,主要包括战略及分析、机构简介、报告规范、管治承诺及参与度、管理方针及绩效指标等。其中,绩效指标分为经

---

〔1〕 殷格非,李伟阳.如何编制企业社会责任报告[M].企业管理出版社,2008:71—72.

〔2〕 殷格非,李伟阳.如何编制企业社会责任报告[M].企业管理出版社,2008:78—79.

济、环境及社会绩效。其报告内容基本涵盖了企业所有层面的社会责任,通过企业披露的绩效指标,利于利益相关方根据社会责任报告评定企业的社会责任行为。《可持续发展报告指南》中指出,企业的社会责任报告主要用于以下几方面[1]:

1. 制订测量基准,评估机构在法律、规范、守则、绩效标准及自发性计划方面的可持续发展绩效;

2. 展示机构如何影响各方对可持续发展的期望,以及如何受这些期望影响;

3. 比较机构内部,以及不同机构之间在不同时期的绩效。

2006 年 9 月 25 日,我国深圳证券交易所发布了《深圳证券交易所上市公司社会责任指引》,指引中表示[2]:"公司应按照本指引要求,积极履行社会责任,定期评估公司社会责任的履行情况,自愿披露公司社会责任报告。"鼓励公司针对职工保护、环境污染、商品质量、小区关系等方面建立社会责任制度,定期检查和评价公司社会责任制度的执行情况和存在问题,形成社会责任报告。

2008 年 1 月 4 日,国资委印发《关于中央企业履行社会责任的指导意见》,意见中对中央企业提出了社会责任方面的要求:中央企业应成为节约资源、保护环境、构建和谐社会的表率;将社会责任的履行纳入公司治理,融入企业发展战略;有条件的企业要定期发布社会责任报告或可持续发展报告,公布企业履行社会责任的现状、规划和措施,完善社会责任沟通方式和对话机制。[3]

四、企业社会责任报告的作用

企业社会责任报告的不断演变,不仅体现在报告名称和内容的变化中,也表现在对报告所发挥的作用的深入认识上。20 世纪 70 年代,企业一般通过雇员报告来提高雇员的忠诚度,这成为企业快速吸引人才的重要途径;20 世纪 90 年代,企业通过环境报告来回应公众的期望和压力,并成为其有效控制企业风险的重要手段;进入 21 世纪,社会责任报告的发展更为迅速,发布报告成为企业的公关手段之一。最新趋势表明,一些具有前瞻意识的公司开始将社会责任报告的发布,作为企业核心商业价值与战略的一个重要组成部分,以此来增强企业责任竞争力,提升企业的商业价值。

具体而言,发布企业社会责任报告的作用如下:

第一,企业社会责任报告是企业重要的管理工具,可以对企业以往业绩和未来预测的业绩进行衡量和报告。企业社会责任报告是企业社会责任绩效披露的工具,可以综合反映企业的社会责任,能让股东、供应商、消费者、政府等主体对企业有更为全面和深入的认识,以此更好地提升企业品牌形象和品牌价值,有利于企业的长期发展。

第二,企业社会责任报告可以从更高层次上帮助企业传递与经济、环境、社会相关的机遇和挑战类信息;有助于公司加强与各利益相关方的关系,使彼此更加信任,并且以更具战略意义的方式将财务、营销和研究开发等公司职能部门联系起来,形成内部对话机制。

第三,制定企业社会责任报告的过程也是建立事前控制的过程,在此过程中可以对供应

---

[1] 引自 GRI《可持续发展报告指南》(G3 版).

[2] 引自《深圳证券交易所上市公司社会责任指引》.

[3] 引自《关于中央企业业履行社会责任的指导意见》.

链、社区、监管机构以及声誉和商标管理中存在的问题,以及未曾预测的机遇提供事前预警。所以,发布可持续发展报告有助于企业防患于未然,在可能产生危害的事件发展成负面突发事件之前对其进行控制。

第四,有利于企业社会责任报告有助于提高管理层的评估能力,评估企业对环境和社会等所作的贡献,可以更加完整地反映组织的发展愿景。此外,企业社会责任报告可以减少上市公司股价的波动性和不确定性,也可以减少资金成本。全面、定期地披露与分析从管理层获取的多种信息,可以避免因不及时披露或突然披露所引发的投资者行为的重大转变,从而有利于公司财务状况的稳定。

总体而言,企业编制社会责任报告可以增强战略管理能力,使其自外而内地深入审视企业与社会的互动关系,从而使企业更加全面地分析战略环境。同时,可以提升企业的日常管理与服务水平,有利于企业从思想上、制度上,依靠内外部约束推动现行管理制度、程序与绩效管理的发展突破,全面提升企业服务能力和水平,提升企业的品牌形象和价值,使企业实现可持续发展。

长期以来,我国企业一直采用传统的思维方式,认为企业是一个纯粹并且完全独立的经济体,这一思想直接导致企业把追逐经济利润作为其唯一目标,片面地追求企业经营的内部效益及经济价值,忽视了企业的外部效应及社会价值。目前,中国企业履行社会责任的问题主要集中在安全与健康、强制劳动、工时与工资、劳动合同等几个方面。

仲大军在其文中指出:"当前我国企业最突出的问题主要表现在以下几个方面:一是无视自己在社会保障方面应起的作用,尽量逃避税收以及社保缴费;二是较少考虑社会就业问题,将包袱甩给社会;三是较少考虑环境保护,将利润建立在破坏和污染环境的基础之上;四是一些企业提供不合格的服务产品或虚假信息,与消费者争利或欺骗消费者;五是依靠压榨企业员工的收入和福利来为所有者谋利润;六是缺乏提供公共产品的意识,对公益事业不管不问;七是缺乏公平竞争意识;八是普遍缺少诚信。"[1]

大多数企业的社会责任意识极其淡薄,认为社会责任应当由国有大型企业去承担。中小型民营企业将利润最大化作为其唯一目标,部分企业甚至利用市场机制及法制的不健全,偷税漏税、欺诈蒙骗、制假售假、污染环境、无视员工权益。改革开放以来,我国的所有制结构已经变为以公有制为主,多种所有制并存的格局。因此,企业的社会责任不仅仅是国企的责任,而是全社会企业的共同责任。

越来越多的实践及研究证明,企业把社会责任作为其财务管理的目标之一有助于提高企业的财务业绩。社会责任报告的发布,有助于企业了解和跟踪社会经济环境的变化,以加强企业风险管理,提高企业的创新能力和市场开拓能力;有助于加强企业与职工等利益相关者的沟通,充分调动各方的积极性,形成良好的互动关系;有助于改善企业与社会的关系,树立企业的良好形象,增强企业的核心竞争力,为企业的可持续发展创造良好的社会环境。

社会责任信息的披露,有助于企业全面认清自身的优势与不足,根据企业社会责任发展战略和承诺确定在市场上的定位,积极创新,保障企业的可持续发展能力;有助于认清企业与利益相关方的利害关系,了解利益相关方需求,维护企业的正当利益,保障公众及特定利益相关者的合法权益,重新审视自身状况并制定新的经营和管理制度;有助于企业了解社会和环境的

〔1〕 仲大军.当前中国企业的社会责任明[J].中国质量万里行,2002(01):45—46.

要求,从而创造更有利的融资条件,吸引优质的人才并树立良好的企业形象。

在向利益相关者展示企业自身的社会责任努力成果的同时,社会责任报告也在无形中增强了其竞争企业的社会责任意识。竞争企业为了在竞争中不处于弱势地位,尚未发布此类报告的企业将加快社会责任履行的脚步,积极努力向社会展示其成果,努力优化企业内部治理结构,提高生产效率,降低能源消耗以减少企业运营成本。同时利用企业内部优化形成的竞争优势,积极参与社会活动,尽量缩减与其他企业在社会责任履行上的差距,从而形成企业间互相制约、良性发展的社会态势。

企业的社会责任报告是一个不断发展的过程,虽然目前这种报告在我国出现的时间并不长,且内容上以非财务信息为主,但是财务数据的支持从理论和实践上都有助于报告信息的完善,相信我国必将形成一套成熟的社会责任报告信息披露体系,推动企业与社会的和谐共存。

第二节 企业社会责任报告的原则与构成要素

一、企业社会责任报告的原则

(一)客观性

企业社会责任报告除了用定性的描述阐述企业履行社会责任的理念、制度、措施之外,还必须用定量的数据客观反映履责绩效,定量数据披露不足的社会责任报告是缺乏科学性的。中央企业社会责任报告的定量指标数量平均为104个,整体的客观性较好。然而,企业之间差异很大,中远集团、中国移动的社会责任报告定量指标数量超过200个,而一些企业报告的定量指标数量却不足30个。[1]

(二)系统性

企业社会责任报告的系统性是指在构建企业社会责任报告指标的过程中,应该以系统的思维方式考虑企业与各利益相关方的关系,系统全面地反映企业与经济、社会、环境的关系,并且可以具体反映在企业对其他各子系统的作用过程和结果之中。因此,企业社会责任指标体系的内容覆盖面必须广泛,并且按系统要求综合反映企业行为对经济、社会、环境的作用效果,在指标体系内部之间应相互联系,形成一个完整的系统体系。

(三)可比性

企业社会责任指标体系中的各项指标应该具有纵向可比性和横向可比性。纵向可比性是指各指标在时间维度上具有可比较性,不同时点上的指标值可以反映企业绩效的变化,披露连续多年的绩效数据,可以反映企业自身的发展变化。横向可比性是指不同企业之间具有可比性,不同企业的相同指标值可以进行比较,反映企业各项关键指标在行业中所处的水平,可以使利益相关方对企业履责绩效有直观的认识。这样就要求各企业在选择指标时尽量选择企业都认为比较规范的指标,从而有利于从纵向和横向进行指标值的比较。

---

[1] 庞圣祥.中国企业社会责任报告编制[M].长沙:湖南融智人力资源管理有限公司,2010:123—124.

(四)平衡性

企业社会责任报告的平衡性是指报告不仅要反映企业的绩效,还应当披露企业履行社会责任的不足之处及改进计划,以便从整体上更加合理地评估组织。社会责任报告应该避免故意选择或遗漏影响各利益相关方的信息,以便其正确权衡自己的利益,使其在逐年基础上看到企业表现积极或消极的方面以及发展趋势。社会责任报告还应该在介绍的事实与发布报告的组织对信息的解释之间做出明确的区分,以便塑造企业公正的形象。

(五)时效性

正如上市公司的财务报告要在每个会计年度结束日起 4 个月内披露一样,企业社会责任报告的发布也应当讲求时效性,社会责任信息披露时间应当与财务信息披露时间基本一致。在中央企业社会责任报告样本中,有 12 份报告(占 35.29%)在 2009 年 1—4 月间发布,与年报发布时间基本一致,时效性较好,12 份报告在 5—6 月间发布,稍滞后于年报发布时间,6 份报告发布时间较晚。

(六)可靠性

企业社会责任的可靠性是指社会责任应由利益相关方评价,听取专家意见或由独立第三方进行审核,以便增强社会责任信息的可信度。根据毕马威公司的调查显示,2003 年经第三方审核的社会责任报告占报告总数的 40%,提供社会责任报告审核服务的主要是大型会计公司,也有认证机构、技术专家事务所和专业公司参与其中。审核的依据主要有国际审计标准、AA1000 系列以及相关的国家标准。我国企业的社会责任报告方兴未艾,经独立第三方审核的报告尚不多见,这也是我国企业与西方企业社会责任报告的差距之一。

(七)规范性

企业社会责任报告的编制不是随意的,应当参考具有一定权威性的指引或报告编制标准,以确保社会责任信息披露的规范性。中央企业社会责任报告中,90%的报告都披露了报告编写的参考标准,主要参考标准为国务院国资委发布的《关于中央企业履行社会责任的指导意见》和全球报告倡议组织的《可持续发展报告指南》,上交所上市公司还参考了上交所《公司履行社会责任报告编制指引》。其他特殊的参考标准包括:招商局集团报告所参考的《招商局集团履行社会责任行动纲领》《招商局集团关于建设和谐企业的指导意见》;中铝公司报告所参考的《中国有色金属工业企业社会责任指南》、中国铝业公司《社会责任编制大纲》;中石油报告所参考的国际石油行业环境保护协会(IPIECA)与美国石油学会(API)联合发布的《油气行业可持续发展报告指南》等。

二、企业社会责任报告的构成要素

企业社会责任报告可以按四要素确定它的内容组成结构,即核心业务、行业特点、地区特点、文化特点。[1]

(一)核心业务

可持续性是社会责任报告所追求的目标,也是企业的核心业务。无论是按照 GRI 的标准

---

[1] 孙继荣.社会责任报告,企业发展的新型管理工具[J].WTO 经济导刊,2011(01):64—74.

披露信息,还是以 ISO26000 的七大核心主题为主线,社会责任报告的基本内容都包括了如下四个方面,即:

1.企业的方针、战略和目标,它是实施管理方式的价值基础;

2.企业的管理方式,它是保证运营预期结果的依据;

3.企业在经济、社会、环境方面的质量绩效指标;

4.企业在经济、社会、环境方面的数量绩效指标。

企业实施管理方式的价值基础,是保证运营预期结果的依据,也是企业在经济、社会、环境方面的质量和数量绩效指标,它集中体现了企业整体可持续发展的能力。因此,以核心业务为主体的社会责任报告内容,除经济、社会、环境方面的数量指标之外,还包括了企业的方针、战略、目标以及相应的管理方式。在社会责任报告基本内容中,不仅需要描述企业概况、业务状况和发展背景等实质性的内容,也需要包括企业最高领导层对可持续发展的承诺。与此同时,还要包括企业与内外利益相关方沟通的计划和组织内部的监管机制,反映企业努力规范其社会责任的行为。

绩效指标、管理方法以及价值目标是反映企业可持续经营全貌的重要部分,企业不应该仅关注和沿引绩效指标,还应该注重企业的价值基础和所采用的管理方法。社会责任报告中以核心业务为主体依托,构成了从战略到管理方法和绩效指标的社会责任报告的基本内容,体现了企业社会责任报告的共性。

(二)行业特点、地区特点和文化特点

全面地描述一个企业,还需要考虑到企业的其他特征。其中,最重要的特点要素是企业所在行业的特点、所在地区的特点以及企业自身的文化特点。通过对这几个特征的综合描述,可以较好地体现企业的个性特征,即与其他企业相比的差异性特征。可持续的差异性特征不仅是企业的特点,而且是企业可持续发展和竞争地位的标志。所以,每个企业在制定自己的发展愿景时都应该从企业实际情况出发,在社会责任报告中体现自己的特色。

发展背景的差异也决定了企业社会责任的不同特征。同一个行业中的不同企业,或不同行业、不同地区、具有不同发展历史的企业,它们的社会责任报告议题、内容重点和报告主线必然存在着差异性。企业社会责任报告采用的框架基本相同,即在以核心业务为基础之上,综合考虑行业特点、地区特点以及企业自身文化特点,同时考虑企业的发展背景,制定企业社会责任报告。如此,能体现企业的价值观和该企业与其他企业的差异性,也反映了企业可持续发展能力。所有这些方面应当看作实质性的内容,是企业社会责任报告可比性的基础。

总之,考虑企业社会责任报告内容结构的这四要素,是企业本身社会责任的实践,能够最终展现出一个企业可持续发展的身份、地位和价值。

第三节　企业社会责任报告的编制

企业社会责任报告是指能综合反映其日常活动产生的经济、环境和社会影响的报告。目前,国内大部分企业对社会责任报告的认识仍不全面:有些公司将社会责任报告编制等同于报告发布,有些公司将报告视为公司的宣传册,只反映正面信息,对于企业的负面信息则不予以披露。其实,报告的编制过程本身就是提高公司社会责任水平、展示企业社会形象的过程,报告只是这一过程的最终产品。GRI 将报告编制分为准备、沟通、界定、监控和发布五个阶段,需要在报告的编制过程中做好这五个阶段以提高公司的社会责任水平。

一、准备阶段

准备阶段关键需要制定好报告编制的流程。这一阶段要求完成三项主要任务:构想报告的最终成果、制定行动计划和召开启动会议。为达到构想报告的最终成果,需要对报告的最终内容和形式有深入的了解,立足于推动报告编制过程的顺利进行。具体的行动计划的制定,包括构建项目时间表和编制团队。通常情况下,报告编制由一个部门主导,同时需要其他部门的协助。因此,报告编制团队需要包括以下成员:编制负责人、决策者(高层管理人员)和支持者(信息提供者)。在完成构建项目时间表和编制团队之后,可以召开启动会议。会议的主旨及流程策划对于整个报告编制过程来说至关重要,报告编制团队的成员都应该出席。会议上应传递的信息包括:编制报告是公司高层的要求;让团队成员了解报告的内容和实质;对实施方案的具体内容作出说明。通过准备阶段的工作,可以使社会责任报告的基本知识在公司内得到普及,有助于消除公司成员在认识上的误区;同时,高层管理者的参与会使各部门重视编制工作,有助于提高报告的质量。

二、沟通阶段

沟通阶段的核心是与利益相关方进行对话。利益相关方是指影响公司活动或受公司活动影响的个体或群体,包括政府、用户、供应商、员工、社区、非政府组织和媒体等。利益相关方是社会责任报告最主要的读者,通过与利益相关方的交流对话,企业能事先识别其关注的议题,从而使得报告更为真实可靠。另一方面,增强与利益相关方之间的联系,也可以帮助公司建立积极的外部形象。

三、界定阶段

界定阶段的核心是根据 GRI 的实质性原则,确定应该在报告中披露的指标,以此作为公司管理、测量和报告的重点。高质量的报告并不取决于篇幅的长短,它不需要涵盖所有可能的议题。GRI 为指标的实质性检验设计了一个表格,包括"该指标是否已被利益相关方定为重要指标""该指标是否能为公司带来机遇""该指标是否有可能促使公司出现重大风险"等 8 个问题。编制团队可以列出相关议题,根据问题的答案判断指标是否符合实质性原则,从而确定其是否应该在报告中进行披露。如此,公司界定出的不仅是报告中需要重点披露的内容,更为优化管理开启了思路,有助于提高社会责任水平。

四、监控阶段

监控阶段应着重收集报告信息和数据。通过上面三个阶段,编制团队已经确定了报告的关键性议题,接下来则需要收集和分析所需要的信息。监控阶段反映的是公司每日的主要活动,要求及时掌握报告期内公司绩效的发展与变动,因此它是报告编制过程中最长的一个阶段。在监控阶段,对于界定阶段所确定的关键性议题,公司必须建立相应的管理制度和信息收集机制,持续跟踪绩效的变化情况,以便在报告中进行披露并改进绩效。如果公司目前尚缺乏对某些议题的信息收集机制,说明管理还存在问题,公司应及时建立相应的制度进行妥善管理,尽量避免类似的风险。

五、发布阶段

发布阶段关键是做好审查与宣传。前四个阶段的准备工作,使得报告撰写变得水到渠成。到了该阶段,编制团队已经收齐了编制报告的必备信息,并在报告中将信息进行了整合。报告定稿之前,应对所有参与报告编制过程的人员进行审查。报告可通过纸质报告、电子版等形式发布。报告发布后务必要与利益相关方互动,收集反馈信息,如此才能避免报告被束之高阁。

社会责任报告的编制过程是一个不断探讨、识别、衡量和沟通的过程。这个过程不应随着报告的发布而结束,它需要通过后续的跟踪及评估等来验证报告的实际影响和效果。如此,公司的社会责任水平才能得到提高。

第四节　企业社会责任报告的现状与趋势

一、国际社会责任报告现状

会计信息失真、公司丑闻的爆发,引起了监管机构、股东、员工及消费者对公司健康发展的关注,世界范围内对企业的信息透明及问责制的呼声持续高涨。

企业社会责任报告发布数量自 20 世纪 90 年代以来保持着持续增长的趋势,来自世界著名企业非财务报告在线目录网站 CorporateRegister.com 的数据显示:1992 年全球范围内发布的报告只有 26 份,1994 年报告数量突破 100 份,到 2001 年发布的报告数超过 1000 份,2006 年达到 2387 份,[1]截止到 2009 年 2 月,报告数量达到了 20643 份,[2]涉及了 5252 家企业。

KPMG 于 2008 年发布了全球社会责任调查报告,这项调查每三年进行一次,旨在追踪社会责任报告的发展趋势。2008 年的调查覆盖了全球 22 个国家,超过 2200 家企业。样本数据包括了 2007 年全球财富 250 强的企业(G250)以及 16 个国家的前 100 强企业(N100)。[3]

KPMG 研究发现,2006 年至 2008 年,社会责任报告发生了重大变化。在全球财富 250 强企业中,有近 80%的企业已经发布了报告。与 G250 企业相比,16 个国家的前 100 强企业平均发布社会责任报告的比例仅为 45%,且国家之间的比例跨度较大,排名前两位的是日本和英国,分别为 88%和 84%,而墨西哥发布报告则少于 20%;G250 指标中,有 60%的企业披露了新的经济增长机会以及社会责任的经济价值;63%的企业使用了与利益相关者的框架性对话;超过 3/4 的企业在报告中采用了全球报告倡议指南;68%的企业在报告中披露了公司治理的内容,其中以上市公司居多;虽然有超过 90%的企业有供应链行为准则,但只有半数的企业

---

〔1〕　2007 年以前的数据来源于:全球企业社会责任报告的现状[EB/OL]. WTO 经济导刊.

〔2〕　最新数据来源于企业非财务报告在线目录网站:http://www. corporate register. eorn/.

〔3〕　史多丽:《对三类公司强制要求披露社会责任报告》,腾讯财经,http://finance. 99. com/a/20101218/001752. htm.

披露了实施及监管细节。

N100 指标中,近 70% 的企业采用了全球报告倡议指南,69% 的企业没有披露由于季节变化带来的风险。越来越多的公司开始报告其社会活动中涉及的具体目标和信息,还有更多的公司将此列入其年度报告中加以反映。

综上所述,各个国家对社会责任报告的信息披露存在很大的差别,为了更好地研究社会责任报告信息披露,笔者展开了对国内企业社会责任报告的分析。

二、我国社会责任报告现状

总体来说,我国企业的社会责任实践尚处于初级发展阶段,大部分企业对于社会责任信息披露的了解还不多。目前,主要是由一些大型的、经济实力较强的企业陆续开始发布可持续发展报告。

(一)企业社会责任报告数量逐渐增加

自 2006 年国家电网发布我国第一份中央企业社会责任报告,并且受到温家宝总理的鼓励和支持以来,企业社会责任报告数量出现了较快的增长。2006 年发布了 23 份社会责任报告,数量超过了 2000 年到 2005 年 6 年内发布的社会责任报告数量总和;2007 年有 77 家企业发布了社会责任报告;2008 年,报告数量再创新高,仅前 11 个月就达到了 121 份。

根据 KPMG 的调查,在美国,不论是作为公司年报的一部分还是独立发布,2008 年 74% 的 100 强企业都对社会责任信息做了相应披露。虽然我国发布企业社会责任报告的企业越来越多且增长速度很快,但与欧、美、日等报告发达国家和地区相比,我国大企业发布社会责任报告的比例仍然较低,还有很大的发展空间。

(二)企业社会责任报告的类型多样

企业发布社会责任报告的类型多种多样,如国家电网、浦发银行的"企业社会责任报告",中远集团的"可持续发展报告",宝钢股份 2006 年以前的"环境责任报告",中国平安的"企业公民报告"等。此外,企业社会责任报告的名称也不是一成不变的,宝钢股份从 2006 年起,就将报告名称从"环境责任报告"改为"可持续发展报告"。根据《商道纵横》统计资料显示,按照使用的频率,企业社会责任报告的类型一般为企业社会责任报告、企业可持续发展报告、企业环境报告三类,分别占了 2008 年 1~11 月份发布企业社会责任报告数量的 74%、14% 和 10%。

(三)社会责任报告披露不均衡

从发布社会责任报告的企业性质看,国有企业占主导地位。截至 2011 年,在所有曾经发布报告的企业中,国有企业占据绝大多数,比民营企业和外资企业的总数还要多,起到了很好的示范作用。

其次,行业分布不均衡,发布社会责任报告的企业行业集中度较高。《商道纵横》统计数据显示,发布报告的企业主要集中在房地产、金融、食品、电力、能源、信息技术、金属与采矿、化工、汽车及零部件、机械制造、家庭耐用消费品等行业,这些行业的企业社会责任报告数量占了总数的近 80%。

上述行业中,电力、能源、金属与采矿、化工等都会消耗大量的自然资源、能源,对生态环境影响较大,承受着较大的社会舆论压力,因而更有动力发布社会责任报告;而房地产、金融、食品等行业则受商誉影响较大,也有希望通过发布报告来提升品牌价值、树立良好形象。

发布社会责任报告的企业在地域分布上也较不均衡,绝大多数企业集中在经济发达地区。根据《商道纵横》数据统计,截至 2008 年 11 月,发布社会责任报告的企业数量最多的五个省市依次是北京、福建、上海、广东和辽宁。这五个地区发布的企业社会责任报告的数量占到了企业社会责任报告发布总量的 80%,而在中西部地区,发布社会责任报告的企业非常少,其他省、自治区、直辖市的企业发布社会责任报告数量的总和所占比例还不到 30%。

三、企业社会责任报告全球发展趋势启示

(一)发布报告是全球企业社会责任的重要实践

首先,从地域上看,发布报告的企业分布于世界各个地区。21 世纪以来,在发达国家,企业社会责任报告普遍被认为是必须得到高度重视的管理实践。随后,这一实践逐渐由发达国家向新兴经济体延伸,逐步由欧美向世界各地扩展。

其次,从行业上看,发布报告的企业来自各行各业。总体而言,各行业中发布社会责任报告的企业数量都在日趋增加。其中,金融等服务性行业发布报告的企业数量增速明显。这些企业陆续发布报告,改变了传统上由工业领域企业引领报告实践的状况。

最后,从规模上看,发布报告的企业规模有所不同。承担社会责任的企业最初是一些大型企业,这些企业最先对经营过程中造成的社会、环境、经济影响进行反思。但是,最新趋势表明,政府、学术界和公众都已经开始关注中小企业社会责任的议题。他们认为,企业权利与义务应当对等,中小企业也应更多地参与和推动企业社会责任报告的进一步发展。

以上趋势表明,企业社会责任报告正在成为全球企业的普遍实践,它已经成为不同行业、不同规模、不同性质、不同区域的任何一个企业必然要依赖的载体,是企业实现社会、经济、环境可持续发展的见证,也是促进企业可持续发展的工具与手段。

(二)编制报告是价值创造的新理念与新方式

进入 21 世纪,社会责任报告由关注环境扩展至更为广泛的社会议题,发布报告被看作企业获得"经营许可"的一种公关手段。报告发布初期,企业普遍认为,发布报告可以降低企业内部违规风险,能减少负面事件带来的声誉损失。但是,这个阶段所发布的报告,无论是出于立法强制性还是企业自愿性,总体上都更表现出一种被动和防御的倾向。随后,企业通过社会责任报告的编制,在企业内外部通过与利益相关方建立广泛的沟通渠道,切实将社会责任纳入企业日常经营中。由此,社会责任报告成为企业战略的重要组成部分,成为企业和社会创造价值和财富的一种新理念和新方式,强化了企业的责任竞争力,从而提升了企业的商业价值。

(三)报告的编制要考虑企业特点,也要参照国际标准

随着报告编制规范性要求的不断提高,一些国际性、地区性、行业性的标准都对报告的编制过程产生了显著影响。其中,全球报告倡议组织制定的《可持续发展报告框架及指南》对报告编制产生的影响最为明显,许多优秀企业选择以此为编制报告的依据。根据企业的实际情况来自主地编制社会责任报告能增加报告的灵活性和创新性。因此,企业在编制报告时,一方面要充分体现企业自身的特点和所关注的特定议题,另一方面也要适当地参照国际标准、地区标准和行业标准。这将有助于提高社会责任报告的质量,使报告更加规范、更具可比性。

(四)报告的编制要重视利益相关方的参与

高质量的报告并不在于其篇幅的长短或议题的广泛,而在于它是否能够提供给利益相关

方在进行与其利益相关的决策时需要的足够的信息。对阅读者而言,真正需要的是有意义或者有价值的信息内容。正如 G3 中提到的:"要全面、合理地展示机构的表现,必须界定报告涵盖的内容。这必须考虑机构的目标及既往历程,另一方面还要考虑各利益相关方的合理期望和利益。"因此,报告的编制应该在依据国际、国家、行业的指南、标准以及原则基础上,与利益相关方进行深入的沟通,从而设计出报告的内容及指标体系。在报告的编制过程中,应确保利益相关方的充分参与,明确他们的期望和要求;在报告的内容中,要阐述企业回应利益相关方的合理期望和利益要求的方式,使报告披露的信息能够全面地反映企业经营对利益相关方的影响,使利益相关方能依据报告披露的信息客观评估报告机构的绩效,以采取适当的决策。

(五)报告内容要体现平衡性原则

企业在社会责任报告中应坦诚履行社会责任过程中的不足或者失误,客观披露企业为之所做的努力以及未来的发展方向。企业履行社会责任是一个持续改进的过程,需要向社会各界披露企业履行社会责任的真实信息。对于经济、社会、环境绩效中需要改进的方面,优秀的报告不应该选择回避,而应该进行披露,以此激励和监督企业更好地担当社会责任。比如,BP 石油公司在 2006 年的可持续发展报告中就详细报告了该公司 2005 年在美国得克萨斯城的爆炸事故,它改变了报告只披露正面信息而回避负面表现的传统做法,使得企业社会责任报告的可信度不断提高。

(六)第三方审验可以提高报告的可信度

利益相关方对信息真实性的要求在不断提高,而由第三方出具的审验报告仍是目前提高报告可信度的最佳选择。审验过程不仅可以带来相关议题管理质量的提高,而且可以带动审验标准的逐步完善和推广。例如 2003 年发布的 AA1000 以及 ISAE3000 审验标准,已经在国际层面上逐步得到推广应用。一些国家也相继推出了各自的审验标准,这些标准的发布有助于提高审验的质量,更好地体现社会责任报告中第三方独立审验的广泛性。

(七)恰当的报告形式可以提高报告的效果

提高发布报告的效果是企业极为关心的环节,除报告内容外,报告篇幅、载体、风格、发布的周期与时间都是影响报告效果的重要因素。

首先,篇幅的选择应当适中合理。太长的篇幅尽管能够提供详尽的信息,但一般阅读者没有兴趣花费较长时间用于阅读;过短的篇幅则会影响披露信息的完整性,无法使阅读者对报告者的社会责任绩效做出正确评价。适中的篇幅既能使阅读者有耐心读完整份报告,又不遗漏有用信息。

其次,报告的发布形式应当为纸制与电子版本并重,这也是目前企业普遍采用的形式。纸制版本一般篇幅较短,主要提供报告的概括。报告的全文通常可以通过企业的网页浏览或下载后浏览,既可以使阅读者便捷地了解报告的主要内容,又能根据各自的偏好和兴趣获得更为深入的信息。

最后,报告的风格应当与企业社会责任理念相匹配。一份优秀的报告,不仅要通过报告内容来展现企业的社会责任理念和行动,同时,用心设计的字体、颜色、排版、图片等都能很好地传递企业所秉持的社会责任理念,使阅读者能获得一种更加直观的印象。经验表明,与企业整体形象保持一致的报告风格会强化阅读者对企业的印象。

此外,报告发布的时间和周期、报告的可获得性也是提高报告有效性的重要因素。目前,发布年度社会责任报告已经成为企业的一种普遍选择,报告的发布时间则尽量与财务报告相协调。财务信息与社会责任信息彼此关联,利益相关方往往需要在两者间进行比较。有专家建议,企业社会责任报告与财务报告的发布时间间隔应少于两个月。同时,企业应尽量通过多种渠道公开企业报告,使得利益相关方能更为便捷地获得信息,增进对企业的了解。

四、企业社会责任报告发展趋势综合分析

相比于国际上社会责任报告的发布情况,我国尚处于起步阶段。统计资料显示,发布报告的企业多为国有大型集团公司。企业承担社会责任与经济绩效之间存在一定的正相关关系,其逻辑基础是为公司提供大量长期利益而足以弥补企业所付出的成本。承担社会责任需要一定的成本,对于规模较小、经济实力较弱的企业来说,不会选择过度参与社会活动,因为企业所履行的社会责任行为对于企业利润的贡献可能需要较长时间才有所表现。由此产生的时间滞后效应足以让那些规模小、资金少的企业望而却步。

就社会责任报告的内容和质量而言,国内的社会责任报告还存在许多待改进之处。根据"商道纵横"网站"企业社会责任报告"项目调查的数据显示,我国企业发布社会责任报告的最重要驱动力是提升公司形象,其次分别是支持政府政策、企业领导者重视和舆论压力,而消费者压力、非政府组织力量、社区影响和供货商要求则位于最后四位。由此可见,当前企业主要希望借助于发布报告树立良好的企业形象,而不是真正对企业的社会责任信息进行实质性披露。

综观当前企业发布的社会责任报告,基本上找不到与社会责任相关的财务信息,报告内容上主要还是对企业应尽的社会义务进行正面的文字宣扬。这些定性的文字表述并不能全面地评估企业的社会责任履行情况。根据第二章中对社会责任报告模式的总结,国内外学者定义社会责任信息披露的第三种模式是以货币化信息为主的报告,目前我国的报告处于第二与第三种之间,即全面地报告社会责任,但是却没有达到货币化信息传递的要求。相关利益方无法通过企业发布的社会责任报告进行有利于自身的决策,报告未能发挥实质性作用。

本 章 小 结

本章首先介绍了企业社会责任报告的由来,由企业环境报告的提出与发展,演进到企业公民报告或者说是企业社会责任报告。企业社会责任报告经历了较长的萌芽、兴起、发展和趋于成熟的过程,逐步从单项社会责任报告(雇员报告、环境报告、环境健康安全报告)向综合社会责任报告演变。企业社会责任报告是企业就其经济活动对社会特定利益群体及整体产生的经济、社会和环境影响进行沟通的过程,是企业履行社会责任的综合反映。编制社会责任报告可以增强企业的战略管理能力,促进企业更加全面地对战略环境展开分析,可以提升企业的品牌形象和价值。

其次,本章详细阐述了企业社会责任报告的原则,包括客观性、系统性、可比性、平衡性、时效性、可靠性和规范性等。本章还介绍了目前学术界较为认同的社会责任报告模式:利益相关者模式、GRI模式及其他模式。此外,企业社会责任报告可以按四要素确定它的内容组成结

构，即核心业务、行业特点、地区特点、文化特点。

随后，本章介绍了企业社会责任报告的编制过程：一、准备阶段，核心是策划好报告编制的流程；二、沟通阶段，核心是与利益相关方对话；三、界定阶段，核心是根据 GRI 的实质性原则，确定哪些指标应该在报告中披露，并将其视为公司管理、测量和报告的重点；四、监控阶段，核心是收集报告信息和数据；五、发布阶段，核心是审查与宣传。

最后，本章介绍了企业社会责任报告的现状与发展趋势。相比于国际上社会责任报告的发布情况，我国还处于起步阶段。虽然在报告的发布上，国有大型企业成了这一报告的主力军，但是在报告的内容和质量上，目前我国的报告仍处于第二与第三种之间，即全面的报告社会责任，还没有达到货币化信息的程度，未能发挥报告的实质性作用。

思考题

1. 简述企业社会责任报告的概念。企业社会责任报告对企业有什么作用？
2. 企业社会责任报告的原则是什么？
3. 企业社会责任报告的编制过程包括哪几个阶段？各阶段的核心是什么？
4. 简述企业社会责任报告在我国的应用现状及发展趋势。

案例阅读与启示

三类公司必须披露社会责任报告[1]

为纪念中国资本市场成立 20 周年，上交所 2010 年 12 月 18 日在上海举办"第九届中国公司治理论坛"。上海证券交易所公司管理部总监史多丽在论坛上表示，对三类在上交所市场有重要影响的公司，强制要求披露社会责任报告，对其他公司采取鼓励披露原则。采用强制和自愿相结合的方式，目的是希望在社会责任工作开展初期，发挥优秀上市公司的带动作用。未来，上交所将在现有工作基础上，逐步扩大强制披露社会责任工作报告的范围，推动沪市全体上市公司践行社会责任。例如，在中国证券市场上，钢铁、冶金、电力、有色金属、煤炭石油和造纸等传统产业上市公司比重较高，它们对环境和股市走势的影响都比较大。我们可以考虑逐步要求此类公司强制披露社会责任报告和环境影响年度报告。

一、实践方案

从 2008 年开始，我们陆续通过专题发布通知和在上市公司年度报告的通知中提要求的方式来要求上市公司履行社会责任方面的信息披露义务。除了 2008 年年报要求三类上市公司披露社会责任以外，我们在年度报告的备忘录中也要求上市公司按照一定的格式披露报告，并且要求董事会在审议社会责任报告的同时有工作底稿。从本所 2009 年年报的社会责任报告披露的情况来看，大概有如下方面的特点：

1. 社会责任报告的格式日益规范化。更多的上市公司主动参照《全球报告倡议可持续发展报告指南》的 G3 标准编写报告，从而大大提高了报告质量，使报告更加规范，更加具有可比

---

[1] 史多丽.对三类公司强制要求披露社会责任报告.腾讯财经，http://finance.99.com/a/20101218/001752.htm.

性。上交所发布的《公司履行社会责任的报告》编制指引与 G3 标准比较一致,也要求公司报告至少包括公司在促进社会可持续发展方面、促进环境及生态可持续发展方面、促进经济可持续发展方面的工作。

G3 标准是国际上应用最广、影响最大的社会责任报告指南。它由全球报告倡议组织 2006 年发布。该指南对于社会责任报告在战略分析、治理结构及管理体系等内容方面做了明确的指引,基本涵盖了企业所有层面上的社会责任。指南尤其强调披露经济、环境及社会三个层面的可持续发展绩效指标,有利于利益相关方凭借社会责任报告评定企业的社会责任行为。

2.我们进一步探索社会责任报告中社会责任量化的解决方案。社会责任的量化问题是个国际性的难题,不能量化的社会责任对企业很难起到约束作用,目前世界各国关于社会责任的披露尚处于定性披露阶段。上交所在社会责任指引中率先进行探索,鼓励公司披露"每股社会贡献值",规定"公司可以在年度社会责任报告中披露每股社会贡献值",公司在为股东创造的基本每股收益的基础上,增加公司年内为国家创造的税收、向员工支付的工资、向银行等债权人给付的借款利息、公司对外捐赠额等为其他利益相关者创造的价值额,并扣除公司因环境污染等造成的其他社会成本。2009 年度披露的"每股社会贡献值"的公司共有 88 家。这些公司在披露数值的同时披露了计算方法和过程,提供"每股社会贡献值"相比 2008 年的变化做出详细解释,使利益相关者了解了从财务报告中无法获取的重要信息。

3.社会责任报告引入第三方审验。由独立的第三方出具审验报告,对社会责任报告的真实性、公允性进行验证和评价,可以提高社会责任报告的可信度,增加决策的有用性。然而,由于审计过程的复杂性和主观因素对审计结果有效性的影响,这一做法在目前还只处于初步阶段。2009 年有 5% 的(16 家)沪市上市公司聘请了中介机构对社会责任报告进行审验,另有一个公司仅采用第三方陈述的方式对报告进行了评述。我们相信,随着利益相关方对利益信息真实性的期望和需求的不断提高,由第三方出具的审计报告仍是目前提高报告可信度的最佳选择。

二、展望

推进上市公司积极承担社会责任,是一项任重而道远的工作。上交所将继续不遗余力,探索以更高的质量、更多的方式,扎扎实实地引导本所上市公司提高社会责任意识、关注社会利益,促进社会和谐发展。近期来看,我们将做好以下几个方面的工作。

(一)努力提高社会责任报告的披露质量

中国虽然不能说是将成为企业发布社会责任报告最多的国家,但有可能是增长最快、最迅速的国家。我们下一步最重要的任务是提高社会责任报告披露质量。上市公司主要着眼于财务信息,主要是向投资者报告企业一定期间的财务成果。与此不同,独立于年报的社会责任报告则试图在环境、社会以及公司治理等方面为其他利益相关者提供非财务信息。社会责任报告常被看作年报的补充信息,使得其影响力、整体质量不高。但是,经济发展随之而来的诸多社会问题,让我们意识到,将可持续性发展目标纳入社会经营,将企业的战略目标从实现股东利益最大化上升为所有相关者利益最大化是未来趋势。为此,上交所作为自律监管机构,将继续进行量化社会责任报告的研究,将在社会责任报告中整合重要的财务信息和非财务信息,进一步确立可持续性战略和社会责任在企业战略目标中的重要地位。同时,上交所还将进一步细化社会责任报告编制指引,考虑将《全球报告倡议可持续发展报告指南》的 G3 标准按中国实际情况加以改进,鼓励企业予以采纳,增强报告的可比性和规范性,提高报告质量。

(二)强制和自愿相结合,促进更多上市公司披露社会责任报告

上海证券交易所发布《关于加强上市公司社会责任承担工作的通知》,对三类在上交所市场有重要影响的公司,强制要求披露社会责任报告,对其他公司采取鼓励披露原则。采用强制和资源相结合的方式,目的是希望在社会责任工作开展初期,发挥优秀上市公司的带动作用。未来,上交所将在现有工作基础上,逐步扩大强制披露社会责任工作报告的范围,推动沪市全体上市公司践行社会责任。例如,在中国证券市场上,钢铁、冶金、电力、有色金属、煤炭石油和造纸等传统产业上市公司比重较高,它们对环境和股市走势的影响都比较大。我们可以考虑对此类公司采取逐步要求其强制披露社会责任报告和环境影响年度报告的行为。

(三)鼓励更多的机构推进社会责任产品创新

伴随着投资者的日益成熟、资本市场制度的完善,价值投资理念将深入人心,市场将步入可持续发展性投资时代。公司社会责任意识与创造的社会价值将成为投资者衡量公司可持续发展能力的重要指标。社会责任投资理念与投资群体的存在,使得企业承担社会责任不再仅仅会给企业带来成本,它的社会贡献有可能通过资本市场获得增值回报。事实上,一个有道德底线、愿意承担社会责任的公司,同样会是一家更诚信、更愿意对股东负责并具有长期发展潜力的公司。上交所将鼓励更多的机构推出社会责任主题的 ETF 产品,并围绕社会责任投资进行更多的产品创新。通过将资本市场的资源配置给社会责任表现优异的公司,倡导社会责任投资理念,将有助于资本市场履行应尽的"社会责任"。

案例讨论:

1.上交所对三类公司强制要求披露社会责任报告的原因是什么?

2.该案例对企业披露社会责任报告有什么启示?

主要参考文献

[1] 霍尔斯特·施泰因曼,阿尔伯特·勒尔.企业伦理学基础[M].李兆熊,译.上海:上海社会出版社,2001.

[2] 黎友焕.企业社会责任理论[M].广州:华南理工大学出版社,2010.

[3] 陈宏辉.企业利益相关者的利益要求:理论与实证[M].北京:经济管理出版社,2004.

[4] 阿奇·B·卡罗尔,安·K·巴克霍尔茨.企业与社会伦理与利益相关者管理[M].黄煜平等译,北京:机械出版社,2004.

[5] 陈致瑛.商业利益与社会责任——企业社会责任的历史、现实及未来[M].北京:新华出版社,2010.

[6] 匡海波.企业社会责任[M].北京:清华大学出版社,2010.

[7] 匡海波,买生,张旭.企业社会责任[M].北京:清华大学出版社,2010.

[8] 庞圣祥.中国企业社会责任报告编制[M].湖南融智人力资源管理有限公司,2010.

[9] 殷格非,李伟阳.如何编制企业社会责任报告[M].企业管理出版社,2008.

[10] 刘俊海.公司的社会责任[M].北京:法律出版社,1999.